Die Medien und Günter Grass

W0235692

Hanjo Kesting (Hg.)

Die Medien und Günter Grass

SH-Verlag

Eine Publikation der Medienarchiv Günter Grass-Stiftung Bremen

Gefördert durch den Europäischen Fond für regionale Entwicklung

 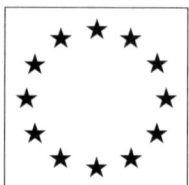

EUROPÄISCHE UNION:
Investition in Ihre Zukunft
Europäischer Fond für
regionale Entwicklung

SH-Verlag, Osterather Str. 42, D-50739 Köln, Tel. (0221) 956 17 40
www.sh-verlag.de, info@sh-verlag.de
Realisierung: Jürgen Heiser
Umschlagabb.: Günter Grass und Willy Brandt 1976 (Quelle: picture-alliance/dpa,
Foto: Dieter Klar, © dpa-Report)
Umschlaggestaltung: Guido Klütsch
Satz: Claudia Wild, Stuttgart; Druck: Hubert & Co., Göttingen
Printed in Germany.

ISBN 978-3-89498-173-0

Danksagung

Die „Medienarchiv Günter Grass-Stiftung Bremen" ist 2001 von Bremer Institutionen und Privatpersonen gegründet worden, um die Mediendokumente von, zu und mit Günter Grass zu sichern, der Forschung zur Verfügung zu stellen und eine rezeptions-geschichtliche Forschungsstelle zu errichten. Diese befindet sich seitdem in der Jacobs University Bremen, mit der die Stiftung eng zusammenarbeitet.

Mit Dokumenten aus dem Radio-Bremen-Archiv, die der Stiftung 2002 übergeben wurden, konnte die Grundlage für den Aufbau des Archivs gelegt werden. Inzwischen zählt der Bestand etwa 2 000 Audio- und Videodokumente. Wissenschaftler aus Polen, den USA und Taiwan zählen zu den ausländischen Gästen, die das Archiv bereits nutzbringend besucht haben.

Der 80. Geburtstag von Günter Grass am 16. Oktober 2007 war willkommener Anlass, die Stiftung zum ersten Mal einer weltweiten Öffentlichkeit zu präsentieren. So lud die Stiftung internationale Grass-Forscherinnen und -Forscher ein, ihre Erfahrungen auf dem Kongress „MedienGrass", der am 28./29. September 2007 an der Jacobs University Bremen stattgefunden hat, auszutauschen.

Es ist all jenen Dank zu sagen, die zu dem Gelingen dieses ehrgeizigen Unternehmens beigetragen haben. Zuerst gilt der Dank den Referentinnen und Referenten, die weite und z.T. umständliche Anreisen in Kauf genommen haben. Dem wissenschaftlichen Beirat der Stiftung, der das Thema betreut hat, vor allem Julian Preece und Dieter Stolz, sei hier besonderer Dank ausgesprochen, ebenso auch Volker Neuhaus. Dank auch Anselm Weyer für seinen unermüdlichen Einsatz in der inhaltlichen Organisation und Koordination sowie der Kuratierung der Ausstellung „MedienGrass". Last but not least seien die Kooperation und die Gastfreundschaft der Jacobs University dankend hervorgehoben.

Die Tagung wurde abgerundet mit einem Podiumsgespräch, das Hendrik Birus, Eckhard Fuhr, Jutta Limbach, Per Øhrgaard, Joachim Treusch und Harro Zimmermann – in Anwesenheit von Günter Grass – zu dem Thema „Günter Grass – ein deutscher Dichter" führten.

Mit seiner Lesung aus *Kopfgeburten* setzte Günter Grass dem Kongress ein abschließendes Glanzlicht auf.

Nun freue ich mich, für die Stiftung einen Tagungsband vorlegen zu dürfen, herausgegeben vom Kuratoriumsvorsitzenden Hanjo Kesting.

Donate Fink
Geschäftsführerin

Inhalt

Hanjo Kesting

Das letzte Wort hat das Buch.
Günter Grass und die Medien

„Wenn die Kritiker sich streiten, ist der Künstler mit sich selbst im Einklang."
Träfe der Ausspruch von Oscar Wilde zu, dann dürfte kein anderer Schriftsteller so wenig Grund haben, sich über seine öffentliche Resonanz zu beklagen,
wie Günter Grass. Seit seinem ersten Auftreten als Romancier mit der *Blechtrommel* im Jahre 1959 war er ein „umstrittener" Autor und späte Bücher wie
Ein weites Feld und *Im Krebsgang* haben an diesem Sachverhalt nichts verändert. Eine Tendenz zur Polarisierung ist geradezu ein Kennzeichen dieses
Schriftstellers, das seine gesamte Laufbahn begleitet hat.

Zuweilen rückte der Meinungsstreit über ein Buch dieses selbst zeitweise
in den Hintergrund – nirgends stärker als bei dem bisher letzten, autobiographischen Buch *Beim Häuten der Zwiebel*, das öffentlich bereits heiß
umkämpft war, bevor irgend jemand es gelesen hatte. Dabei ging es allerdings
nicht nur um einen Meinungsstreit der Literaturkritiker, vielmehr um eine
politische Debatte, die sich von ihrem literarischen Anlass längst gelöst hatte.
Es handelte sich, mit anderen Worten, um ein mediales Phänomen, das einer
eigenen Gesetzmäßigkeit folgt und bei dem der sekundäre und tertiäre Sektor,
Literaturkritik und „Medien", den primären Sektor, die Literatur, zunehmend
überflügeln. Günter Grass hat demgegenüber an die Schriftstellermaxime
erinnert: „Das Buch hat das letzte Wort."

Er selbst erweckt den Eindruck, als habe er all diese Kämpfe unbeschadet
überstanden: selber kräftig austeilend und mit imponierenden Nehmerquali-
täten ausgestattet, zwar nicht unangefochten durch Kritik, aber schwer erschüt-
terbar, im ganzen unbeirrbar, selbstbewusst, „im Einklang mit sich selbst". Und
obwohl die alte Polarisierung mit dem letzten Buch wieder aufgebrochen ist,
hat sie nicht verhindern können, dass Grass' Verbindung mit dem Lesepubli-
kum im Laufe der Zeit immer tiefer und unauflöslicher geworden ist.

Wie soll man die Stellung von Günter Grass in der deutschen Literatur heute
beschreiben? Vielleicht mit den Worten des Schweizer Schriftstellers Adolf
Muschg, der bei Verleihung des Lübecker Thomas-Mann-Preises an Grass in
seiner Laudatio das beliebte – und immer auch etwas ridiküle – Germanisten-
spiel nachspielte, wer denn „der größte deutsche Dichter" sei.

„Wir gaben uns Mühe", sagte Muschg, „die Einfalt vielstimmig zu machen
durch Wechsel der Betonung. DER größte deutsche Dichter? Der hatte

Goethe zu bleiben. Der GRÖSSTE deutsche Dichter? Dafür nahmen wir Schiller. Der größte DEUTSCHE Dichter? Kleist, klarer Fall. Der größte deutsche DICHTER? Dreimal dürfen Sie raten, müssen aber dreimal sagen: Hölderlin."

Muschg wagte es dann, das Spiel auf die Gegenwart – besser die Nachkriegsliteratur – zu übertragen. Für den größten deutschen DICHTER, meinte er, würden sich gewiss ein Dutzend Kandidaten finden, für den größten DEUTSCHEN Dichter mindestens zwei.

„Der GRÖSSTE...?", fuhr Muschg fort, „der soll geschenkt bleiben. Aber was DEN größten et cetera betrifft, da führt kein Weg an Grass vorbei, nicht einmal für Zwerge, die einmal gern groß genug wären, ihr Stäbchen über ihm zu brechen."

Das war 1996, kurz nach Erscheinen des Romans *Ein weites Feld*, der von Anfang an der Gefahr ausgesetzt war, mehr als Medienphänomen denn als Literaturwerk wahrgenommen zu werden, auch wenn diese Art der Wahrnehmung „ex negativo" nur die besondere Rolle des Autors bestätigte.

Heute, da er die achtzig überschritten hat, ist Günter Grass nicht nur der führende Repräsentant, sondern beinahe ein Synonym für die deutsche Literatur in der Zeit nach 1945. Ist von Literatur die Rede, fällt unweigerlich sein Name, selbst bei jenen, die den außerordentlichen Rang des Schriftstellers kritisch-polemisch zu verkleinern suchen. Relativierend wird auf Günter Grass' politisches Engagement verwiesen, auf die Tatsache, dass er sich konkreten Bindungen nicht verweigert, sie oft sogar gesucht hat. Nicht jeder versteht, dass es für einen Schriftsteller dieses Ranges ein riskanter, geradezu gefährlicher – für sein Schaffen gefährlicher – Entschluss war, sich der schrecklichen Herausforderung der Politik zu stellen. Dabei hat er eine Kraft und Ausdauer bewiesen, die jeden Schwächeren längst zermürbt hätte.

Unbestritten – auch unter den Kritikern – ist seine schöpferische Rolle als Prosa-Autor, die ihm mit seinem ersten Roman *Die Blechtrommel* und den folgenden Büchern der „Danziger Trilogie" zufiel. Man hat sich angewöhnt, Grass' spätere Produktion an den frühen Geniestreichen zu messen und vom Nachlassen seiner Phantasie und literarischen Produktivkraft zu sprechen. Bereits der Roman vom *Butt*, dies große Märchen, das von Lebenskraft strotzt und die ganze Welt, nach dem Vorbild von Rabelais, in ein Buch zu verwandeln sucht, hatte unter diesem Vorwurf zu leiden. Weit mehr noch neun Jahre später die *Rättin*, vollends, nach weiteren neun Jahren, der Fontane-Roman

Ein weites Feld, der auch ein politischer Roman über das Jahr 1989, über die wiedergefundene Einheit der deutschen Nation, war.

Lassen wir die Frage nach der Berechtigung solcher Kritik auf sich beruhen. Ebenso gut ließe sich sagen, dass Goethe in den *Wahlverwandtschaften* die Frische, Unmittelbarkeit und aufschießende Sprachkraft des *Werther* nicht erreicht hat. Oder dass Thomas Mann im *Doktor Faustus* an Virtuosität und artistischer Kunst hinzugewann, was er gegenüber den *Buddenbrooks* einbüßte an ruhigem Fluss des Epischen und „Naivität". Auch Grass unterlag dem Gesetz der Verwandlung, sie ist Voraussetzung jeder Erneuerung, wie am eindringlichsten sein letztes, zwischen romanhafter Erzählung und Autobiographie changierendes Buch belegt. *Beim Häuten der Zwiebel* ist ja nicht nur thematisch wenigstens teilweise eine Rückkehr zur „Danziger Trilogie", das Buch knüpft auch rein künstlerisch dort wieder an, ist von einer sprachlichen Dichte und zupackenden Energie, die den Autor auf der Höhe der Meisterschaft zeigt. Auch für dieses Buch gilt, was Enzensberger über die *Blechtrommel* schrieb: „... es ist in Grass eine Phantasie am Werk, die vor nichts haltmacht, die an das Dunkelste rührt und immer wieder, fast zwanghaft, in eine Sphäre des infantilen Aufruhrs zurückkehrt."

Nur wenige Rezensenten haben sich mit dieser Dimension des Buches beschäftigt, was wohl dem Umstand geschuldet war, dass sich die Diskussion bereits im Vorfeld auf stofflich-mediale Aspekte, letztlich auf ein einzelnes Faktum, das so genannte „Bekenntnis", verengt hatte. Doch wie auch immer man die literarische Bedeutung des späten Grass einschätzt, die Mischung aus Überdruss und Herablassung, mit der man ihm in deutschen Feuilletons nicht selten begegnet, ist ebenso unangemessen wie provinziell und erinnert an ähnliche Invektiven, wie sie der späte Thomas Mann und sogar der alte Goethe zu ertragen hatten. In diesem Zusammenhang lässt sich Heinrich Heine zitieren, der die Kritiker Goethes mit dem zweideutigen Scherz in die Schranken wies, er sei doch immer noch der „König unserer Literatur":

> „Wenn man an einen solchen das kritische Messer lege, müsse man es nie an der gebührenden Courtoisie fehlen lassen, gleich dem Scharfrichter, welcher Karl I. zu köpfen hatte, und, ehe er sein Amt verrichtete, vor dem König niederkniete und seine allerhöchste Verzeihung erbat."

Von außen her lassen sich die Größenverhältnisse womöglich leichter überschauen als aus der heimatlichen Provinz, die an dem großen Schriftsteller deutscher Nation, heiße er nun Goethe, Heine, Brecht, Thomas Mann oder eben Günter Grass, so leicht Anstoß nimmt. Nadine Gordimer, die Nobelpreisträgerin aus Südafrika, hat seine historische Rolle mit den Worten beschrieben:

„Er gehört einfach zu den Schriftstellern – und man kann sie an einer Hand abzählen –, die in meiner Generation die Grenzen der Dichtung gesprengt haben, so wie in der vorherigen Generation Joyce, Proust und Musil… In meiner Vorstellung ist Günter Grass der Daumen (dieser Hand), dieses kräftige und vorzügliche Werkzeug, ohne das man nichts greifen kann, wie behende auch die anderen Finger mit dem Stoff des Lebens spielen."

Nadine Gordimer hat auch, aus anglophoner Sicht, die literarischen Ahnen von Grass benannt: Laurence Sterne und *Tristram Shandy*. Aus französischer Sicht kann man Rabelais hinzufügen. Aus deutscher Grimmelshausen und die Dichter des Barock. Ihnen galt von je Grass' Neigung und Sympathie: ihrer Sprachkraft und ihrem Weltgefühl. In ihrer Mitte, zwischen Hofmannswaldau und Logau, Paul Gerhardt und Simon Dach, hat er sein meisterhaftes *Treffen in Telgte* angesiedelt – die historische Erzählung aus einer Zeit kriegerischer Verwüstung und politischer Zerrissenheit in Deutschland in der Mitte des siebzehnten Jahrhunderts. Aber da Grass ein Meister der Epochentransgression ist, verweist die barocke Geschichte zugleich auf eine spätere Zeit, in der Deutschland wieder verwüstet und zerstückelt war. Mit anderen Worten, Grass schreibt – auch wenn der Titel eines „nationalen Dichters", wie zu Gerhart Hauptmanns Zeiten, nicht mehr vergeben wird – an dem Projekt weiter, das einst „Nationalliteratur" hieß. Gerade das hat ihn befähigt, zu einem Autor der „Weltliteratur" aufzusteigen.

Dass er seit seinem ersten Buch der Weltliteratur angehört, hat Salman Rushdie beschrieben:

„Es gibt Bücher", schrieb er 1984, „die ihren Lesern Tore öffnen, Tore im Kopf, Tore, von deren Existenz sie bis dahin nichts geahnt haben… Ein Buch ist eine Art Reisepaß, und zu den Pässen, den Werken, die mir die benötigten Genehmigungen erteilten, gehört ‚Die Blechtrommel'. Mit einem Trommelschlag sagte mir der große Roman von Grass: Setze alles auf eine Karte. Versuch immer, mehr zu tun als du kannst. Verzichte auf die Sicherheitsnetze. Hol tiefer Luft, bevor du anfängst zu reden. Greif nach den Sternen. Sei grausam. Streite mit der Welt. Und vergiß nie, daß Schreiben uns die Möglichkeit gibt, Tausende von Dingen festzuhalten, die uns wie Sand durch die Finger zu rinnen drohen."

Von heute aus lassen sich solche Sätze leicht zitieren. Doch übersieht man ebenso leicht, dass Grass' erster, heute so unumstrittener Roman sich bei Erscheinen gegen viele Widerstände behaupten musste: Widerstände der Kritik, der Leserschaft, der Politik. Der erste „offizielle" Literaturpreis, der Grass für die *Blechtrommel* verliehen werden sollte (nach dem Preis der Gruppe 47), der Bremer Literaturpreis, scheiterte am Einspruch des Senats. Das war 1959/60. Fast ein halbes Jahrhundert später hat man in der Hansestadt längst seinen Frieden mit dem Autor gemacht, und dieser wiederum fühlt sich gerade dieser Stadt und ihrem Rundfunksender besonders eng verbunden. Bremen ist nachgerade zu einem Schwerpunkt der Grass-Forschung geworden, denn hier wurde im Jahr 2001 eine Stiftung ins Leben gerufen, die es sich zum Ziel gesetzt hat, Günter Grass' weltweite Wirkung in den Medien, voran in den elektronischen Medien Fernsehen und Hörfunk, umfassend zu dokumentieren. Dieses „Medienarchiv Günter Grass" ist in doppelter Weise einzigartig: als Versuch, die Audio- und Video-Dokumente systematisch zu erschließen und allgemein zugänglich zu machen, dann auch in dem Bemühen, die mediale Wirkung des Schriftstellers und seines Werkes – und damit zugleich die Interaktion zwischen Literatur und Öffentlichkeit – zu erforschen. Zweifellos ist ein solches Unternehmen bei keinem anderen Autor deutscher Sprache so lohnend und aussagefähig wie bei Günter Grass.

Die Tagung „MedienGrass", die im September 2007, kurz vor dem 80. Geburtstag des Schriftstellers, stattfand, war der Versuch, die Tätigkeit der Stiftung und ihre globale Ausrichtung auch für die Öffentlichkeit sichtbar zu machen. Dabei wurde von vornherein davon abgesehen, sich auf den nationalen oder deutschsprachigen Horizont, so ergiebig er nach den Debatten über *Beim Häuten der Zwiebel* sein mag, zu beschränken. Günter Grass' Bücher werden in vielen Ländern gelesen, in nicht wenigen sind sie Gegenstand wissenschaftlicher Forschung. Das gilt nicht nur für östliche Nachbarn wie Polen und Russland, für südliche wie Italien, Spanien und Portugal, sondern auch für die skandinavischen Länder, für Frankreich (in Paris wurde ein großer Teil der *Blechtrommel* geschrieben) und die angelsächsischen Staaten. Aber die Tagung machte auch deutlich, daß der Autor mit seinem Werk weit über den europäischen Kulturkreis hinauswirkt, in einigen arabischen Ländern ebenso rezipiert wird wie in Asien – nicht zuletzt in China, wo er als literarische und moralische Instanz gilt. Der Blick auf den globalen Horizont kann hilfreich sein, manche Verkrampfungen der innerdeutschen Diskussion zu lockern.

Nadine Gordimer hat gesagt, seit Thomas Mann habe kein deutscher Autor eine so große Wirkung auf die Weltliteratur gehabt wie Günter Grass:

> „Die überschäumende Sprache von Grass, seine pikaresken Sprünge durch Mythen, Legenden, Geschichte, Geographie, Ökologie und – grundsätzlich – die Politik, schafft einen dichten Zusammenhang, der ohne weitere Erklärungen verdeutlicht, welche Bedeutung und welcher tiefere Sinn seinen Anspielungen zugrunde liegt."

Hier ist mit wenigen Sätzen beschrieben, auf welcher Grundlage die enorme internationale Resonanz von Günter Grass beruht. Sie findet ihren Niederschlag in den Medien, aber ihre notwendige und unersetzliche Grundlage ist literarischer Art. Das letzte Wort hat das Buch.

Hamburg, im April 2008
Hanjo Kesting

Anselm Weyer

Der Ruhm als Untermieter.
Die modernen Massenmedien
und Günter Grass

Das Medium sei die Botschaft, ist der Satz von Marshall McLuhan, der inzwischen fast Allgemeingut geworden ist. Günter Grass hat mit verschiedenen Medien gearbeitet – mit der Hand und mit seiner alten Olivetti auf Papier, als Redner, als Interviewpartner, als bildender Künstler, in Kupfer, auf Stein, mit gebrannter Erde, mit Wasserfarben und so fort. Dieses Wirken von Günter Grass wiederum hat Eingang in verschiedene Medien gefunden. Resultat müsste, folgt man McLuhan, eine Vielzahl an verschiedenen Botschaften, auf jeden Fall aber verschiedenen Kommunikationsstrukturen sein.

Das zentrale Medium des Mannes der Feder, des Literaturnobelpreisträgers Günter Grass, so sollte man meinen, ist das Buch. Dies kann selbstverständlich für verschiedenste Inhalte verwendet werden. Unter anderem aber auch für Kunstwerke.

Am Ende seiner *Metamorphosen* schreibt Ovid:

> „Habe vollbracht nun ein Werk, das nicht Jupiters Zorn, das nicht Schwert noch/ Feuer wird können zerstören und nicht das gefräßige Alter./ Setze der Tag, dem nur ein Recht auf den Leib hier gegeben,/ Wann er nur mag ein Ziel meinem flüchtigen Dasein: ich werde/ Doch mit dem besseren Teil meines Selbst mich über die Sterne/ Heben auf ewig und unzerstörbar wird bleiben mein Name./ Wo des Römers Macht auf bezwungenen Landen sich breitet,/ wird mich lesen das Volk, und für alle Jahrhunderte werde –/ ist etwas Wahres am Wort der Seher – im Ruhme ich leben."

Das hier zum Ausdruck kommende Selbstverständnis des Literaten impliziert stets die Unsterblichkeit des Werkes, das auch nach Erfindung des Papiers wie in Stein gehauen oder in Bronze gegossen erscheint: „Was bleibet aber, stiften die Dichter"[1], behauptet Friedrich Hölderlin. Und so lässt Günter Grass in *Das Treffen in Telgte* den gastgebenden Autor Simon Dach in einer, die in

---

1   Friedrich Hölderlin: Andenken, in: Friedrich Hölderlins sämtliche Werke. Text der kritisch-historischen Ausgabe von Franz Zinkernagel, Leipzig: Insel o. J., S. 240.

der Erzählung „versammelten Dichter der Unsterblichkeit einverleibende[n] Rede" sagen:

> „Kein Fürst könne ihnen [den Dichtern, A. W.] gleich. Ihr Vermögen sei nicht zu erkaufen. Und wenn man sie steinigen, mit Haß verschütten wollte, würde noch aus dem Geröll die Hand mit der Feder ragen. Einzig bei ihnen sei, was deutsch zu nennen sich lohne, ewiglich aufgehoben" (*Treffen in Telgte*, 171).[2]

Angesichts der drohenden Selbstzerstörung der Menschheit stellt Grass selbst zwar den Aspekt der Ewigkeit in seinem apokalyptischen Roman *Die Rättin* in den 1980er Jahren in Frage. Die Literaturgeschichte arbeitet aber zweifellos mit großen Zeiträumen.[3] Die Literatur, zumal die auf Übersetzung angewiesene Weltliteratur, ist in ihrer Bedeutung nicht kurzfristig zu beurteilen. Thomas Manns *Buddenbrooks* – als ein Beispiel von vielen – brauchten Jahre, bis sie in Deutschland auf breiterer Basis wahrgenommen wurden. Etlichen Autoren, die während ihrer Lebensdauer keine oder wenig Beachtung finden, wird immenser Nachruhm zuteil, paradigmatisch hierfür stehen etwa Fernando Pessoa oder Franz Kafka.

Das Buch[4] kann somit zu gewichtigen Teilen als Speichermedium angesehen werden, als ein Hilfsmittel dafür, etwas, beispielsweise die ursprünglich oral überlieferte Literatur, dem Strudel des Vergehens zu entreißen. Der Künstler ist jemand, wie der Butt im gleichnamigen Roman sagt, „der in seiner Not Zeichen zu setzen versteht, der die bleibende, die vielsagende Form sucht" (*Der Butt*, 34). „Ein Schriftsteller, Kinder", so erklärt Grass in *Aus dem Tagebuch einer Schnecke*, „ist jemand, der gegen die verstreichende Zeit schreibt" (*Aus dem Tagebuch einer Schnecke*, 148).

---

2   Die Primärtexte von Günter Grass werden zitiert nach: Günter Grass: Das literarische Werk. Herausgegeben von Volker Neuhaus und Daniela Hermes, Göttingen: Steidl 1997 ff.

3   Dies kommt unter anderem bei der Verleihung des Literaturnobelpreises zum Ausdruck. Dieser sollte eigentlich „denen zugeteilt werden, die im verflossenen Jahr der Menschheit den größten Nutzen geleistet haben", also hinsichtlich der Literatur an das nützlichste Buch des vorhergehenden Jahres verliehen werden, doch erwies sich dies als wenig praktikabel.

4   Das Buch erfährt nicht zuletzt aufgrund seiner Bedeutung für die drei monotheistischen Weltreligionen bis heute besondere kulturelle Wertschätzung: Es hat „immer noch, neben dem Theater, das Image des Kulturmediums schlechthin – was sich historisch erklären lässt und was ganz praktisch auch Phänomene wie die feste Preisbindung und den erniedrigten Mehrwertsteuersatz verständlich macht" (Werner Faulstich: Medienwissenschaft, Paderborn: Fink 2004).

Ganz anderes verhält es sich mit dem Zeitumgang moderner Massenmedien. Nichts sei so alt wie die Zeitung von heute morgen, heißt es, obwohl doch das materielle Substrat der Tageszeitung dem des Buches ähnlich scheint. Schon am Abend werden deshalb die Zeitungsexemplare, denen es nicht vergönnt ist, für die Ewigkeit in Archiven gelagert zu werden, weggeworfen oder für Origamikünste verwendet. Die breiteste unmittelbare Wirkungsmacht entfalten aber heute die audiovisuellen Massenmedien Radio und Fernsehen. Bereits Kurt Tucholsky schreibt:

> „Wir glossieren so viel: Artikel, Zeitungsfehler, Schwupper der Kritiker und Romane – aber die größte Wirkung geht kaum noch vom gedruckten Wort aus. Eher vom gesprochenen: dem Rundfunk, und vor allem: vom Bild."[5]

Die gängig als Massenmedien bezeichneten Kommunikationsverstärker Rundfunk und Fernsehen sind, anders als das Speichermedium Buch, primär und von der Genese her Übertragungsmedien, die also zur Distanzüberbrückung genutzt werden.[6] Es sind in der Definition McLuhans Körperextensionen in der Form, dass weit voneinander entfernte Personen zumindest einseitig Informationen übermitteln können. Diese Medien brachten eine neue Qualität in die Nachrichtenübermittlung, nämlich die Informationsübermittlung über weite Strecken annähernd in Echtzeit,[7] man denke an das

---

5   Kurt Tucholsky: Gesammelte Werke in zehn Bänden, hg. von Mary Gerold-Tucholsky und Fritz J. Raddatz, Reinbek bei Hamburg: Rowohlt Verlag 1975, Bd. 6, S. 131.

6   Diese neue Qualität der Kommunikationsgeschwindigkeit macht bereits Theodor Fontane anlässlich der Telegraphie zum Thema: „Der Teufel is nich so schwarz, wie er gemalt wird, und die Telegraphie auch nicht, und wir auch nicht. Schließlich ist es doch was Großes, diese Naturwissenschaften, dieser elektrische Strom, tipp, tipp, tipp, und wenn uns daran läge (aber uns liegt nichts daran), so könnten wir den Kaiser von China wissen lassen, daß wir hier versammelt sind und seiner gedacht haben. Und dabei diese merkwürdigen Verschiebungen in Zeit und Stunde. Beinahe komisch. Als Anno siebzig die Pariser Septemberrevolution ausbrach, wußte man's in Amerika drüben um ein paar Stunden früher, als die Revolution überhaupt da war." (Theodor Fontane: Der Stechlin, in: Theodor Fontane: Romane und Erzählungen in acht Bänden, hg. von Peter Goldammer, Gotthard Erler, Anita Golz und Jürgen Jahn, Berlin und Weimar: Aufbau 1973, 2. Aufl., Bd. 8, S. 28). Diese Wirkungsmacht reicht bis in die deutschen Konzentrationslager hinein, wie Grass in *Mein Jahrhundert* am Beispiel der Olympia-Übertragung im Radio schildert.

7   Die Gleichschaltung der Zeitmessung ist somit ein Effekt dieser neuen Medien, was bereits Goethe in *Wilhelm Meisters Wanderjahre* vorausahnt: „Der größte Respekt wird allen eingeprägt für die Zeit, als für die höchste Gabe Gottes und der Natur und die aufmerksamste Begleiterin des Daseins. Die Uhren sind bei uns vervielfältigt und deuten sämtlich mit Zeiger und Schlag die Viertelstunden an, und um solche Zeichen möglichst zu vervielfältigen, geben die in unserm Lande errichteten Telegraphen, wenn sie sonst nicht beschäftigt sind, den Lauf der Stunden bei Tag und bei Nacht an, und zwar durch eine sehr geistreiche Vorrichtung" (Johann Wolfgang von Goethe: Wilhelm Meisters

Medienereignis der Mondlandung im Sommer 1969, von dem Grass in *Mein Jahrhundert* berichtet. Durch diese Übertragungsmedien werden uns entfernte Orte, Objekte und Ereignisse näher gebracht und vermittelt. Die Sendeinhalte können vor oder während der Sendung gespeichert worden sein, doch ist dies nicht notwendig – und wurde auch nicht immer praktiziert. Von der ersten Tagesschau etwa existierte 1990 keine Kopie mehr in bundesdeutschen Archiven – glücklicherweise hatte man sie in der DDR aufgezeichnet und archiviert. Die großen Rundfunk- und Fernsehereignisse sind gemeinhin Live-Übertragungen von Ereignissen,[8] ob nun aus dem politischen[9] oder sportlichen[10] oder einem anderen Bereich. Die besonders geschätzte Serviceleistung des Radios ist immer noch die aktuelle Verkehrsdurchsage. In kaum einem Fernseh- oder Radiosender fehlt eine Nachrichtensendung[11] – wenngleich die Definition dessen, was als Nachricht betrachtet wird, von Sender zu Sender differieren mag. Schon die erste Fernsehübertragung Deutschlands brachte, so Grass in *Mein Jahrhundert*, „Tagesneuigkeiten – weiß nicht mehr, was außer der Papstbotschaft lief" (*Mein Jahrhundert*, 1952). Insbesondere aktuelle Kriege werden von Grass stets als Medienereignisse dargestellt, geführt anscheinend deswegen, „weil CNN die

---

Wanderjahre, in: HA Bd. 8, S. 405). Die Aufgabe, die früher die telefonische Zeitansage hatte, fällt heute unter anderem den Funkuhren und dem Fernsehen zu: Wann das Neue Jahr beginnt, bestimmt zu großen Teilen das Fernsehen.

8 Grass berichtet, seine Familie und er hätten das Kölner Konzert Wolf Biermanns „im Fernsehen ‚live'" (*Mein Jahrhundert*, 1977) erlebt.

9 So wird etwa Hitlers Machtergreifung ein Medienereignis: „Die Nachricht von der Ernennung überraschte uns mittags, als ich mit Bernd, meinem jungen Mitarbeiter, in der Galerie einen Imbiß nahm und dabei mit halbem Ohr Radio hörte" (*Mein Jahrhundert*, 1933). Wie wichtig natürlich die Senderwahl bleibt, beschreibt Grass am Beispiel der Maueröffnung: „Als wir, von Berlin kommend, zurück ins Lauenburgische fuhren, kam uns, weil aufs Dritte Programm abonniert, die Nachricht übers Autoradio verspätet zu Ohren" (*Mein Jahrhundert*, 1989).

10 Die Präsenz bei sportlichen Ereignissen durch mediale Vermittlung des Radios beschreibt Grass in *Mein Jahrhundert* am Beispiel der live übertragenen Boxkämpfe Max Schmelings (1930) sowie der Fußballweltmeisterschaft 1954: „Zwar war ich in Bern nicht dabei, aber übers Radio, das an jenem Tag in meiner Münchner Studentenbude von uns Jungökonomen belagert wurde, erlebte ich dennoch Schäfers Flanke in den ungarischen Strafraum. [...] Wir sind Weltmeister, haben es der Welt gezeigt, sind wieder da, sind nicht mehr Besiegte, singen unter Regenschirmen im Stadion zu Bern, wie wir ums Radio in meiner Münchner Bude geschart ‚Über alles in der Welt' gegrölt haben" (*Mein Jahrhundert*, 1954). Der zweite Sieg einer deutschen Mannschaft bei der Fußballweltmeisterschaft ist dann ein Fernsehereignis (*Mein Jahrhundert*, 1974).

11 Ausnahme ist interessanterweise der Sender 9live, der mit seinem Namen bereits Aktualität ausdrückt und derzeit durch kostenpflichtige Anrufe von Zuschauenden finanziert wird.

Fernsehrechte an diesem Krieg hat und schon jetzt am nächsten und über-
nächsten" (*Mein Jahrhundert*, 1991).[12]

Zu inszenierten kulturellen Medienereignissen werden in der Anfangszeit
des Radios gerne solche Hörspiele,[13] die mit der Übertragung von Realität verwechselt werden: etwa in den Vereinigten Staaten Orson Welles' stilistisch als
Live-Reportage getarnte Adaption von H.G. Wells' *Krieg der Welten*[14] oder in
der Weimarer Republik die Ermordung des Außenministers.[15]

Der Charakter der Echtzeitvermittlung geht damit einher, dass der Emp-
fänger der Rundfunk- und Fernsehsendungen lediglich einen sequentiellen
Zugang zum Programm hat, oder wie Kurt Tucholsky schreibt:

> „[…] im Radio muß ich mir die paar guten Jazz-Konzerte mit so viel
> dummen Vorträgen erkaufen – ‚Das Kaninchen als gesellschaftsbildendes
> Element im achtzehnten Jahrhundert' – oder ‚Der Kleinkalibersport als
> Abführmittel. Lassen Sie sich durch den Darm gesund schießen!' […]."[16]

Das Programm der verschiedenen Sendeanstalten basiert auf einem vorgegebenen Zeitmuster. Spätestens mit Einführung der Fernbedienung und dem
somit modifizierten Rezeptionsverfahren ist die Tendenz feststellbar, die Pro-

---

12   In *Mein Jahrhundert* schreibt Grass: „Weit weg und nahbei fiel im Fernsehen Saigon"
     (*Mein Jahrhundert*, 1975). Ähnliches gilt für die anderen jeweils aktuellen Kriege, ob es
     der Zweite Weltkrieg ist oder der Golfkrieg.
13   Diese übertragenen Hörspiele waren ebenfalls Live-Übertragungen, die glücklicher-
     weise gleichzeitig archiviert wurden. Die Zwischenspeicherung vor der Übertragung
     entfiel hier häufig.
14   „Die Affaire der Orson Welles'schen Invasion vom Mars war ein Test, den der posi-
     tivistische Geist über seinen eigenen Einflußbereich anstellte, und er hat ergeben, daß
     die Verwischung der Grenze von Bild und Realität bereits zur kollektiven Erkrankung
     fortgeschritten ist; daß die Reduktion des Kunstwerks auf die empirische Vernunft bereit
     ist, in jedem Augenblick in den offenen Wahnsinn umzuschlagen" (Max Horkheimer/
     Theodor W. Adorno: Dialektik der Aufklärung: Das Schema der Massenkultur, hg. von
     Rolf Tiedemann unter Mitwirkung von Gretel Adorno, Susan Buck-Morss und Klaus
     Schultz, Frankfurt/Main: Suhrkamp 2003, S. 302).
15   Dieses Verhältnis verkehrt sich bei der Maueröffnung: „Während wir uns, nun schon mit
     froher Botschaft im Herzen, Behlendorf näherten, lief im sogenannten ‚Berliner Zim-
     mer' des Bekannten meines Bekannten mit fast auf Null gedrehtem Ton das Fernsehen.
     Und während noch die beiden bei Korn und Bier über das Reifenproblem plauderten
     […], fiel meinem Bekannten mit kurzem Blick in Richtung tonlose Mattscheibe auf, daß
     dort offenbar ein Film lief, nach dessen Handlung junge Leute auf die Mauer kletterten,
     rittlings auf derem oberen Wulst saßen und die Grenzpolizei diesem Vergnügen taten-
     los zuschaute. Auf solche Mißachtung des Schutzwalls aufmerksam gemacht, sagte der
     Bekannte meines Bekannten: ‚Typisch Westen!' Dann kommentierten beide die laufende
     Geschmacklosigkeit – ‚Bestimmt ein Kalter-Kriegs-Film' – und waren bald wieder bei
     den leidigen Sommerreifen und fehlenden Winterreifen" (*Mein Jahrhundert*, 1989).
16   Kurt Tucholsky. Republik wider Willen. Gesammelte Werke, hg. von Fritz J. Raddatz,
     Ergänzungsband 2, Reinbek bei Hamburg: Rowohlt Verlag 1985, S. 350.

gramminhalte in kürzere Segmente zu unterteilen, um die Anschlussfähigkeit derer, die später hinzugeschaltet haben, zu maximieren.

Auch hier besteht ein Gegensatz zur Rezeption von Kunstwerken auf Printbasis.[17] Bücher strukturieren zwar auch Rhythmus und Zeitgestaltung des Lesers vor (berühmt ist Sartres Definition des Lesens als „gelenktem Schaffen"). Das Buch räumt dem Leser aber größere Freiheiten in der konkreten Gestaltung ein.[18]

Aus dem sequentiellen Zugang der übermittelten Information resultieren bestimmte Programmgestaltungen. So werden Fernsehen und Radio seit Sendebeginn zur Übertragung äußerst vielfältiger Informationen genutzt,[19]

---

17 „Ums Buch ist mir nicht bange./ Das Buch hält sich noch lange./ Man kann es bei sich tragen/ und überall aufschlagen./ Sofort und ohne Warten/ kann dann das Lesen starten./ Im Sitzen, Liegen, Knien/ ganz ohne Batterien./ Beim Fliegen, Fahren, Gehen –/ ein Buch bleibt niemals stehen./ Beim Essen, Kochen, Würzen/ ein Buch kann nicht abstürzen./ Die meisten andren Medien/ tun sich von selbst erledigen./ Kaum sind sie eingeschaltet,/ heißts schon: Die sind veraltet!/ Und nicht mehr kompatibel –/ marsch in den Abfallkübel/ Zu Bändern, Filmen, Platten,/ die wir einst gerne hatten,/ Und die nur noch ein Dreck sind./ Weil die Geräte weg sind/ Und niemals wiederkehren,/ gibts nichts zu sehn, zu hören./ Es sei denn, man ist klüger/ und hält sich gleich an Bücher,/ Die noch in hundert Jahren/ das sind, was sie stets waren:/ Schön lesbar und beguckbar,/ so stehn sie unverruckbar/ In Schränken und Regalen/ und die Benutzer strahlen:/ Hab'n die sich gut gehalten!/ Das Buch wird nicht veralten" (Robert Gernhardt: Das Buch, in: Im Glück und anderswo. Frankfurt: Fischer 2002, S. 236 f.)

18 „Was [an den Massenmedien, A. W.] nachteilig ist, ist, daß es alles sequentiell läuft. Wenn man also irgendwo in eine Sequenz einsteigt und irgendwann wieder abschaltet, während man bei Zeitungen ja sich raussuchen kann: ich lese jetzt nur noch die Börsennachrichten und ich lese Sport auf keinen Fall, aber vielleicht so Firmennachrichten aus der Wirtschaft, oder ich lese Politiknachrichten, aber nicht das, was in den Parteien vor sich geht usw. Man kann dann also sich Schwerpunkte wählen und auch den Zeitpunkt bestimmen, in dem man etwas liest. Das ist eine sehr persönliche Teilnahme an Kommunikation entgegen allem, was man von Massenmedien hört. Man wählt sehr persönlich aus, den Zeitpunkt, den Ausschnitt usw., und das ist nicht vorgegeben durch die Drucktechnik." (Die Realität der Massenmedien. Gespräch von Wolfgang Hagen mit Niklas Luhmann, Radio Bremen, Erstsendung: 9. Oktober 1997).

19 Theodor W. Adorno konstatierte ein zwischenzeitliches Engagement, das man seit Einführung der privaten Sender nicht mehr für die gesamte Medienlandschaft teilen würde: „Der alte Rundfunk zählte zu den ‚gemischtwirtschaftlichen Betrieben'. Aus privater Initiative entstanden, konnte er über öffentlich-amtliche Organisationen und Produktionsmittel verfügen. Zwischen dem Privaten und dem Öffentlichen hielt sich seine gesamte Verfahrungsweise: offizielle Kundgabe und öffentliche Veranstaltung mischten sich in den Programmen mit Sendungen, in denen die privatwirtschaftliche Rücksicht auf den ‚Kunden' und die zu erhoffende Profitquote maßgeblich war. Die Herrschaft lag bei dieser Rücksicht. Der größte Teil der Programme war jener Art leichter Musik vorbehalten, die nicht künstlerisch-sachlich sich rechtfertigen ließ, sondern einzig als marktgängige Ware. Der gegenwärtige Rundfunk ist Instrument des Staates und hat in den entscheidenden Monaten in dessen Dienst eine politisch-öffentliche Schlagkraft erwiesen, die dem quäkenden Begleiter des häuslichen Lebens keiner je zugetraut hätte und die alle Privatsphären unter sich begrub. Das Profit-Interesse gilt da nicht mehr: zum drastischen Zeichen dessen hat man jegliche Rundfunkreklame privater Firmen unterbunden."

wovon auch Grass in *Mein Jahrhundert* berichtet (vgl. insbesondere die Jahre 1925 und 1952) und wie die zahlreichen verschiedenen Sendeformate oder Spartensender beweisen.[20] Auf breiter Basis herrscht allerdings die Verwendung des Radios etwa als Musikdusche[21] vor. Die Vermittlung differenzierter kultureller Inhalte wird selbstverständlich ebenfalls und auf teilweise exzellentem Niveau betrieben, wofür es zahllose – allerdings fast ausnahmslos öffentlich-rechtliche – Beispiele gibt. In der öffentlichen Wahrnehmung scheint diese Funktion der Massenmedien nicht vorherrschend zu sein, weshalb sie auch von privaten Sendeanstalten dementsprechend wenig betrieben wird.

Dies ist der Konflikt, in dem sich die Beschäftigung mit Literatur in den Massenmedien befindet: die langsame, mit dem Begriff der Ewigkeit operierende Literatur mit dem Speichermedium Buch trifft auf ein Medium, das für rasante Informationsübertragung steht. Bücher müssen zunächst zeitraubend verfasst – Grass arbeitete an seinem autobiographischen Roman *Beim Häuten der Zwiebel* etwa drei Jahre –, lektoriert, gedruckt, verkauft und dann zeitraubend gelesen werden.[22] Literarische Werke, sie mögen auch die Gegenwart zum Thema haben, sind per se nie tagesaktuell. In den Massenmedien berichtet und diskutiert wird über sie aber gerne, als ob sie es seien, nämlich zumindest bei bekannten Autoren hauptsächlich in einer sehr kurz bemessenen Zeitspanne vor und nach der Publikation. Rainer Maria Rilkes Rezension von den *Buddenbrooks* des damals noch unbekannten Thomas Mann konnte im Bremer

---

(Theodor W. Adorno: Musikalische Schriften VI: Rundfunkautorität und Schlagersendung, in: Frankfurter Adorno Blätter VII. Im Auftrag des Theodor W. Adorno Archivs herausgegeben von Rolf Tiedemann, München: edition text + kritik 2001, S. 90).

20 „[M]an hat etwa dem totalitären Rundfunk die Aufgabe gestellt, einerseits für gute Unterhaltung und Zerstreuung zu sorgen und andererseits die sogenannten Kulturgüter zu pflegen" (Theodor W. Adorno: Dissonanzen. Einleitung in die Musiksoziologie: Über den Fetischcharakter in der Musik und die Regression des Hörens, in: Theodor W. Adorno: Gesammelte Schriften, hg. von Rolf Tiedemann unter Mitwirkung von Gretel Adorno, Susan Buck-Morss und Klaus Schultz, Band 14, Frankfurt am Main: Suhrkamp Verlag 2003, S. 19).

21 „In den frühen zwanziger Jahren, als das Radio allgemein sich einbürgerte, war viel von rundfunkeigener Musik die Rede. Diese sollte besonders leicht und transparent gesetzt sein; nicht nur das Massive, sondern alles Komplexe galt für schlecht übertragbar" (Theodor W. Adorno: Komposition für den Film. Der getreue Korrepetitor: Über die musikalische Verwendung des Radios, in: Theodor W. Adorno. Gesammelte Schriften, hg. von Rolf Tiedemann unter Mitwirkung von Gretel Adorno, Susan Buck-Morss und Klaus Schultz, Band 15, S. 369). „Es lassen sich dafür jene zahllosen Zuschriften zitieren, die immer wieder vom Rundfunk ein Mehr an leichter Musik verlangen" (Theodor W. Adorno: Musikalische Schriften VI: Rundfunkautorität und Schlagersendung, in: Frankfurter Adorno Blätter VII. Im Auftrag des Theodor W. Adorno Archivs herausgegeben von Rolf Tiedemann, München: edition text + kritik 2001, S. 92).

22 Die komplette Lesung der *Blechtrommel*, die Grass an mehreren Abenden vornahm, dauert über 27 Stunden.

Tageblatt vom 16. April 1902 abgedruckt werden – ein stolzes halbes Jahr nach
der Veröffentlichung des Romans im Oktober 1901. Dies ist bei neuen Veröffentlichungen von Autoren wie Günter Grass, Martin Walser, Peter Handke
oder Elfriede Jelinek nicht denkbar. Deren Bücher müssen in den großen Zeitungen, geschweige denn den anderen Massenmedien, möglichst noch vor der
Publikation besprochen werden, also quasi in Abänderung der Kausalkette
dem Ereignis vorausgehen.

Es ist fraglich, inwiefern hier eine breite öffentliche Diskussion über Bücher
entstehen kann,[23] da doch – abgesehen von einigen Rezensenten mit Voraus-
exemplaren – niemand des Diskussionsgegenstandes kundig ist. Aber die Diskussion in den Massenmedien scheint ohnehin häufig nur vorgespielt, während
es eigentlich um andere Ereignisse geht. Der Kabarettist Dieter Hildebrandt,
im selben Jahr wie Grass geboren, schreibt so zum Inhalt der legendären Sendung Das literarische Quartett:

> „Sie sprechen vor drei Prozent der Fernsehzuschauer über Bücher, die noch
> niemand gelesen hat, von Autoren, von denen man nichts weiß, erwähnen
> Zusammenhänge, die unbekannt sind, und fällen Urteile, die einem ziem-
> lich egal sind, weil, siehe oben, das exekutierte Werk bislang an einem vor-
> übergegangen ist."[24]

Dieter Hildebrandt, der das Literarische Quartett anschließend ob seines
Unterhaltungswertes lobt, bringt auf den Punkt, dass es in solchen Sendungen
zumindest nicht ausschließlich um ästhetische Urteile und Codierungen wie
schön/nicht schön gehen kann, auch nicht um wissenschaftliche Kategorien
wie wahr/unwahr.[25] Kommunikation muss anschlussfähig sein, um Bestand

---

23 „Der Rundfunk kann die Literatur der Lebenden fördern – obgleich das Ohr nicht so
     aufnahmefähig ist wie das Auge, und hier besteht eine Gefahr. Für faule Leser macht
     manchmal eine ‚Bücherstunde' die Lektüre eines Buches überflüssig – hat er etwas über
     ein Werk gehört, so kann es geschehen, daß er es nicht mehr liest. Aber diese Gefahr ist
     klein im Vergleich zu dem Nutzen, den eine anregende Bücherstunde schaffen kann"
     (Kurt Tucholsky: Der Deutsche Rundfunk, 6. September 1929, Nr. 36, in: ders.: Repu-
     blik wider Willen. Gesammelte Werke, hg. von Fritz J. Raddatz, Ergänzungsband 2,
     Reinbek: Rowohlt 1985, S. 385 ff.).
24 Dieter Hildebrandt: Denkzettel, München: Kindler 1992, S. 202.
25 „Obwohl Wahrheit oder doch Wahrheitsvermutung für Nachrichten und Berichte uner-
     läßlich sind, folgen die Massenmedien nicht dem Code wahr/unwahr, sondern selbst
     in ihrem kognitiven Programmbereich dem Code Information/Nichtinformation.
     Das erkennt man daran, daß Unwahrheit nicht als Reflexionswert benutzt wird. Für
     Nachrichten und Berichte ist es nicht (oder allenfalls im Zuge von nicht mitgemeldeten
     Recherchen) wichtig, daß die Unwahrheit ausgeschlossen werden kann. Anders als in
     der Wissenschaft wird die Information nicht derart durchreflektiert, daß auf wahre Weise
     festgestellt werden muß, daß Unwahrheit ausgeschlossen werden kann, bevor Wahrheit

zu haben. Ästhetische Kategorien können aber in der kurzen Zeit der Aktu-
alitätsspanne nicht fundiert behandelt werden. Im Zentrum scheint es in solchen Debatten also nie um das literarische Kunstwerk zu gehen, sondern um
anderes, zu dem das Buch lediglich der notwendige Auslöser ist. Eine Diskussion innerhalb des Kunst-Systems findet Anschluss in anderen Kommu-
nikationssystemen. Dabei soll die Rolle des Auslösers nicht gering geachtet
werden, da er schließlich gehaltvoll genug sein muss, um eine Diskussion in
Gang zu setzen.

Der Dichter Günter Grass trat 1955 durch den Rundfunk, nämlich mit der
Teilnahme an einem Lyrik-Wettbewerb des SDR, ins Licht der Öffentlichkeit.
Oder besser: Das Werk trat an die Öffentlichkeit, während der unbekannte
Autor noch nicht sonderlich interessierte. Die Laudatio des Intendanten Fritz
Eberhard zur Preisverleihung beschäftigt sich jedenfalls ausschließlich mit
dem eingereichten Gedicht, den *Lilien aus Schlaf*:

> „Zunächst erscheint das Gedicht ‚Lilien aus Schlaf‘ von Günter Grass voll
> widerspruchsreicher Assoziationen. Sie stammen aus dem Unterbewußt-
> sein, aus einer Traumsphäre, in deren Bildern Bedrängendes und Beseeli-
> gendes sich unablässig überkreuzt. Alles wird verschlüsselt. Unterhalb eines
> scheinbar zerstörten logischen Zusammenhanges aber wird die Vielfalt der
> Bilder durch magische Analogien und Kontraste zur Einheit gebunden. Die
> beziehungsreiche Sprache bezwingt durch ihre rhythmische Bildfolge und
> die geheimnisvollen Zwischentöne."

Der Auslöser des Weltruhmes von Günter Grass, der das Interesse am Autor
begründet, ist nach zahlreichen publizierten Gedichten, aufgeführten Thea-
terspielen und öffentlich getanzten Balletten zweifellos die Danziger Trilogie,
angeführt von der Weltsensation *Die Blechtrommel*. Die Gruppe 47 und ihr
so selten, dafür aber hellsichtig verliehener Preis dienen als Plattform, die den
Bestseller ankündigen und ihm noch vor der Publikation einen beträchtlichen
Ruhm verschaffen. Es folgt die publizistisch üppig begleitete Frankfurter
Buchmesse, die Grass in *Mein Jahrhundert* beschreibt. Diese Diskussion ist
offensichtlich virulent genug, um auch in andere gesellschaftliche Teilbereiche
übernommen zu werden. Ab dieser Zeit ist der Urheber des Buches als her-
ausragender neuer Autor im Gespräch. Der einprägsame alliterative Name
mag hierfür von Vorteil sein, auf jeden Fall ermöglichte dieser Name die Aufnahme in Heinz Erhardts legendären G-Sketch, in welchem von „Günters

---

behauptet wird" (Die Realität der Massenmedien. Gespräch von Wolfgang Hagen mit
Niklas Luhmann, Radio Bremen, Erstsendung: 9. Oktober 1997).

Grasstrommel" die Rede ist. Die mit einem Oscar prämierte Verfilmung mit David Bennent als Oskar Matzerath, an deren Drehbuch Grass mitwirkte, ist zwanzig Jahre nach der Erstveröffentlichung ein nochmaliger Katalysator für die weltweite Beachtung dieses Buches.

Sofort nach der Veröffentlichung 1959 folgt dann jedoch auch mit dem Aufruhr um den Bremer Literaturpreis eine Verlagerung der Diskussion weg vom Buch, hin zu weiter gefassten gesellschaftlichen Diskursen. Der Bremer Senat weigert sich, der Entscheidung der Jury für das Jahr 1960 zu folgen und Günter Grass die Auszeichnung für *Die Blechtrommel* zu verleihen. Zur Begründung erklärt die damalige Jugendsenatorin Annemarie Mevissen, dass einige Kapitel der *Blechtrommel* auf den Index jugendgefährdender Schriften gehören würden. Sie könne nicht einerseits einer Preisverleihung an Grass zustimmen und andererseits das Werk für Jugendliche verbieten lassen.[26] Die Debatte um Günter Grass verlässt also schon mit dem Erscheinen seines ersten Romans den Raum der ästhetischen Beurteilung eines Kunstwerkes, um sich moralischen Fragen über die Grenzen der Pornographie zuzuwenden – die nicht erst seit der Apologie des Sokrates so häufig behandelte Frage, ob und wie jemand die Jugend verderbe. Tageszeitungen, aber auch die Massenmedien Rundfunk und Fernsehen fungieren hierbei als Katalysatoren, um Informationen zu vermitteln.

Das nächste Feld, das sich der Diskussion um Günter Grass öffnet, ist jenes der Politik.[27] Dieser Schritt ist für den weiteren Verlauf des öffentlichen Bildes von Grass von kaum zu unterschätzender Bedeutung. Bewusst instrumentalisiert der bekannte Schriftsteller schon seit Anfang der 1960er Jahre seinen literarischen Ruhm für gesellschaftliches Engagement:

„Als ich zweiunddreißig Jahre alt war, wurde ich berühmt. Seitdem beherbergen wir den Ruhm als Untermieter. Er steht überall rum, ist lästig und nur mit Mühe zu umgehen. Besonders Anna haßt ihn, weil er ihr nachläuft und zweideutige Anträge macht. Ein manchmal aufgeblasener, dann abgeschlaffter Flegel. Besucher, die glauben, mich zu meinen, blicken sich

---

26 Diese Frage wird äußerst kontrovers diskutiert und führt letztlich unter anderem dazu, dass die Vergabemodalitäten für den Preis geändert werden. Wolfgang Emmrich hat eine Monographie zur Geschichte des Bremer Literaturpreises vorgelegt, in der auch dieses Kapitel dezidiert behandelt wird.

27 Gerade in der Anfangszeit des Rundfunks in Deutschland war das Radioprogramm deshalb ein Anlass für diverse Kontroversen: „Der Deutsche Reichstag hat bekanntlich verboten, daß seine Sitzungen durch den Rundfunk übertragen werden – und ich habe so das leise Gefühl, als sei das nicht die rechte Art, Würde zu markieren", schreibt Kurt Tucholsky (Deutsches Tempo. Texte 1911 bis 1932, hg. von Mary Gerold-Tucholsky und Fritz J. Raddatz, Reinbek bei Hamburg: Rowohlt Verlag 1985, S. 639).

nach ihm um. – Nur weil er so faul und meinen Schreibtisch belagernd unnütz ist, habe ich ihn in die Politik mitgenommen und als Begrüßgustav beschäftigt: das kann er. Überall wird er ernst genommen, auch von meinen Gegnern und Feinden" (*Aus dem Tagebuch einer Schnecke,* 82).

Das Feld der Politik betritt Grass ausdrücklich nicht als Schriftsteller, sondern als Bürger und Zeitgenosse, der sich von Axel Springer persönlich die Berichterstattung seines Engagements im politischen Teil und nicht dem Feuilleton der Zeitung erbittet. Grass selbst also trennt seine verschiedenen Rollen, bezeichnet sich als einen „nicht politisch engagierten Schriftsteller, doch gleichwohl politisch engagierten Bürger" *(Essays und Reden I: Unser Grundübel ist der Idealismus,* 472). Diese Trennung wird in der öffentlichen Wahrnehmung jedoch nicht eingehalten.

Grass stellte sich als Person der Öffentlichkeit in einem gesellschaftlichen Teilbereich, der zentraler Bestandteil medialer Berichterstattung ist. Verstärkt wird dies dadurch, dass sich der zuvor bereits kontrovers moralisch diskutierte Grass nicht präsidial mit allgemeinen politischen Fragen beschäftigt, sondern sich – wie übrigens auch zuvor die Nobelpreisträger Gerhart Hauptmann in seinem Eintreten für die Weimarer Republik oder Thomas Mann in seinen Reden gegen Hitler – dezidiert der Tagespolitik widmet. Günter Grass stellt sich hiermit in eine Tradition, in welcher Schriftsteller die geistigen Repräsentanten der deutschen Nation sind. Neben den künstlerischen Arbeiten tritt auch das Leben als Kunstwerk[28] in den Fokus der Öffentlichkeit.

Ästhetische Auseinandersetzungen mit dem Werk von Seiten der Leserschaft und der Fachwelt – etwa innerhalb der Treffen der Gruppe 47 – werden in der Öffentlichkeit in der Folge von der massenmedialen Beschäftigung mit Themen der Parteiname für Willy Brandt und die SPD überlagert, was schon 1965 bei der Verleihung des Georg-Büchner-Preises zum Ausdruck kommt. Auf der bei der Verleihung verlesenen Urkunde steht:

„Die ‚Deutsche Akademie für Sprache und Dichtung' verleiht den Georg-Büchner-Preis 1965 an Günter Grass für sein Werk in Lyrik und Prosa, worin er kühn ausgreifend und kritisch das Leben unserer Zeit darstellt und gestaltet."

Im Vorfeld der Verleihung ist aber in der Berichterstattung wenig von Lyrik und Prosa die Rede, sondern mehr von Politik.

---

28 Das Leben als Kunstwerk zu gestalten, hat seit Goethe für Schriftsteller Tradition.

Diese Überlagerung kann kaum überraschen. Diskussionen entzünden sich an Differenzen. Das Wort Diskurs verweist nicht auf ein Zusammenkommen, sondern auseinanderdriften, ohne das Kommunikation sinnlos wäre. Grass ergreift Partei bei Fragen der Res publica. Seine öffentlich geäußerten Standpunkte betreffen also per definitionem alle Bürger der Bundesrepublik Deutschland, auch jene, die nicht zum lesenden Teil der Bevölkerung zählen und den Literaten somit lediglich als öffentliche Person wahrnehmen, anhand deren Aktionen gesellschaftlich relevante Themen debattiert werden. In dieser Zeit wird die Grundlage für eine Wahrnehmung von Günter Grass gelegt, die auch unter anderem in dem Gedicht *Sechs berühmte Dichter* von Robert Gernhardt zum Ausdruck kommt: „Der eine liest die Iren./ Der andre liest die Briten./ Ein dritter liest die Russen./ Der Grass liest die Leviten."[29]

Der Wahrnehmungskonflikt zwischen dem engagierten Bürger und dem Künstler wird jedoch noch durch einen Kunstgriff von Günter Grass verschärft. Die Quantenphysik lehrt, dass die Beobachtung den Beobachtungsgegenstand beeinflusst. Als Autor hat Grass sich seit seinem zweiten epischen Werk, der Novelle *Katz und Maus*, beständig in jedes seiner Bücher hineingeschrieben. Der zur öffentlichen Person gewordene Günter Grass lässt sein Image nun jedoch, angefangen mit *Aus dem Tagebuch einer Schnecke*, auch in sein poetisches Werk einfließen, indem er sich als öffentliche Person in sein Werk dezidiert hineinschreibt. Die Verquickung von Literatur, Politik und Person wird hierdurch zementiert, interessanterweise zu einem Zeitpunkt, als Grass sich der permanenten politischen Arbeit langsam zu entziehen sucht. Ab diesem Zeitpunkt kann er davon ausgehen, dass er dank der Berichterstattung in den Medien ein seiner Person zugeordnetes Image in der Öffentlichkeit als bekannt voraussetzen darf, das so schließlich nicht seinen Büchern entnommen werden könnte. Dieses unterstellte Vorwissen findet dann wieder Eingang in seine literarische Produktion. Die vieldiskutierte öffentliche Person ist also seit *Tagebuch einer Schnecke* dezidierter Bestandteil der neu erscheinenden Werke, was die Kritik, die unter Zeitdruck ihre Rezensionen verfassen muss, dankbar aufnimmt. Die Folge sind verzerrte Spiegelbilder des Wirkens von Günter Grass, dessen tägliches künstlerisches Wirken nicht in dem Ausmaß von der Tagespolitik und moralischen Normen tangiert wird, wie die Berichterstattung vermuten ließe.

Als Resultat zielen die inländischen Buchkritiken[30] zunehmend als Scherbengerichte ad hominem. Fast immer ist es zumindest auch die bekannte öffentliche

---

29 Robert Gernhardt: Gedichte 1954–1997. Vermehrte Neuausgabe. Frankfurt/Main: Zweitausendeins 2000, S. 406.
30 Über die Buchkritik schreibt Werner Faulstich, sie habe „ihre frühere herausragende Bedeutung als Orientierungs- und Steuerungsinstanz praktisch gänzlich verloren. Buch-

Person, über die ein Urteil gefällt wird. So war auch der Streit um *Beim Häuten der Zwiebel* kein Streit um ein Buch als ein sprachliches Kunstwerk. Das Buch selbst konnte zum Zeitpunkt der Diskussion noch kaum jemand gelesen haben. Es war ein Streit um die Person Günter Grass, vornehmlich hinsichtlich seines gesellschaftlichen Engagements. Die bekannte öffentliche Person schaffte es aufgrund der FAZ-Berichterstattung in die Nachrichtensendungen des Fernsehens, wodurch die Debatte über dieses Thema erst entstehen konnte – selbst eine überregionale Tageszeitung hätte dies nicht allein vermocht.

Günter Grass hat sich wiederholt über die „feuilletonistische Aufbereitung, die sich Kritik nennt" *(Essays und Reden III: Blindstellen auf der Spur*, 395)*, geäußert[31] und wiederholt darauf hingewiesen, dass seine Rezeption im Ausland wesentlich literarischer, also auf sein Werk ausgerichtet sei, und die Literaturkritik mehr der Information diene. Dies liegt natürlich zu nicht unbeträchtlichen Teilen daran, dass seine Medienpräsenz in anderen Ländern andere Schwerpunktsetzungen hat. Grass' Engagement für die bundespolitische Tagespolitik ist dort nicht Bestandteil der Alltagskonversation, so dass an diese auch nicht angeschlossen werden kann.

Wie und wann also wird Grass die künstlerische Rezeption erfahren, die er sich erhofft? Eine Möglichkeit ist die Veränderung der Medienlandschaft durch das Internet. Radio und Fernsehen werden voraussichtlich zunehmend Teilbereiche abgeben müssen. Bereits heute stellen einige Radio- und Fernsehsender Teile ihres Programms auf ihren Websites zur Verfügung. Dadurch entfällt die Anbindung an aktuelle Ereignisse, das Programm ist von vorgegebenen Äußerlichkeiten entkoppelt. Gerade das schnelle Medium des Internet könnte somit dafür sorgen, dass die verschiedenen Diskurse langsamer und auch gehaltvoller geführt werden können.

Wenig tröstlich dürfte eine Perspektive sein, die sich aus dem Vergleich der Rezeption anderer Autoren ergibt: Der deutschsprachige Nobelpreisträger Gerhart Hauptmann kam ebenfalls mit einem Skandal zu Ruhm, bekam einen von einer Jury verliehenen Preis durch politische Intervention aberkannt und trat als politischer Redner so engagiert für die Demokratie ein, dass er sich genötigt fühlte, Ambitionen auf das Amt des Reichspräsidenten zu dementieren. Ähnliches gilt für Thomas Mann, der sich selbst spöttisch als „Wander-

---

kritik gibt es derzeit bevorzugt nur noch innerhalb wissenschaftlicher Disziplinen als Kritik von Fachbüchern, in den Sortimentsbuchhandlungen als persönliche Beratung zu literarischen Büchern durch belesene Buchhändler/innen und vielleicht noch im Fernsehen als mehr oder weniger intellektuelle Clownerie. Ansonsten werden Bücher nach persönlichen Empfehlungen, nach Bestsellerlisten oder genrespezifisch ausgewählt" (Werner Faulstich: Medienwissenschaft, Paderborn: Fink 2004, S. 71 f.).

31 Vgl. die Rede *Über das Sekundäre aus primärer Sicht.*

prediger der Demokratie" bezeichnete.[32] Die zeitgenössischen Reaktionen des
Feuilleton auf Thomas Manns Goethe-Roman *Lotte in Weimar* etwa weisen
einige interessante Parallelen zu den Reaktionen auf Grass' Fontane-Roman
Ein weites Feld auf. Bemängelt wurde in beiden Fällen etwa die Hybris, sich in
die jeweilige Geistesgröße hineinzuschreiben, oder der Mangel an wirklicher
Handlung bei einem Übermaß an Dialog. Die hochpolitische Rezeption dieser Nobelpreisträger und Personen der Zeitgeschichte ging im Laufe der Jahre
und mit dem medialen Wechsel hinein in Bücher und Fachperiodika wieder
über in literaturwissenschaftliche Diskurse. *Lotte in Weimar* ist mittlerweile
ein unbestrittener Klassiker der neueren deutschen Literatur. Der zeitgenössische tagesaktuelle Diskurs in den Massenmedien anlässlich der Werke von
Günter Grass wird wohl in weiten Teilen auf lange Sicht eine Besonderheit
sein – es sei denn, sie werden immer öfter auch archiviert und somit der Aktu-
alitätszeitspanne enthoben. Bis dahin gilt: Auf lange Sicht ist die Feder mäch-
tiger als Funk und Fernsehen.

---

32 Grass verweist in seiner Rede *Des Kaisers neue Kleider* auf den politisch engagierten und
    in der Kritik stehenden Thomas Mann: „Im Jahre 1937, als Emigrant, entrechtet und
    ausgebürgert, klagte Thomas Mann: ‚Es gibt keinen subalterneren Hohn als den auf den
    Dichter, der in die politische Arena hinabsteigt'" (*Essays und Reden I*, S. 125).

Rebecca Braun

Der alte Fuchs und die Medien: Autorschaft und Öffentlichkeit in Grass' neueren Werken

„Grass – das ist die perfekte Identität von Individualität und Image. Ein Reklamebild, das immer stimmt. Er sieht tatsächlich so aus, wie ihn die Massenmedien reproduzieren. [...] Fast hat er etwas von der Ausgereiftheit eines hervorragenden Markenartikelzeichens. Nationale Repräsentanz schwingt da mit, etwa wie bei dem Mercedes-Stern. Den kennt man auch überall in der Welt und weiß, was man daran hat."[1]

So charakterisierte Horst Krüger 1969 im Spiegel Günter Grass' öffentliches Auftreten. Unter all den Autoren, die sich im Laufe der 1960er Jahre politisch engagierten, schien Grass ein Modell öffentlicher Autorschaft anzubieten, das sich besonders für die Presselandschaft eignete. Nicht nur war der Autor seit dem Erscheinen seines Buches *Die Blechtrommel* 1959 berühmt-berüchtigt, spätestens ab Mitte der sechziger Jahre hatte er seine literarische Aufsässigkeit durch eine radikale Neuorientierung des schriftstellerischen Engagements um politische Umstrittenheit ergänzt. Insofern geht es wohl nicht zu weit zu behaupten, Grass habe die öffentliche Präsenz deutscher Schriftsteller erheblich aufgewertet. Wenn auch nicht gerade ein allbeliebtes Aushängeschild deutscher Autorschaft – dafür war er unter seinen eigenen Kollegen viel zu umstritten –, so zeigte er doch, wie sich ein Autor in der deutschen Presse inszenieren und inszenieren lassen kann. Dank seiner häufigen Auftritte in den Medien hat Grass, genau wie beim Mercedesstern – dem, wohl bemerkt, als Objekt jugendlichen Hasses in *Örtlich betäubt* besonderer Wert zukommt –, erheblich an nationaler Bedeutung gewonnen und wird von Freunden und Feinden symbolisch eingesetzt. Dies jedenfalls ist der Ausgangspunkt dieses Essays und liegt der weiterführenden Fragestellung zugrunde: Weiß man in Deutschland wirklich, was man am durchstilisierten „Markenartikel"-Grass hat, oder klaffen nicht eher Individualität und Image weit auseinander? Weiterhin, und etwas akademischer formuliert: Inwiefern steht dieser „Markenartikel" Grass für ein gewisses Modell deutscher Autorschaft und wie geht der Autor in sei-

---

1   Horst Krüger: Das Wappentier der Republik. Augenblicke mit Günter Grass, in: Der Spiegel, 25. April 1969, zit. in Franz Josef Görtz: Günter Grass. Zur Pathogenese eines Markenbilds, Meisenheim am Glan: Hain 1978, S. 51.

nen Werken mit einem solchen Modell um? Indem ich das geläufige Medienimage von Grass kurz skizziere und dann auf Grass' Reaktion zur Rezeption
dieses Images anhand seiner neueren literarischen Werke eingehe, versuche ich
diese Fragestellung etwas detaillierter aufzufächern.

Der Autor und sein Image in den Medien

In der Dankrede zum Fritz-Bauer-Preis 1998, *Was heißt heute Engagement?*,
referiert Grass über den mangelnden Bürgersinn und mangelndes Engagement
für Politik in der Gesellschaft. Dabei spricht er eine gewisse Erwartungshaltung an führende Intellektuellen an, die seiner Meinung nach in den Medien
tiefe Wurzeln geschlagen hat:

> „[mir] kam es [...] oft so vor, als sei [die Dienstleistung, Demokratie lebendig-
> dig zu halten,] als Daueraufgabe drei älteren Herren namens Jens, Haber-
> mas, Grass aufgelastet. Drei austauschbare Namen, mal in dieser, mal in
> jener Reihenfolge platziert. Die letzten Mohikaner. Drei bejahrte Muske-
> tiere. Also drei Dinosaurier, die einfach nicht anders können."[2]

Ironisch beschwört Grass hier das langlebige Medienverständnis seiner Person als einer „moralischen Instanz" herauf, das aus den Diskussionen in den
1960er Jahren über Schriftsteller als eine Art Gewissen der Nation erwach-
sen war. Grass hat dieses in vielerlei Hinsicht überpolitisierte Image im Laufe
seiner Karriere sicherlich ganz bewusst gefördert und zu seinen Gunsten
eingesetzt. Mich interessiert aber, wie er über das dazugehörige Konstruie-
ren seiner öffentlichen Person sinniert, sowohl explizit in seinen nichtfiktio-
nalen Aussagen wie auch implizit in seiner Literatur. In der bereits zitierten
Dankrede zum Fritz-Bauer-Preis z. B. deutet er nicht nur auf das gefährliche
Verhalten eines Volkes, das sein ganzes politisches Denken an drei bekannte
öffentliche Personen delegiert, sondern auch auf die vereinfachte Rezeption
dieser intellektuellen Stimmen in der öffentlichen Sphäre. Als „drei austauschbare Namen, mal in dieser, mal in jener Reihenfolge platziert", werden „Jens,
Habermas, Grass" buchstäblich auf ihre Namen reduziert. Der Name, der
üblicherweise auf eine reale Person deutet, beschwört hier beliebige fiktionale
Images herauf: „Die letzten Mohikaner", „drei Musketiere" und „drei Dino-

---

2   Günter Grass: Was heißt heute Engagement? Dankrede zum Fritz-Bauer-Preis, in: DIE
     ZEIT, 29. April 1998, S. 40.

saurier, die einfach nicht anders können". So werden die Namen nicht nur den
lebendigen Personen entbunden, sie werden in eine Assoziationskette gesetzt,
die ins Erzählerische zeigt. Nicht auf Personen, sondern auf beliebte Erzähl-
konstruktionen deuten die bekannten Autorennamen hin.

Die Individualität des Autors – und damit meine ich nicht nur seine eigene
Persönlichkeit, sondern auch die spezifische Identität seines Werkes – geht bei
diesem verflachenden Rezeptionsmuster verloren, denn hier zählt vor allem
die Geschichte, die der Rezipient selbst aus dem Namen zu erzählen weiß.
In diesem Falle nimmt Grass, durch seine Selbstprojektion als eines auffällig unzeitgemäßen Intellektuellen, einen Erzählstrang auf, an dem seit Mitte
der achtziger Jahre gesponnen wird. Publizisten wie Karl-Heinz Bohrer fol-
gend, hatten jüngere Journalisten schon seit Jahren versucht, mit der Generation „Jens, Habermas, Grass" Schluss zu machen, indem sie ihre Namen
vom Anspruch eines bedeutenden Werkes lösten und als leere Versprechen
oder beliebig miteinander austauschbare politische Standpunkte zu entlarven
versuchten. Nicht die Person oder das Werk stand jetzt hinter dem Autorennamen, sondern eine Literatur- und Weltanschauung, die nicht mehr gültig
sein sollte. 1987 z.B. polemisierte Martin Lüdke, als er fragte:

> „Böll, Walser, Grass – das sind große Namen. Nur, wofür stehen sie noch
> ein? Bestenfalls für routiniert geschriebene, unterhaltsam zu lesende, bei
> Lichte besehen aber unbedeutende Literatur."[3]

So werden die Autorennamen ihrer Individualität beraubt und zu einer Art
Reklamebild für ein Modell älterer deutscher Autorschaft reduziert, mit dem
nun abgerechnet wird. Im Kontext unserer Diskussion deutet der Name Grass
spätestens ab Beginn der 1990er Jahre gar nicht mehr auf Person oder Werk,
sondern auf eine ganze Generation und das dazugehörige konstruierte Modell
der Autorschaft hin. Dieser Logik zufolge ist das Image keineswegs identisch
mit der Individualität des Autors; es lässt sich aber auch nicht leicht von ihr
lösen. Vielmehr läuft es Gefahr, sie völlig zu überdecken, wie die populäre
Soziologin Naomi Klein es in einer ähnlichen Weise für die Entwicklung des
Markennamens bzw. „brand" im Verhältnis zum Produkt in der heutigen Gesellschaft diagnostiziert.[4] Konnte Grass in früheren Jahrzehnten noch von der
Umstrittenheit seines Reklamebildes profitieren und sich in der öffentlichen
Sphäre immer wieder neu produzieren, bedeutete die allmähliche Erstarrung

---

3 Martin Lüdke: Plädoyer gegen die Weinerlichkeit: letzte Lieferung, in: Literaturmaga-
   zin, Nr. 19 (1987), S. 134 ff.
4 Naomi Klein: No Logo, London: Harper Perennial 2005 (Erstdruck 2000).

seines Images in einen überholten Markennamen ein mögliches Ende sowohl
für das öffentlich bedeutende Individuum als auch für sein Werk. Wollte er
sich vom schablonenhaften „branding" der Medien befreien, musste sich der
Autor also gegen sein eigenes Image zur Wehr setzen. Dafür musste er sich
aber erst einmal außerhalb der Medien platzieren: Wir wechseln hinüber zur
Literatur.

Der Autor und sein Image in der Literatur

Dass Grass als literarischer Autor entschlossen gegen das gängige Reklamebild
älterer deutscher Autorschaft vorgeht, kann anhand des Romans *Ein weites
Feld* (1995) bewiesen werden. Sowohl auf struktureller als auch auf thematischer Ebene handelt der Roman vom Phänomen literarischer Berühmtheit.
Der Text wird nicht zuletzt dadurch so lang, dass die Archivare von Fontys Begabung, Fontane nachzuahmen, so beeindruckt sind, dass sie nun wie
bewundernde Rezipienten selbst versuchen, eine Art kommentierte Ausgabe
von Fontys Leben herauszugeben. Dieses Leben wird aber ebenfalls vom Effekt
literarischer Berühmtheit strukturiert, da Fonty stets bestrebt ist, sein ganzes
Leben so detailgetreu wie möglich in der Art Fontanes zu gestalten. Der ganze
Roman basiert auf einer Struktur der bewundernden Nachahmung – aber mit
kritischem Unterton seitens des wahren Autors, nämlich Grass.
    Dieser Unterton tritt auf verschiedene Weise hervor. Die öffentliche Rezep-
tion deutscher Autorschaft wird besonders in Neuruppin thematisiert, wenn
Fonty und Hoftaller vor dem Fontane-Denkmal stehen. Die Idee, Fonty mit
dem verstorbenen Autor Fontane in direkten Vergleich zu bringen, stammt
von Hoftaller, Fontys zweifelhaftem Freund, der dessen Fontane-Nach-
ahmungen kritisch gegenübersteht. Er befiehlt Fonty, sich neben den Guss
hinzusetzen und dessen Haltung einzunehmen. Obwohl die Archivare etwas
halbherzig fragen, ob Hoftaller „sein Objekt aus verehrender Zuneigung so
prominent erhöht sehen wollte",[5] wird das kalkulierte Unschmeichelhafte an
seinem Vorhaben schnell klar: „Neben [Fonty] dominierte das Original. Zwar
mangelte es nicht an Ähnlichkeit, doch wirkte die verkleinerte Ausgabe wie
ein geschrumpftes Modell" (590). Nicht nur „infam verkleinert" (589), sondern auch „neben der Bronze greisenhaft vergeistigt" (593), bietet Fonty ein

---

5   Günter Grass: Ein weites Feld, in: Günter Grass. Werkausgabe Bd. 13, hg. von Volker
    Neuhaus und Daniela Hermes, Göttingen: Steidl 1997 ff., S. 589. Weitere Quellenanga-
    ben im Text.

Beispiel sterblicher Autorschaft dar, das nicht umhin kann, im Vergleich zum überlebensgroßen Ideal schlecht abzuschneiden. Die Probleme, die öffentliche, bereits teils mythologisierte Vorstellungen von Autorschaft lebenden Autoren bereiten, werden dadurch direkt angesprochen.

Der Kontrast zwischen hoch idealisiertem Image der Autorschaft und sterblicher Realität wird im Text auffällig weitergeführt. Zuerst wird wiederholt klargestellt, dass das „überlebensgroße" Denkmal Fontane selbst nicht entspricht, sondern seinem Sohn abgenommen wurde und einen verhältnismäßig jungen und kräftigen Autor am Anfang seiner Karriere wiedergibt. Als Symbol des wahren großen Geistes wird es in Frage gestellt, sowohl von den Archivaren, die explizit bezweifeln: „Ist er das wirklich?" (583), wie auch von Fonty selbst, der kritisch bemerkt, „der ganze Kerl stecke im Leihkostüm" (594). Nicht die echte Person wird hier symbolisiert, sondern die gesellschaftliche Vorstellung ihrer physischen sowie intellektuellen Präsenz. Diese symbolische Lesart des Denkmals erklärt, warum Fonty plötzlich Fontanes Essay *Die gesellschaftliche Stellung der Schriftsteller* referiert und auf die Gegenwart bezieht. Das Denkmal wird zum Inbegriff des überlebensgroßen Reklamebilds, das die Individualität aller sterblichen Autoren überragt und ihre öffentliche Rezeption deutlich erschwert.

Folglich missraten alle Autoren, die in die Nähe des Autorendenkmals treten, zu Schablonen. Um diesen Punkt deutlicher hervorzuheben, tritt Grass selbst völlig unerwartet im Text auf. „Ein wenig vorgestrig" schlurft nun auch dieser leicht zu erkennende sterbliche Autor um das Denkmal herum, etwas lächerlich „betont [...] den Pfeife rauchenden Künstler auf Motivsuche" (591) abgebend. Kurz nach dieser Intervention schreibt Fonty an seine Tochter, wie er sich vor sieben Jahren mit einem weiteren sterblichen Autor, Uwe Johnson, vor dem Denkmal traf. „Mit hochgerötetem Schädel und in erbärmlichem Zustand" (604) nähert er sich dem Denkmal und Fonty. Im Laufe ihres Gesprächs verheddert er sich derart in moralische Fragen, dass Fonty bemerken muss: „[...] wie er, *in seiner Strenge gefangen*, neben mir saß, war er nur zu bedauern" (608, meine Hervorhebung). Beide Autoren können dem idealisierten Image von Autorschaft nicht standhalten. Die Archivare drücken es mit Blick auf das Ehepaar Grass aus, wenn sie es als „ein ungleiches Paar, das einen ganz anderen Roman lebte" (592), bezeichnen.[6] Angesichts des öffentlich konstruierten Images der „unsterblichen" Autorschaft werden beide sterbliche Exemplare, Grass und Johnson, in einer unangenehmen Weise auf ihre Hauptmerkmale,

---

6   Vgl. Rebecca Braun: Constructing Authorship in the Work of Günter Grass, Oxford: Oxford University Press 2008. Für eine ausführlichere Diskussion zu diesem Aspekt des Romans.

seien sie nun physisch oder geistig, reduziert und treten dabei als bewusst der Lächerlichkeit preisgegebene Konstruktionen auf. Die ganze Episode im Text zeichnet ein gesellschaftliches Muster auf, das eine bedeutende Rolle für lebende Schriftsteller letztendlich unmöglich macht. Sie werden vom öffentlich konstruierten Image der deutschen Autorschaft regelrecht entindividualisiert.

Ein solches Verständnis öffentlicher Autorschaft wird aber von einem anderen, einem gegensätzlichen Verständnis der Autorenrolle im Text begleitet. Zeigt die Denkmal-Episode in aller Schärfe auf, wie Autoren angesichts des öffentlich konstruierten Autorschaftsmodells ihrer Individualität beraubt und zu austauschbaren Schablonen reduziert werden, repräsentiert Fonty selbst das Fortdauern des schriftstellerischen Esprits. Eben die Fähigkeit, seine eigene Persönlichkeit mit der von Fontane zu vermischen, macht ihn für die Archivare so interessant. Viel mehr als bloße Nachahmung oder auch Überdeckung ist hier im Spiel, denn gerade während Fonty Fontane durch seine eigenen Worte wiederbelebt, ist er stets auch dabei, sowohl den alten Autor als auch sich selbst als Autor neu zu erfinden. Dabei zwingt er dem ganzen Prozess seine eigene, ausgefallene Vorgehensweise auf. Diese Prozedur tritt besonders klar hervor, wenn er die so genannte „gedoppelte Ausführung" (227) von *Meine Kinderjahre* schreibt. Hier vermischt sich das ursprüngliche Fontane-Leben, welches Fonty als Modell dient, mit dem nachfolgenden und produziert etwas so eigenartig Neues, dass die Archivare merken müssen, „daß wir vom Archiv Mühe gehabt hätten, überall dort das Original vom Abklatsch zu trennen, wo Fonty mit zwei Spiegeln zugleich hantiert hat" (230).

Besonders passend also ist die Ehrung von Fontys Autorenstatus am Ende des Romans. Als großes kulturelles Ereignis in der Kulturbrauerei angekündigt, fungiert er für die Veranstalter „als Beweis lebendiger, überlebender, unsterblicher Literatur" (746). Dem großen versammelten Publikum wird er als eine Art nachzuahmende Lebensphilosophie präsentiert. „Sowas wie Fonty möchte doch jeder ein bißchen sein, Hand aufs Herz! Für alle [...] ist unser Fonty ein Begriff" (746), behauptet hochlobend die Gesellschaftsführerin, und in der Tat schlägt Fonty das Publikum schnell in seinen Bann, indem er das Selbsterfinderische in seinen Zuhörern hervorlockt. Die ganze Versammlung wird vom frei sprechenden Autor so verzaubert, dass sie sich nicht nur mit fiktionalen Gestalten aus Fontanes Roman direkt identifiziert, sondern Fiktion und Realität derart miteinander verwechselt, dass sie den wahren Flammen und Sirenengeräuschen draußen als geplanten Höhepunkt von Fontys Vortrag applaudiert.[7] Kein erstarrtes Denkmal an repräsentativer Autorschaft wird

---

7   Morwenna Symons entwickelt ein interessantes Argument zur Vermischung von Fiktion und Realität in den beiden von mir behandelten Szenen. Obwohl unsere Lesarten sich

hier errichtet. Ganz im Gegenteil, der Autor wird als Anstifter zum Freisetzen des Imaginären hautnah erlebt. Völlig unmoralisch und sich allen Festnahmen verweigernd, verschwindet er danach glatt aus dem Text: Fonty existiert am Schluss nur noch als Wunschgedanke der Archivare.

Ein weites Feld bietet also zwei Hauptmodelle öffentlicher Autorschaft an. In der Symbolik des Denkmals wird deutlich, wie auf der einen Seite eine gewisse öffentliche Erwartungshaltung an deutsche Autoren diese in ihrer gesellschaftlichen Bedeutung entindividualisiert und erstarren lässt. Auf der anderen Seite verkörpert Fonty selbst ein Modell textueller Verzauberung, das den Erfindungsreichtum der Literatur einem breiten Publikum zugänglich macht. Als lebendige Praxis setzt sich letztendlich dieses Modell des Sich-Neuerfindens gegen das abtötende Modell des überlebensgroßen Reklamebilds durch: Fonty entkommt Deutschland und seinen schwierigen Verhältnissen und lebt als inspirierende Erinnerung im Bericht der Archivare fort.[8] So kann das Buch als Ermunterung an deutsche Autoren gelesen werden, sich vom erstarrten Modell älterer Autorschaft zu befreien und ihrem Spaß an der Literatur freien Lauf zu lassen.

Liest man Ein weites Feld als ein bewusst medienunfreundliches Buch, das eben in seiner Länge eine provokativ andersgeartete Auffassung von Autorschaft entfaltet und sich allen Entscheidungsmustern entzieht, scheint Im Krebsgang (2002) das genaue Gegenteil anzubieten. In diesem kurzen Text ist die Grass-Figur selbst das Denkmal oder Reklamebild älterer deutscher Autorschaft, und die negative Terminologie der Medien diesem gegenüber wird übernommen. Nicht nur wird „der Alte", der nun an einen jüngeren Erzähler delegieren muss, als überholt und einfallslos präsentiert (er habe sich, in den Worten des jungen Erzählers, „leergeschrieben" oder „müdegeschrieben"),[9] er avanciert sogar zu einer Art Geist, der über dem Schreiben der nachkommenden Generation schwebt. Die negative Rezeption des Autors Grass in den neunziger Jahren wird dadurch als Teil seines öffentlich konstru-

---

teilweise überschneiden, machen für sie Überlegungen zur Rezeption von Politik und Geschichte die endgültige Struktur und Thematik des Romans aus, während für mich Fragen der Autorschaft schlechthin spielerisch die Überhand nehmen.

Morwenna Symons: Room for Manœuvre. The Role of Intertext in Elfriede Jelinek's „Die Klavierspielerin", Günter Grass's „Ein weites Feld" and Herta Müllers „Niederungen" and „Reisende auf einem Bein", MHRA Texts and Dissertations, 64; Bithell Series of Dissertations, 28, London: Maney 2005.

8 Für eine weitere Besprechung von Fontys Verschwinden aus dem Text im Rahmen dieser Überlegung zur Autorschaft vgl. Rebecca Braun: Constructing Authorship in the Work of Günter Grass, a.a.O.

9 Günter Grass: Im Krebsgang, in: Günter Grass. Werkausgabe, Bd. 18, hg. von Daniela Hermes, Göttingen: Steidl 1997 ff., S. 30, 99. Weitere Quellen werden im Text angegeben.

ierten Images aufgenommen.[10] Als eine Art „letzter Mohikaner", altmodischer „Musketier" oder eben abgestorbener „Dinosaurier" symbolisiert der Autor einen soziopolitischen Glauben sowie einen literarischen Ansatz, die beide die öffentliche Erwartungshaltung an ernsthafte Literatur noch deutlich prägen. Die Zweischneidigkeit dieser Position wird vom jungen Erzähler eher unreflektiert vermittelt, indem er den wichtigen, aber unbeliebten Autor schlichtweg als jemanden beschreibt, „dessen Nörgeln nicht zu überhören ist" (54).

Der Text baut weiterhin auf den literarischen wie gesellschaftlichen Spannungen auf, die sich von diesem unbeliebten, aber als unausweichbar eingestuften Autorenmodell ausbreiten. Im Verhältnis zwischen dem unerfahrenen Erzähler Paul und der autoritären Autor-Figur wird das literarische Vermächtnis eines berühmten Autors im eher negativen Licht des Epigonentums behandelt. Paul, der sich am liebsten vor der ganzen schwierigen Arbeit, „[sich] selber abzuwickeln" (7), ducken würde, findet sich mangels eigener Initiative dem Modell älterer deutscher Autorschaft ausgeliefert und schreibt dem „einstige[n] Dozent[en]" (30) mürrisch nach. Nicht nur schreibt er, wie er am Ende erwähnt, „in dessen Namen" (216) und basiert seine ganze Geschichte auf einigen Grass-Charakteren, er kommt letztendlich zum typischen Günter-Grass-Schluss: „Das hört nicht auf. Nie hört das auf" (216). Die auffällig sich widerspiegelnde Form dieses Schlusssatzes, die, wie Anselm Weyer es belegt, ein musikalisches Palindrom, den „Krebsgang", wiedergibt und eine größere textuelle Struktur der Widerspiegelung abschließt, ist hier sicher kein Zufall.[11] Indem eine Struktur der ewigen Wiederholung einen Text bestimmt, der einem in sich geschlossenen Rezeptionsmuster nachgeht – Paul rezipiert das bereits rezipierte Grass-Image und wird dabei zum Epigonen –, kommt die vereinfachte Rezeption des Autorschaftsmodells, das durch den Namen Grass evoziert wird, deutlich zur Schau. Für die nachfolgende Generation deutet der Name des Autors lediglich auf einen gewissen literarischen Stil, Inhalt und eine Geschichtsauffassung hin, die durch sorgsam ausgeführte Nachahmung, aber ohne jede individuelle Erkenntnis ihre epigonalen Texte emöglichen.

Dabei machen Pauls abschätzige Kommentare über den alten Arbeitgeber deutlich, dass für den jungen Erzähler hinter dem Namen Grass ein eher lästiges Modell älterer deutscher Autorschaft steht. Da er aber dem Autor Grass seine eigene Existenz mitsamt ihrer seltsamen Fügungen verdankt, kommt er selbst

---

10 Für mehr Informationen zur negativen Grass-Rezeption in den 1990er Jahren vgl. Heinz Ludwig Arnold (Hg.): Blech getrommelt. Günter Grass in der Kritik, Göttingen: Steidl 1997; Timm Boßmann: Der Dichter im Schussfeld. Geschichte und Versagen der Literaturkritik am Beispiel Günter Grass, Marburg: Tectum 1997; Oskar Negt (Hg.): Der Fall Fonty. „Ein weites Feld" im Spiegel der Kritik, Göttingen: Steidl 1996.
11 Anselm Weyer: Günter Grass und die Musik, Frankfurt/Main: Lang 2007.

schlecht vom alten Modell weg, was natürlich die Spannung zwischen Autor-
und Erzähler-Figur weiter aufbaut. Von der Autor-Figur „wie eine Fundsache
entdeckt" (78), ist Pauls ganze Existenz vorprogrammiert, eine Günter-Grass-
Sichtweise der Kriegs- und Nachkriegszeit darzustellen. Als „Ghostwriter"
(30) angestellt, ist es ferner unvermeidlich, dass er seine eigene Schreibidenti-
tät diesem Modell letztendlich anpasst. Gerade hierin kommt nun das gesellschaftliche Vermächtnis der Grass'schen Autorengeneration zum Vorschein.
Paul, Repräsentant der jüngeren Generation, ist völlig außerstande, außerhalb
des bekannten Autorenmodells zu denken und etwas anderes als eine aktuelle
gesellschaftliche Pointe zum Angelpunkt seiner Geschichte zu machen – auch
wenn er, wie z.B. Stuart Taberner sehr treffend bemerkt, ziemlich ambivalent
zu dieser Pointe steht.[12]

Damit symbolisiert Paul selbst eine fortwährende Überbewertung des
überragenden Modells älterer deutscher Autorschaft in der gegenwärtigen
Gesellschaft, was auch psychologisch ausgelegt werden kann. Genau wie er
sich Gedanken über seinen unbekannten Vater macht und sich Heinz Schön,
der bereits ausführlich über die Gustloff berichtet hat, als ihn entlastenden
„Wunschvater" (62) vorstellt, liefert er sich dem Image des autoritären Arbeit-
gebers, sprich Autors, aus und überlässt ihm die letzte Verantwortung für den
Text: Er, der literarische Sohn, schreibt noch unmündig im väterlichen Namen
Günter Grass', wie er am Ende noch einmal betont.[13] Damit symbolisiert er eine
Unfähigkeit, sich vom allmächtigen Image älterer deutscher Autorschaft zu
lösen, die auch als eine gesellschaftliche Unfähigkeit in dieser 68er-Generation
der gestörten Vater-Sohn Verhältnisse gedeutet werden kann.[14] Kommentierte
Dorothea Dieckmann 1999, Grass sei als „die deutsche Projektionsfläche"
schlechthin zu verstehen, dann zeigt *Im Krebsgang* mögliche gesellschaftliche
Konsequenzen dieses komplexen Verhältnisses zwischen jüngeren Deutschen
und der von ihnen immer wieder (negativ wie positiv) heraufbeschworenen

---

12 Vgl. Stuart Taberner: „Normalization" and the New Consensus on the Nazi Past. Günter
Grass's Im Krebsgang and the Problem of German Wartime Suffering, Oxford German
Studies, 31 (2002), S. 161 ff.

13 Zum besonders patriarchalischen Erbe des Erzählens vgl. Kathrin Schödel: „Narrative
Normalization" and Günter Grass's Im Krebsgang, in: Stuart Taberner and Paul Cooke
(Hg.): German Culture, Politics, and Literature into the Twenty First Century. Beyond
Normalization, Rochester, NY: Camden House, 2006, S. 195–208, bes. S. 200 f.

14 In diese Richtung zeigt die ebenfalls psychologisch bestimmte Darstellung eines
„memory contests" in der deutschen Gesellschaft, die vor allem von Anne Fuchs und
Mary Cosgrove unternommen wird. Vgl. Anne Fuchs: From „Vergangenheitsbewältigung" to Generational Memory Contests in Günter Grass, Monika Maron and Uwe
Timm, in: Anne Fuchs, Mary Cosgrove und Georg Grote (Hg.): German Life and Letters, 59 (2006), S. 169 ff.; German Memory Contests, The Quest for Identity in Literature, Film, and Discourse since 1990, Rochester, NY: Camden House 2006.

kulturellen Vertretung.[15] Wirkt Pauls Geschichte überkonstruiert und in ewigen Wiederholungen erstarrt, dann ist sie auch als Produkt komplexer Rezeptionsmuster in der heutigen Gesellschaft zu verstehen.

Fazit

Habe ich hinreichend belegt, dass Grass über sein Autorenimage und das dazugehörige Modell der Autorschaft in seinen neueren Texten nachdenkt, bleibt zum Abschluss die Frage, wie die verschiedenen Auslegungen zu verstehen sind. Dabei möchte ich auf das Verhältnis zwischen Individualität und Image zurückkommen, mit dem dieser Essay begann. Beide Texte behandeln die öffentliche Rezeption eines Autors nicht nur auf thematischer, sondern auch auf struktureller Ebene, indem sie sich auf Modelle der Nachahmung stützen. Bei *Ein weites Feld* fällt diese Nachahmung letztendlich positiv aus, denn, so schwierig es auch ist, sich als wichtiger individueller Autor in der Öffentlichkeit zu profilieren, so kommt dem gewieften Literaten doch erhebliche Bedeutung zu. Er eröffnet der Leserschaft das weite Feld der Fiktion – und damit des Unverantwortlichen und letztendlich Befreienden. Obwohl die Person des Autors, hier durch Fonty repräsentiert, auch bei diesem literarischen Verständnis der Autorschaft verlorengeht, überlebt die Individualität des Autors als gewisse Aura im Werk, die eher bewundernd evoziert als gekonnt nachgeahmt wird.

Bei *Im Krebsgang* hingegen wirkt Pauls Nachahmung der Grass-Autorschaft peinlich routiniert und völlig entindividualisiert. Durchbricht *Ein weites Feld* das öffentliche Image älterer deutscher Autorschaft als in moralischen Anliegen erstarrt, so stellt *Im Krebsgang* den schaurigen Triumph dieses späten „MedienGrass"-Images dar. Interessanterweise fand aber gerade dieser Text zum ersten Mal seit langem in Grass' Karriere allgemeinen Zuspruch in den Medien, was zum weiteren Nachdenken anstachelt. „Der neue Grass" wurde vom Spiegel enthusiastisch willkommen geheißen, als ob mit dem neuen Buch der Autor endlich sein altes Image etwas aufpoliert hätte.[16] Auch Die Welt begrüßte „de[n] beste[n] Grass seit Jahren",[17] und als Die Welt und DIE ZEIT dieselbe wohlwollende Rezension von Günter Franzen druckten, hat die *tageszeitung* „Franzens hymnischen Allzwecktext auch als Metakommentar

---

15 Dorothea Dieckmann, in: Neue Zürcher Zeitung, 1. Oktober 1999.
16 Der Spiegel, 4. Februar 2002.
17 Rolf Schneider: Der beste Grass seit Jahren, in: Die Welt, 5. Februar 2002.

zu den hysterischen Medienreaktionen auf den neuen Grass" gelesen.[18] Völlig unkritisch identifizierte die große Mehrheit der Rezensenten „den Alten" im Text mit dem „neuen" Autor und den „neuen" Autor mit dem „neuen" Buch. Dabei fragt sich, was da alt und neu war und wo das Image aufhört und die Individualität beginnt. Da, wenigstens meiner Auslegung nach, der ganze Text darin aufgeht, Grass' Image auf bewusst gekünstelte Weise zu wiederholen, ist Individualität höchstens auf einer Metaebene zu finden: Indem Grass seine schreibende Person dem öffentlichen Image völlig überlässt, erfüllt und unterminiert er zugleich alle Erwartungen seines Publikums. Derjenige, der *Im Krebsgang* leitet, ist nicht Grass, sondern sein Image, und wirkt das Ganze, wie einige Rezensenten bemerkten, etwas überkonstruiert, dann hat das auch gute Gründe. *Im Krebsgang* ist das Günter-Grass-Markenartikelzeichen par excellence.

Dieses Fazit kann man sowohl positiv als auch negativ auslegen: Entweder ist Grass in seinem eigenen Medienimage völlig aufgegangen und kann nun wahrlich nur Klischees seiner selbst und seines Schreibens produzieren – oder er kommt mit seinem „branding" sehr souverän zurecht, indem er auf höchst ironische Distanz geht und das Ganze durch einen eingeschobenen, fiktionalen Rezipienten bewusst thematisiert. Für das Letztere spricht allerdings die auffällige Konstruiertheit des Textes, insbesondere die zur Schau getragene Spannung zwischen fiktionalem Erzähler und Autor-Figur, die explizit auf Fragen der Rezeption und Nachahmung hindeutet. Gerade aber in der Ungewissheit, wie der Text letztendlich auszulegen ist, kommen wir zum Schlüssel von Grass' Erfolg als von den Medien geliebter und gehasster Autor. In beiden Texten drückt Grass letztendlich seine Individualität darin aus, dass er auf subtilste Weise sein eigenes Image als bedeutender, repräsentativer Autor selbst thematisiert und dabei andere, öffentliche Konstruktionen deutscher Autorschaft in Frage stellt. Es liegt auf der Hand, diesen Vorgang auch als Replik an die Medien zu verstehen. Haben Medien und Autor beide vom „Markenartikel"-Grass profitiert, so stellt sich Grass als der Gewieftere heraus – ein alter Fuchs eben, der immer neue Wege findet, seine eigene Individualität und sein eigenes Image gegeneinander auszuspielen und die verschiedensten Texte dabei verfasst, vermarktet und verkauft. In dieser Jagd auf ein erfolgreiches „branding" sowohl eines führenden Autors als auch der deutschen Kultur bleiben dahingegen die Medien mit ihrem stark vereinfachten Muster der Image-Konstruktion und ihrer sich immer wiederholenden Berichterstattung auf der Strecke.

---

18 Frank Arno: Von der Synergie der Wasserkocher, in: taz, 16. Februar 2002.

Julian Preece

Vom „Gönner" eines Studentenrebells zum nächtelangen Skatspieler: Porträts von Günter Grass in der 68er-Literatur

Große Autoren sind nicht immer nur Schöpfer ihrer eigenen literarischen Texte, denn sie können in denen ihrer Kollegen auch vorkommen. Kafka z. B., oft vermischt mit den bekanntesten Helden seiner Erzählungen, Brecht oder Freud sind Figuren in Romanen, Theaterstücken, sogar Filmen und Fernsehserien. In den Memoiren ihrer schreibenden Zeitgenossen, ob Rivalen oder Freunde, finden sie auch häufig einen Platz, der sie der Unsterblichkeit einen weiteren Schritt näher bringt und ihren Mythos in der Nationalkultur der Gegenwart fortschreibt. Die Nachwelt ist allenfalls um einige Anekdoten reicher. In diesen Darstellungen ist Brecht entweder Frauenheld oder Ausbeuter seiner Liebschaften, politischer Abenteurer oder aufrechter Repräsentant deutscher Kultur im Exil, Scheinheiliger oder moralisch Verzweifelter. Alles hochkarätige Rollen für lehrreiche Behandlungen.

Mit Günter Grass, dessen dichterisches Werk Dutzende von Schriftstellern aus diversen Jahrhunderten betreten (wie Brecht selbst in seinem bekanntesten Theaterstück *Die Plebejer proben den Aufstand*), ist es aber anders bestellt. Er mag auf diese Weise schon längst in die Literaturgeschichte eingegangen sein, aber es ist nur der Grass der 1960er Jahre, für den sich andere Schriftsteller interessieren. Und die Romane, von denen in diesem Aufsatz die Rede sein wird, wurden alle schon vor mehr als dreißig Jahren geschrieben. Sie reagieren also auf den jungen *Blechtrommel*-Autor und SPD-Redner und stellen seinen Ruhm, d.h. seinen öffentlichen Ruf und sein medienwirksames Bild, in den Mittelpunkt. Anders als bei Brecht wird sein Privatleben nicht zum Thema gemacht. (Was nicht bedeutet, dass sein großer Erfolg mit dem anderen Geschlecht verschwiegen wird. Im Gegenteil. Es wird oft angesprochen, nur nicht problematisiert.) Und es geht nie um wichtige Entscheidungen, die er zu treffen hatte. Seitdem er den Krieg überlebt hat, läuft sein Leben im Vergleich etwa zu Brechts ja ziemlich glatt und reibungslos, aber daran allein kann dieser Unterschied nicht liegen.

Zuerst die Memoiren. Wenn man wie Grass eine so große Rolle im Leben eines Landes gespielt hat, kommt man nicht umhin, dass davon in den Lebensberichten der Zeitgenossen berichtet wird. Hans Werner Richter, der Ziehvater der Gruppe 47, der Grass als Dichter schon 1956 kennen lernte, stellt eher einen Mythos dar als einen Mann. Dieses Verfahren ist nicht untypisch.

> „Als ich ihn zum ersten Mal sah, kam er mir wie ein Zigeuner vor, was nach erstem Erschrecken, er sah ziemlich verwildert aus, sofort Sympathie hervorrief [...] Damals wußte ich nicht, was Kaschuben sind, und als ich später erfuhr, daß Günter vielleicht von den Kaschuben abstammt, sah ich im Lexikon nach, und sofort rücken alle Kaschuben für mich in die Nähe von Zigeunern. Das mag naiv sein, aber auch Günter ist bei allen Talenten, Begabungen und manchmal recht akrobatischen intellektuellen Luftsprüngen doch ein naiver Mensch."[1]

Kaschuben, von denen Grass ganz sicher und nicht „vielleicht" abstammt, gleichen Zigeunern, gleichen (in Martin Walsers Satire) sogar beinahe Juden. Grass wird aufgrund seines Aussehens und Dialekts in diesem Rezeptionsstrang als naturwüchsiges Exotikum abgestempelt und gleichzeitig der Welt als Angehöriger einer Opfergruppe vorgestellt.

Der Literatur-Professor und Kritiker Hans Mayer, dessen abwechslungsreiches Leben die Hauptphasen deutscher Ideologiegeschichte im 20. Jahrhundert widerspiegelt, erinnert sich in seiner vor 25 Jahren erschienenen Autobiographie *Ein Deutscher auf Widerruf* an seine erste Begegnung mit Günter Grass im Frühjahr 1961, als Mayer noch in Leipzig lehrte. Grass war offizieller Gast seiner Universität und sollte aus der erst vor anderthalb Jahren erschienen *Blechtrommel* vorlesen. Immer der Draufgänger, grüßte der Gast am Anfang der Lesung im Namen seines Freundes Uwe Johnson, der bei Mayer in Leipzig studiert hatte und dann aus der DDR weggehen musste, weil er nur im Westen einen Verlag für seinen Roman *Mutmaßungen über Jakob* finden konnte. Nachdem Mayer selbst in die Bundesrepublik übergesiedelt war, lernte er ein neues Phänomen kennen: den Romanschriftsteller als Superstar der Medien. Davon berichtet er und gleichzeitig, sozusagen aus zweiter Hand, von dem Autor, den er mehr oder weniger persönlich kannte.

> „Ich erinnere aus jener Zeit die Karikatur in einer großen Zeitung. Man blickt ins überfüllte Theater, vermutlich ein Opernhaus. Auf der Bühne ein kleiner Mann mit dem weltbekannten Schnurrbart vor vielen Mikrophonen, umstellt von Kameras. Neben ihm der Veranstalter. Er spricht, wie die Bildunterschrift ahnen läßt, vermutlich mit erregt-bebender Stimme: ‚Und

---

1   Hans Werner Richter: Im Etablissement der Schmetterlinge. Einundzwanzig Portraits aus der Gruppe 47, München/Wien: Hanser 1986, S. 121 f.

nun, meine Damen und Herren, spricht Günter Grass über das Wetter am Wochenende.'

Grass reiste damals gern mit einer altertümlichen kleinen Reisetasche. Einer Art Hebammenkoffer, wie er stolz erläuterte. Das war nicht Nostalgie, doch tiefes Mißtrauen gegen die Produkte einer Wegwerfgesellschaft. Er war, nicht nur als Künstler und Schriftsteller, ein Freund der Solidität."[2]

In Mayers Grass-Bild werden also Ruhm, Mut, gekonnt in Szene gesetzte Selbstinszenierung (der Koffer als Requisit, der Schnurrbart, der immer wieder Erwähnung finden wird) und selbstbewusste Repräsentanz hervorgehoben. Dem Menschen Grass scheint Mayer nicht sehr nah gekommen zu sein.

Max Frisch, dem Grass bereits Mitte der Fünfziger von seinen Schweizer Schwiegereltern vorgestellt wurde, beurteilt das Medien-Phänomen Grass ungefähr zum gleichen Zeitpunkt und auch von außerhalb der Bundesrepublik. Seine Bilanz ergänzt die von Mayer. Grass sei, laut Frisch, in den Medien allgegenwärtig, immer zu erkennen, Menschen, die keine Bücher lesen, geschweige denn die von ihm selbst geschriebenen, sei er bekannt. Frisch widmet ihm zehn Seiten in 47 kurzen Abschnitten, die entweder vorgeben, ein Foto zu kommentieren, oder von Begegnungen berichten, die vage in der Vergangenheit zurückliegen. Es ist daher schwer zu unterscheiden, wann die beiden Autoren sich selbst treffen und wann Frisch ein neues Bild von Grass in der Zeitung sieht. In der Tat macht es nichts aus, denn für Frisch ist Grass immer Grass, ob in Person oder im Konterfei. Er ist zu seinem eigenen Bild geworden und deshalb begegnen sie sich nie von Mensch zu Mensch. Erst im 36. Abschnitt wird er mit Namen benannt. Erst nachdem die Bezeichnung „Germany's Günter Grass" gefallen ist, weiß der Leser, wer gemeint ist. Die Methode stiftet Distanz und macht deutlich, dass Frisch den Kollegen nur durch die Medien kennt.

„Hier spricht er, von der Weltpresse ausgefragt: GERMANY'S GÜNTER GRASS, er antwortet nicht als Sprecher der Regierung, aber auch nicht als Privat-Schriftsteller, sondern als Staatsbürger mit besonderer Reputation. Dabei lächelt er nicht nach der Art der Diplomaten: die Frager sind ihm nicht lästig, im Gegenteil, und er kneift vor ihren Fragen nicht, seine Antworten sind nicht geheimnisvoll. Seine zähe Allergie gegen deutsche Verstiegenheit stiftet Vertrauen gegenüber Deutschland. [...] Hier, glaube ich, weiß er nicht, daß jemand ihn sieht; daß er es nicht weiß, verändert ihn nicht.

---

2 Hans Mayer: Ein Deutscher auf Widerruf. Erinnerungen, Frankfurt/Main: Suhrkamp 1984, Bd. II, S. 237f.

[…] Hier ein Bild, wie ich ihn nicht kenne, eines von vielen: ausreichend für einen Steckbrief: Stirn, Nase, Schnurrbart, Kinn usw., alles zu eindeutig, vor allem der Blick. […] Hier seine Handschrift: barock-graziös. […] Das kann irgendwo sein, ich weiß nicht, ob in einem Flughafen oder in einem Grotto, es spielt keine Rolle: er ist sich bewußt, eine öffentliche Figur zu sein wie kein anderer deutschsprachiger Schriftsteller: Weder legt er Wert darauf, von Leuten erkannt zu werden, noch stört es ihn, so scheint es."[3]

„Germany's Günter Grass" stellt sich zur Schau und bleibt selbst in den Pausen, wenn er glaubt, dass niemand zuschaut, Schauspieler.

Der zweite Band des *Tagebuches*, der die Jahre 1966–71 umfasst, besteht aus Frischs persönlicher Bestandsaufnahme seines Selbst als Dichter sowie dieses bestimmten historischen Zeitraums. Im vorletzten Teil, der mit der Jahreszahl „1970" überschrieben ist, spielt Grass eine Parallelrolle zu Brecht im ersten Teil. Aber am Anfang des Bandes erinnert sich Frisch an seine Zusammenarbeit mit Brecht nach dessen Rückkehr nach Europa („Erinnerung an Brecht" heißt die Sektion). Er lernt Brecht als „großen Mann" zu achten, der am Durchbruch seines dramatischen Stils arbeitet, der Besitz verschmäht und gegen Unrecht auch im kommunistischen Lager seine Stimme erhebt. Frisch verteidigt ihn gegen Kritiker, die ihn in Verruf bringen wollen, indem er Brechts menschlichen Charakter hervorkehrt. Darauf fuße seine wahre Größe. Seine Person widerspreche seinem Image, während bei Grass Person und Image eins seien:

> „Kaum hatte man ihn verlassen, wurde Brecht umso gegenwärtiger, seine Größe wirkte hinterher, immer etwas verspätet wie ein Echo, und man mußte ihn wiedersehen, um sie auszuhalten, dann nämlich half er durch Unscheinbarkeit."[4]

Davon kann bei Grass zwanzig Jahre später nicht mehr die Rede sein.

Literarischer Ruhm ist kein neues Phänomen. Er mag in der modernen Welt durch die Medien bedingt sein, ist aber nicht von ihnen abhängig. In Martin Walsers 1966 erschienenem Roman *Das Einhorn* soll Grass dem großen Opernkomponist „NDB" Modell gestanden haben. Hinter der ins Groteske gezogenen Verstellung mag er noch zu erkennen sein.[5] NDBs anscheinend allen Zuhörern gut bekannter Lebenslauf ist zum Teil aus Versatzstücken aus

3   Max Frisch, Tagebuch 1966–1971. Frankfurt/Main: Suhrkamp 1972, S. 332 ff.
4   Ebd., S. 42.
5   Dem Walser-Kenner Stuart Parkes hat Walser im September 1969 anvertraut, dass die Figur NDB auf Grass basiere. Die Beziehung ist der Forschung ansonsten entgangen.

Grass' Biographie und Werk zusammengestellt. Ansonsten mutet man sich in einem französischen Salon aus dem 18. Jahrhundert, wo jeder mit jedem konkurriert.

> „NDB rezitiert also: ‚Mein Vater ist ein Zigeuner aus Vaduz, ein Scheren-schleifer, der über den sausenden Wetzstein ehrliche Lieder sang und bezahlt wurde mehr für seine Lieder als für das Scherenschleifen. Von Frauen, denen unterdes die Mehlschwitze verbrannte. Meine Mutter ist die ledige Tochter der Pfarrköchin aus Eisenach. Sie wurde Sängerin bei der Operette, und das wegen ihrer mehr streichelnden als strahlenden Stimme. So kam es, daß ich geboren wurde in einem Vorort von Odessa, wo mein Vater und meine Mutter mit Gesang und Handlung Geld verdienten. […] Also wurde ich dort unter traurigen Juden geboren. Aber bei meiner Geburt habe ich gelacht, das steht geschrieben.'
> [...] NDB zählte noch die 17 Berufe auf. Was war er nicht alles gewesen, bevor seine Musik ihn reich machte! Mir imponierten in dieser notorisch abenteuerlichen Vita am meisten der Zuhälter in Casablanca und der Crou-pier in Campione. Aber sicher war er – und das mag anderen imponie-ren – auch Bergmann in Wales und Rangierer in München-Ost."[6]

In diesem zweiten Teil der „Anselm-Kristlein-Trilogie" ist der Anti-Held selbst Schriftsteller geworden, und *Das Einhorn* handelt von seinem misslun-genen Versuch (gegen 2000 DM im Monat), einen Roman über die Liebe zu schreiben. Walsers Satire auf den Literaturbetrieb, auf die alles verdummenden Medien und die vollkommen von der Geschäftswelt vereinnahmten Kultur-produzenten, die sich als Intellektuelle verstehen, ist vernichtend. Auf einer großen Party in der Villa eines Industriellen am Genfer See kommt Kristlein mit einer Reihe von anderen Künstlern und Autoren zusammen. Nur NDB ist nur durch seine Anfangsbuchstaben bekannt, alle anderen haben Namen. Nicht nur das macht ihn auffällig. NDB ist der Mittelpunkt auf dieser Party, ein „Machtzentrum" sogar, der andere anzieht, und Machtmensch, der spre-chen, aber nicht zuhören will, sexuell anscheinend erfolgreich, was den Neid anderer erweckt, und unerschrocken in der künstlerischen Darstellung von Sexualität. Ein Alphatier, das andere in den Schatten stellt, berühmt, vom Staat umworben, aber den Regierenden ungefährlich, weil an der Außenwelt nicht interessiert. Vierzig Jahre später sind Grass und Walser eng miteinander befreundet, aber damals waren sie literarische Konkurrenten mit verschie-denen Auffassungen von der sozialen oder politischen Rolle des Schriftstellers.

---

6   Martin Walser: Das Einhorn, Frankfurt/Main: Suhrkamp 2002 (1966), S. 260 f.

Über Walsers Verständnis von Grass' Wahlkampfreden für die SPD schreibt
sein Biograph Jörg Magenau:

> „Sich für die ‚in allen Oberförstereien längst durchgesetzte SPD' einzuset-
> zen und das, ‚vibrierend vor Bescheidenheit', als ‚demokratische Kleinar-
> beit' zu bezeichnen, fand er geradezu verächtlich."[7]

Grund für Satire gab es also genug. Für Walser ist der Ruhm des Kollegen,
insofern NDB mit GG gleichzusetzen ist, zum Selbstzweck geworden.

Politisch war Walser anderer Meinung; literarisch für Grass ein Rivale,
glaubt man die Anekdote von Hellmuth Karasek aus dem Erscheinungsjahr
von *Das Einhorn*. Der Kritiker und damals Freund beider Autoren durfte
Einblick ins Manuskript „des neuen Walsers" bekommen und konnte Grass
auf seine Frage, ob Walser ein „großer Wurf" gelungen sei, beruhigen. Doch
sein Grass ist nicht so selbstsicher, wie er sich meistens gibt.

> „Der *Blechtrommel*-Autor hatte damals zwei Komplexe und eine Sorge.
> Die Sorge: Würde ein anderer deutscher Autor mit einem Buch in die Nähe
> des Erfolgs der *Blechtrommel* kommen? Seine Komplexe: Seine Bücher
> waren nicht im Edel- und Exklusivverlag Suhrkamp erschienen, sondern
> ‚nur' bei Luchterhand. […] Und: Er war anders als Enzensberger, Unseld
> und Walser kein studierter, gar promovierter Literat. Zwar ein Welterfolgs-
> autor, aber kein Doktor."[8]

Bewegte Zeiten wie die Jahre um Willy Brandts Regierungsantritt 1969, in
denen auch Günter Grass einiges in Bewegung brachte, werden eher literarisch aufgenommen als Zeiten, in denen wenig Bemerkenswertes geschieht.
Ein anderes Porträt aus dem gleichen Zeitabschnitt verdanken wir dem langjährigen Grass-Freund Peter Rühmkorf. In der Autobiographie seiner ersten
vierzig Jahre, *Die Jahre die ihr kennt*, entwirft er eine exemplarische linke
dichterische Laufbahn durch die publizistische Nachkriegswelt. Er spricht
weniger von Persönlichem als von Gedichten, Dichtern und von dem, was
Schriftsteller unter Politik verstehen. Grass ist eine Station in diesem Leben.
Rühmkorf kannte ihn ursprünglich als Freund (und ist heute wie Walser längst
wieder mit ihm befreundet), auch als Tänzer, Geschichtenerzähler, Nacht-

---

7   Jörg Magenau: Martin Walser. Eine Biographie, Reinbek bei Hamburg: Rowohlt 2005,
    S. 242.
8   Hellmuth Karasek: Wie ich Günter Grass die deutsche Literatur auf zwei Schultern
    packte, in: ders.: Karambolagen. Begegnungen mit Zeitgenossen, München: Ullstein
    2002, S. 83 ff., hier S. 85.

mensch und Skatspieler. Er beschreibt dann einen Prozess der Entfremdung, dem zweierlei zugrunde lag: steigende politische Differenzen in der zweiten Hälfte der 1960er Jahre und Grass' wachsender Ruhm. Die spöttische Herablassung, mit der Rühmkorf seines Engagements für die SPD gedenkt, ist übrigens typisch für die intellektuelle Linke dieser Zeit. Typisch ist auch, dass Rühmkorf sich nicht inhaltlich damit auseinandersetzt, sondern nur beteuert, dass Grass' Meinung falsch sei.

„Erhebende Stunden dann auch auf dem ‚Ball der einsamen Herzen', gegenüber von Mantheys, Ecke Lehmweg, wo literarischer Ruhm soviel wie Hekuba war und ‚der Herr mit dem Schnauzer' über Mikrophon gebeten wurde, die offene Tanzart endlich einzustellen. Ein schwieriger Fall für seine Bekanntschaften wurde Grass erst, als die Qualität seiner politischen Meinungsbeiträge seinem wachsenden Bedürfnis nach ungebrochener Resonanz nicht mehr nachkam. Er, der von Anlage, Milieuschäden und Temperament her eigentlich zum Anarchismus neigte (seiner persönlichen Auflehnungsform gegen kleinbürgerlichen Stinkmief), versuchte sich plötzlich links zu definieren, was freilich aus Mangel an tieferer Geschichts- und Bücherkenntnis nur bis zum Godesberger Programm reichte. […] Das letzte private Wort, das ich von ihm hörte, war in der Süddeutschen Zeitung vom 10.7.71 abgedruckt, wo er meine frühen Verdienste um das alte ‚konkret' belobigte und die neueren Erscheinungsformen des Blattes durch die Volkswartsbrille kritisierte, das sei ja vielleicht ein verlotterter Porno-Verein. Nun, in der Zwischenzeit haben sich manche Institutionen der späten Fünfziger und der frühen Sechziger verwandelt, manche im Deckblatt, manche in der Substanz, und manche existieren überhaupt nur noch in der Erinnerung."[9]

Bei Rühmkorf haben wir es nicht mehr mit einer aus der Ferne betrachteten Präsenz zu tun, sondern mit einem Menschen. Aber nachdem dieser Mensch zur Institution geworden ist, deren Ideen und Meinungen allgemeinverbindlich sein sollen, ist Freundschaft schwieriger. Es stört, wenn das Private öffentlich wird und der Freund über ihn in der Presse schreibt.

Rühmkorf erwähnt, dass „seltsame Nachtwanderer-Einheiten" sich bildeten, „wie das ungleiche Paar Güntergrass/Ulrikemeinhof", nicht nur weil

---

9   Peter Rühmkorf: Die Jahre die Ihr kennt. Anfälle und Erinnerungen, Hamburg: Rowohlt 1972, S. 133 f. Der Artikel in der Süddeutschen Zeitung hieß „Wie konkret ist ‚konkret'?" und mag auch Klaus Rainer Röhl, dessen Talente als Zeitungsmacher Grass auch „belobigt", in Aufruhr gegen Grass gebracht haben. Daniela Hermes (Hg.): Günter Grass. Werkausgabe, Bd. 15, Essays und Reden II 1970–1979, Göttingen: Steidl 1997, S. 171 ff.

er den Lesern Stoff zum Klatschen liefern will, sondern um zu unterstreichen, dass Grass in radikalen Kreisen verkehrte oder in Kreisen, die sich damals noch nicht als so radikal definierten. Das bringt mich zum abschließenden Teil dieses Aufsatzes: Grass als Stimme der Mäßigung und der Vernunft in den Zeiten des Aufruhrs am Anfang des „roten Jahrzehnts". Vor allem aus dem Blickwinkel des Veröffentlichungsjahres 1972 ist die Paarung, von der Rühmkorf berichtet, „seltsam". Rühmkorf verschweigt, dass Grass in demselben SZ-Artikel Meinhofs Rolle bei konkret überaus positiv beurteilte. Dort nannte er sie eine „Publizistin von Format", aber wie viele andere ehemalige Freunde konnte er nicht glauben, dass sie aus kalter politischer Überzeugung zur RAF gegangen sei und meinte, dass ihr „späteres Abrutschen in anarchistische Gewalttätigkeit private Gründe [haben] mag". In dem Kapitel für 1972 in *Mein Jahrhundert* wird eindrucksvoll von ihrer Verhaftung erzählt. Die gespaltene Perspektive des Lehrers, dessen Haus sie als Zufluchtsort auserwählt hatte und der sich gezwungen fühlte, die Polizei zu benachrichtigen, trifft für viele Teile der Linken zu.

In *Die Genossin*, einem autobiographischen Schlüsselroman, geschrieben von einem ehemaligen Mitschüler unseres Autors aus dem Danziger Conradinum und engem Vertrauten Rühmkorfs, dem damaligen Ehemann von Grass' Tanzpartnerin, werden die zwei tonangebenden Meinungsmacher Günter Grass und Ulrike Meinhof wieder miteinander in Verbindung gebracht, sowohl auf persönlicher als auch auf politischer Ebene. Nach ihrem Abgang aus dem bürgerlichen Leben kämpfte Klaus Rainer Röhl um den guten Ruf seiner Ex-Frau. Er kämpfte auch um seinen eigenen, denn einige gaben ihm die Schuld an ihrer Entscheidung, gemeinsame Sache mit Baader & Co. zu machen. Grass ist als der aus der deutsch-polnischen Grenzstadt Görlitz stammende Heiner Heck sofort wiederzuerkennen und Meinhof natürlich als die heilig-naive Kabarettistin Katharina Holt, die Hauptfigur des Romans und Genossin des Titels. Die Anti-Grass-Polemik bei Röhl ist noch schärfer als bei Rühmkorf, die Satire lustiger, wenn auch skurriler und anscheinend komplizierter. Der Grund, warum Röhl Grass einen anderen Namen gibt und seine Herkunft und Leistung fiktionalisiert, während Rudi Dutschke Rudi Dutschke bleibt, muss wohl mit dieser satirischen Absicht zu tun haben. Grass bzw. Heck ist für ihn offensichtlich ein wichtiger Reibungspunkt.

„Heiner Heck, der gebürtiger Görlitzer war und den breiten Dialekt aus Gründen der Popularität beibehalten hatte, kam, sah und siegte gewöhnlich, wo immer er hinkam. Hübsche, bildhübsche Mädchen, die meisten auch durchaus gebildet (also zumindest Jungbuchhändlerinnen), standen dutzenderweise am Ausgang des Saales oder der Buchhandlung, wenn er eine Dichterlesung abhielt. Er hatte die freie Wahl. Jeder würde sich freuen, einmal mit dem Dichter der ‚Aussage' zusammenzusein. ‚Die Aussage' hieß jenes erschütternde Buch über die Generation der Nicht-mehr-Nazis, die sehr peinliche Fragen an ihre Eltern nach Hitler richtet. Sein Satz: ‚So, wie wir heute unsere Eltern nach Hitler fragen, werden unsere Kinder uns einmal nach Adenauer fragen', hatte ihm einen Prozeß gegen Adenauer und eine enorme Auflagensteigerung eingebracht, das Buch war monatelang auf der Sellerliste [...] Wie üblich konnte man Heck nur schwer loseisen. Er stand am Ausgang neben dem bescheiden lächelnden und kaum beachteten Rudi Dutschke (ein Jahr später sollte das anders werden) und hielt Hof. Studenten, Fernsehreporter, Rundfunkleute und Zeitungsreporter, darunter auch ein Vertreter der jetzt mächtig Auflage machenden Zeitung ‚konkret', standen um den Görlitzer herum."[10]

Heck gehört zu den Gefahren, die alle von Männern verkörpert zu sein scheinen, denen die unschuldige Heldin ausgesetzt ist. Alle wollen etwas von ihr haben. Das schlimmste Beispiel dieses Typus ist wohl Matthias Rahner alias Andreas Baader, der sie – laut der These des Romans – in den Terrorismus lockt. Röhl nimmt Meinhof vor den anderen Gruppenmitgliedern in Schutz; ihr Tun und Denken waren rein, „hold" wie ihr Familienname, nur die anderen waren böse und haben ihren guten Willen ausgenutzt. Dem Charme Heiner Hecks kann die unschuldige Ehefrau des Erzählers aber sich widersetzen. Ihr Mann mag an dem Abend abwesend sein, als Heck zu ihr nach Hause kommt, aber Katharina wehrt seine Annäherungsversuche tapfer ab, als er vom Skattisch ins Bett überwechseln will.

In diesem Versuch, die Mutter seiner Kinder zu rehabilitieren, geht Röhl so weit, einen der bekanntesten und äußerst kontroversen Artikel Meinhofs aus dem Jahr 1961 Grass/Heck aufzuwälzen. Denn es war Meinhof, die Franz-Josef Strauß auf diese infame Weise angriff, nicht Grass Adenauer, und Strauß, der ihr den Prozess machte (den sie gewann).[11] Grass' kritische Worte waren stets ausgewogener. Interessant ist die politische Zusammenstellung und dass Heck der Generation der „Nicht-mehr-Nazis" angehört, also kein unschuldiger Zigeuner mehr ist. *Die Genossin* ist nie wieder aufgelegt worden und Röhl gilt als ein nicht ernst zu nehmender Publizist. Warum nimmt er Grass in dieser Verkleidung aufs Korn? Es kann sein, dass er auf den Freund seiner Frau eifersüchtig war. In Bettina Röhls Buch über ihre Eltern ist nur zu lesen,

---

10   Klaus Rainer Röhl: Die Genossin, Wien: Mulden 1975, S. 187 f.
11   Bettina Röhl: So macht Kommunismus Spaß! Ulrike Meinhof, Klaus Rainer Röhl und
     die Akte KONKRET, Hamburg: Europäische Verlags-Anstalt 2006, S. 347 f.

dass Meinhof ihrer Ziehmutter Renate Riemeck *Die Blechtrommel* empfahl.[12] Ihr Vater aber will Grass implizieren: Seht Leute, wenn der große Grass Ähnliches wie Ulrike geschrieben hat oder leicht hätte schreiben können, dann kann alles nicht so schlimm gemeint gewesen sein.

Der Autor der *Blechtrommel*, Ende der Fünfziger in Deutschland plötzlich berühmt, bald danach in fast der ganzen Welt, trat in die Öffentlichkeit ab Mitte der Sechziger, selbst noch nicht vierzig Jahre alt, als Stimme der Zukunft und des Neuanfangs, die für einen politischen Wechsel plädierte. Die moralische und gesellschaftliche Ordnung der ausgehenden Adenauer-Ära schien alt, verkrustet und kompromittiert, wenn nicht gar verlogen. Grass trat dagegen an und gewann früher oder später so gut wie jede Schlacht, die er mit diesem Establishment auszufechten gedachte. Nach dem Machtwechsel wollte Brandt ihm keine offizielle Rolle zuweisen und Grass wurde über den Mangel an Achtung seiner Person gegenüber zunehmend verärgert. Klaus Harpprecht berichtet über seine Verbitterung, dass Brandt nicht bereit war, ihn einzusetzen. Nach einem schwierigen Telefongespräch anlässlich eines geplanten Staatsbesuches in der Sowjetunion, an dem Grass nur dann teilnehmen wollte, wenn er Kontakt mit Dissidenten aufnehmen könne, erinnert er sich:

„Als ich auflegte, spürte ich zum ersten Mal eine tiefsitzende und schmerzende Wut. Ich nannte ihn lauthals ein Arschloch und versprach, dafür zehn Mark in die Bundeskasse zu zahlen. Ich empfand solche Bitterkeit, weil Grass ein großartiger und in manchem liebenswerter Mann ist. An die Verfolgten hatte er in Wirklichkeit – nein, er hatte einen Gedanken an sie verschwendet, aber sie hatten für ihn keine Realität. Realität hatte für ihn seine Reputation, seine Wichtigkeit und vor allem die bohrende gekränkte Eitelkeit."[13]

Positiver ausgedrückt: Grass hat sich immer um seinen Ruf gekümmert, ihn gepflegt sozusagen, und nicht alles mit sich machen lassen. Wenn er Brandt nach Moskau begleiten sollte, dann durfte er Bedingungen stellen.

Mit der Linken hatte Grass es auch schwer. Macht man die Jugend zur Tugend, wacht man eines Tages auf und ist nicht mehr so jung wie die anderen. Das passierte in Grass' Fall nach der Bildung der Großen Koalition im Dezember 1966 rasant schnell. Wenn er bei den Bundestagswahlen 1965 noch die Avantgarde verkörpert hatte, die die alten Riegen aufrüttelte und erfolgreich provozierte, gehörte er 1969 schon zum alten Eisen. Hatte er im

---

12 Ebd., S. 318 f.
13 Klaus Harpprecht: Im Kanzleramt. Tagebuch der Jahre mit Willy Brandt. Januar 1973– Mai 1974, Reinbek bei Hamburg: Rowohlt 2000, S. 306.

Wahlkampf 1965 mit dem künftigen Studentensprecher und Romancier Peter Schneider und Gudrun Ensslin, einer anderen künftigen RAF-Terroristin, in dem von ihm ins Leben gerufenen „Wahlkontor deutscher Schriftsteller" zusammengearbeitet, so hatte sich vier Jahre später die deutsche Linke längst wieder gespalten – mit zum Teil fatalen Folgen.

In den zwei bekanntesten Chroniken der Studentenbewegung, dem autobiographischen Romanessay *Die Reise* von Ensslins einstigem Lebensgefährten Bernward Vesper und Peter Schneiders autobiographisch angehauchter Erzählung *Lenz*, kommt Grass eine Schlüsselposition zu. Bei Vesper unter seinem eigenen Namen, bei Schneider leicht verschleiert (und wohl wieder nur für Insider erkennbar) als der ehemalige „Gönner" der Hauptfigur. Beide Texte haben mit Wahnsinn zu tun; die politisch aktiven Hauptfiguren befinden sich jeweils am Rande eines Nervenzusammenbruchs. Vesper stellt sich in *Die Reise* selbst dar, in der Erzählgegenwart als zu kurz gekommener Vater des kleinen Felix und Drogen schluckender Berichterstatter, und in seiner Kindheit als Sohn des Nazi-Dichters Will Vesper, dessen Erziehungsmethoden er jetzt verdammt (und dessen Gedichte er zusammen mit Ensslin früher herausgeben wollte). Vesper versteht, warum Ensslin und Baader, ihr neuer Freund, zur Gewalt gegriffen haben (Vesper beging Selbstmord im Mai 1971, genau ein Jahr danach). Er teilt ihre Verachtung für ihre Mitmenschen und nennt Straßenpassanten, die nichts mit Protestieren „am Hut haben", einfach „die vegetables" (weil sie nicht denken und nichts fühlen). Einer der beiden Erzählstränge dieses „Romanessays" ist wie ein Tagebuch gestaltet und Grass erscheint in der Eintragung am Ende des Jahres 1970, dem letzten Jahresende, das Vesper erleben sollte, einem Zeitpunkt also der Rückschau und der Besinnung. Auch Vesper berichtet nicht von der Person, sondern von der Instanz Günter Grass. Es ist bezeichnend, dass er durch einen Grass-Artikel zum ausgehenden Lenin-Jubiläum in der Süddeutschen Zeitung an die frühere Begegnung erinnert wird und, wie Rühmkorf ein halbes Jahr später, zu einer Aufzeichnung angespornt wird.

„Weihnachten 1964/1965: Klaus Roehler nimmt uns mit in die Villa des GG, Louis XVI. auf abgespänten Dielen, im Ofen der in Teig eingebackene Kräuterbraten nach Art des Hausherrn, ich kehre meine besten Manieren hervor, während wir speisen, Roehler sagt: ‚Herr Vesper glaubt noch an die Revolution.' Und Grass, ein Rosa-Luxemburg-Zitat eingelegt, reitet auf mich zu, mit traurigem Lächeln, ‚wissen Sie nicht, daß sie schon gesagt hat, daß …?' Ich wußte nicht. In meinem Kopf herrschte die Leere, die die Erziehung der herrschenden Klasse dort zurückgelassen hatte. Ich sah auf seinen Finger, der vor seinem Munde zwischen den Enden seines Schnauz-

bartes zitterte. Aber der Lehrer ließ Milde walten, legte mir ein Stück Bra-
ten vor und empfahl uns [Gudrun und mir] eindringlich, in die SPD ein-
zutreten. (Ungeachtet des guten Bratens und der kaschubischen Kasuistik
aber verließ mich keinen Augenblick lang das Gefühl, daß Veränderungen
nötig wären, von denen ein hochselektierter SPD-Bonze noch nicht einmal
zu träumen wagt.) 1964: inzwischen sind 6 Jahre antikapitalistische Bewegung, Information, Aktion vergangen. Die Argumente des Liberalen haben
aber sowieso nie etwas mit der Wirklichkeit zu tun; deswegen braucht er sie
auch nie zu verändern."[14]

Es ist aber Vesper, der weder damals noch zur Zeit der Niederschrift sachlich argumentieren kann, der affektvoll reagiert, der Ausreden hat („die herr-
schende Klasse" habe „Leere" in seinem Kopf hinterlassen – der Mann ist
schon Mitte Zwanzig!) und der den Artikel in der SZ kolportiert.[15]
    Im Rückblick scheint das Zusammentreffen unangenehm, die Kluft zwi-
schen den beiden Parteien unüberbrückbar zu sein (obwohl Ensslin im
„Wahlkontor" 1965 mitmachte und Vespers Voltaire-Pamphlet zugunsten von
Grass aus dem darauffolgenden Jahr stammt). Das leckere, von Grass selbst
zubereitete Essen scheint Vesper auch bekommen zu sein. In Aufzeichnungen
über Besuche im Hause Grass ist übrigens oft von Essen die Rede: Nur Marcel Reich-Ranicki hat es zuerst nicht geschmeckt. Er hat seine Meinung über
die Kochkunst des Gastgebers revidieren müssen (wie früher schon über *Die
Blechtrommel*!).[16] Vespers *Die Reise* erschien posthum, sechs Jahre nach dem
Freitod des Autors, und wurde im Zuge des Deutschen Herbstes viel gelesen
und beachtet. Wie bei Röhl und Rühmkorf ist Grass für Vesper ein Irritati-
onspunkt, an dem er nicht vorbeikommt. Zum Glück hatten weder Röhl noch
Vesper das letzte Wort.
    Den Argumenten konnten oder wollten die Studenten nicht folgen. Die Ver-
nunft, die Grass immer wieder beschwört, kann nicht immer befreind wirken.
Seine Erklärungen waren oft grau und nicht spannend. Sowohl Ensslin als auch
Vesper haben ihrem Leben ein Ende gesetzt; zukunftsweisend war ihre Ableh-
nung keineswegs. Dutschke soll etwas später gesagt haben, die Bekämpfung

---

14 Bernward Vesper: Die Reise. Romanessay. Ausgabe letzter Hand, Frankfurt/Main: März
    Zweitausendeins 1979, S. 499f.
15 Grass' Polemik gegen Lenin anlässlich des ausgehenden Lenin-Jahrs 1970 erschien am
    2. Januar 1971 in der Süddeutschen Zeitung (Günter Grass: Politisches Tagebuch. Was
    nicht vom Himmel fällt, in: Daniela Hermes (Hg.): Günter Grass. Werkausgabe, Bd. 15,
    Göttingen: Steidl 1997, S. 83ff. Franco und Breschnjew werden von ihm nicht erwähnt,
    aber alle anderen Namen kommen schon in seiner Argumentation vor.
16 Marcel Reich-Ranicki: Mein Leben, Stuttgart: Deutsche Verlags-Anstalt 1999, S. 388f.

von Grass sei wichtiger als alles andere. Der Grund war, dass Grass die Studenten ernst nahm und bereit war, mit ihnen zu reden. Er setzte sich unentwegt für die Republik, für die Verankerung der Demokratie ein. Die bedrückende Ordnung mit den vielen Alt-Nazis auf den hohen Posten, die Hetzkampagnen der Springer-Presse gegen Andersdenkende, die Kuppelei-Paragraphen und die Heuchelei auf anderen Gebieten, all das konnte man auf demokratische Weise ändern. Reformismus ist für den echten Revolutionär verächtlich, weil es von dem angeblich echten Charakter des Systems ablenkt.

Schneider erzählt von einer ähnlichen Art von Reise, nur mit anderem Ziel und Ausgang. Lenz trifft den „Gönner" und hört die gleichen Argumente wie Vesper, die Grass in unzähligen Auseinandersetzungen unterbreitete:

> „Beim Einkaufen traf Lenz einen Schriftsteller, der früher einmal sein Gönner gewesen war. In seinem Gesicht bemerkte Lenz so eine Trauer, wie sie Leute auszeichnet, deren sämtliche Wünsche in Erfüllung gegangen sind und die sich nun erstaunt fragen, was sie auf dieser Welt, die ihnen schon zur Nachwelt geworden ist, überhaupt noch auszurichten haben. Lenz begleitete den früheren Gönner auf dem Nachhauseweg und wurde von ihm sofort in ein Gespräch verwickelt. [...] Es störte Lenz, daß er nicht in allen Punkten gegensätzlicher Meinung war wie sein früherer Gönner. Unwillkürlich hatte Lenz öfter genickt. Trotzdem fühlte er sich gereizt, in allem und jedem zu widersprechen. [...] Gut, darüber brauchten sie nicht zu streiten, versetzte der frühere Gönner im Weitergehen, wichtig sei das Ergebnis, was Lenz jetzt mache, er sei bereit ihm zu helfen, den Weg zu einer praktischen politischen Tätigkeit zu finden. Er umriß dann, was er darunter verstand. Lenz war zu wenig informiert, um in allem folgen zu können, ihm blieb nur das Wort Butterberg hängen, der europäische Butterberg müsse abgetragen werden. Und während der frühere Gönner bereits von dem enttäuschenden Verhalten eines Finanzministers sprach, sah Lenz immer noch den Gönner mit einem Spaten vor einem riesigen Butterberg stehen."[17]

Man braucht nicht zu wissen, dass mit dem Gönner Grass gemeint ist, um die Satire zu genießen. Seine Argumente sind aber unverkennbar und dieses Mal, wie Schneiders Erzählung überhaupt, zukunftsweisend. Die gegensätzlichen Reaktionen von Lenz und Vesper sind natürlich bezeichnend. Lenz gibt dem Gönner sachlich recht, aber findet ihn persönlich, seine Haltung und Selbstgewissheit irritierend. Am Ende seiner Reise kommt er zur Vernunft, sein Radi-

---

17 Peter Schneider: Lenz. Eine Erzählung, Berlin: Rotbuch 1973, S. 25 f.

kalismus ist psychologisch, nicht politisch zu erklären. Die Satire von Lenz
ist die eines Jugendlichen für seinen Lehrer; Satire schließt Achtung nicht aus,
wenn sie wohlwollend ist. Im Gegenteil.

Wolfgang Schlott

Politischer Störenfried, kaschubischer Rabelais, polnischer Don Quichote. Anmerkungen zur Grass-Rezeption in Polen

„Günter Grass gehört, ähnlich wie Josef Conrad, eigentlich zur polnischen Literatur. Vielleicht gelingt es einmal einem intelligenten Germanisten, einen subtilen Beweis für die nationalen mythologischen Verwicklungen dieses Schriftstellers zu führen, der mit der oben erwähnten Schlussfolgerung endet."[1]

Die Beseitigung von Hindernissen und Missverständnissen

Die Rezeptionsgeschichte des literarischen Werkes von Günter Grass in Polen weist bis zum Jahr 1990 eine Reihe ungewöhnlicher Merkmale auf, die im *Wörterbuch der polnischen Literatur des 20. Jahrhunderts* aufgelistet werden:

„In offiziellen, staatlichen Verlagen erschienen drei Bücher: *Katz und Maus* (1963), *Die Blechtrommel* (1983) und *Ausgewählte Gedichte* (1986). Der Veröffentlichung der *Blechtrommel* ging eine heiße Diskussion der Politiker und Schriftsteller, der Freunde und Feinde von Grass voraus. Nicht immer ging es dabei um Grass, sondern um die westdeutsche Politik und kulturpolitische Meinungsverschiedenheiten. […] In dieser Debatte dominierten oft Gefühle und nationale Vorurteile. Die Feinde der Danziger Trilogie, d.h. *Katz und Maus, Die Blechtrommel* und *Hundejahre,* unter anderem J. Dobraczyński, W. Żukrowski und Z. Rybicka, interpretierten die literarische Erzählform als historisches Dokument und konstruierten daraus verfrühte politische Schlussfolgerungen. Emotional engagierte Sympathisanten, Journalisten wie auch Schriftsteller, Maria Janion, Adam Krzemiński, Bolesław Fac, Ryszard Ciemiński und Jan Koprowski begeisterten sich vor allem für die reiche und vieldeutige Problematik der Werke von Grass, ihre intellektuellen und ästhetischen Werte. Zur Popularisierung

---

1 Wojciech Kunicki: Guntera Grassa obecność w Polsce, in: Zbliżenia 1(2), 1992, S. 113.

der Grass'schen Problematik trugen in hohem Maße die Literaturkritiker M. Misiorny und W. Szewczyk bei."[2]

Es sind also drei gravierende Faktoren, die die ungewöhnliche Rezeption der Grass'schen Werke vom Beginn der 1960er bis zum Ende der 1980er Jahre empfindlich gestört, wenn auch erstaunlicherweise nicht entscheidend gehemmt haben 1. Die meisten Erzählwerke unterlagen bis zum Beginn der 80er Jahre einem Publikationsverbot, das lediglich unterbrochen wurde durch die zensierten Ausgaben von *Katz und Maus* und *Die Blechtrommel*. Festzuhalten ist jedoch, dass die unzensierte Veröffentlichung der *Blechtrommel* im Warschauer Untergrundverlag NOWA im Jahre 1979 ein Signal für die Schaffung einer freien Verlagslandschaft in Polen bedeutete. 2. Die durch Zensureingriffe bedingten Verzerrungen in der Textsemantik legten die Grundlage für missverständliche Interpretationen. 3. Die irritierende Einwirkung meist journalistischer Textinterpretationen auf die inhaltliche und ästhetische Wertung förderte missverständliche politische Aussagen, die dem entsprechenden Werk nicht gerecht wurden. In solchen Aussagen spiegelten sich oft die Störmanöver der Grass-Gegner wider. Alle drei Faktoren sind Bestandteile der versuchten und nur teilweise erfolgreichen Lenkung des Literaturbetriebs im kommunistischen Polen der 1960er bis 80er Jahre, wenngleich festzuhalten ist, dass die Fülle der literaturkritischen und kulturpolitischen Beiträge zur Bewertung der erzählerischen, lyrischen und dramatischen Werke von Grass seit 1959/60 im Vergleich zur fragmentarischen Veröffentlichung von übersetzten Primärtexten mehr als frappierend ist.[3]

Noch verblüffender erweist sich bei der Durchsicht der mehr als hundert Besprechungen, dass vor allem Prosawerke rezensiert wurden, die nicht in polnischer Übersetzung auf dem Buchmarkt präsent waren. So finden wir mehr als zehn Artikel zur *Blechtrommel* zwischen 1959 und 1971, ein Werk also, das erst 1983 im Warschauer Staatsverlag Czytelnik erschien. Ähnliche Vortäuschungen falscher Tatsachen können wir im Hinblick auf *Aus dem Tagebuch einer Schnecke*, *Örtlich betäubt*, *Der Butt*, *Hundejahre* oder *Die Rättin* beobachten, wenngleich es sich bei diesen Werken um nur jeweils ein bis zwei Besprechungen in oft marginalen Kulturzeitschriften handelte. Lediglich *Katz und Maus* wies mit neun Artikeln eine ungewöhnlich hohe Zahl von Buchbesprechungen auf, wobei auch in diesem Fall kulturpolitische Akzente überwogen.

---

2   Edyta Pełczyńska und Cecylia Żalubska: Niemieckojęzyczne literatury w Polsce, Wrocław u. a. 1992, S. 705 f.
3   Vgl. Norbert Honsza: Günter Grass. Skizze zum Porträt, Wrocław 1997, S. 146 ff.

An dieser Stelle ist angesichts fehlender Buchpublikationen nach der Relevanz solcher seltsamen Animationsrezensionen zu fragen. In welcher Funktion traten Literaturkritiker oder auch Kulturjournalisten auf, die aufgrund ihrer Deutschkenntnisse die entsprechenden Grass-Texte gelesen hatten und sie dann Zeitungslesern präsentierten, die die Bewertungen meist nicht nachvollziehen konnten? Liegt hier etwa ein besonderer Simulationsakt vor? Weit gefehlt! Die aufmerksame Durchsicht der polnischen Grass-Bibliographie von 1958 bis 1996 ruft ein kleines Aha-Erlebnis hervor. In Zeitschriften wie Nowa Kultura, Pomorze, Życie Literackie, Pogląd, Odra oder Ty i Ja wurden zwischen 1959 und 1976 nicht nur Fragmente aus der *Blechtrommel* veröffentlicht, sondern auch andere Erzählwerke wie *Hundejahre, Der Butt* und *Örtlich betäubt*. Noch erstaunlicher war die lebhafte Übersetzungstätigkeit mit dem Blick auf das lyrische Schaffen von Grass: Zwischen 1959 und 1980 wurden 79 seiner Gedichte in mehr als fünfzehn Zeitschriften und Anthologien auf Polnisch abgedruckt.[4]

Diese Publikationsbilanz verweist auf eine doppeldeutige Tendenz: Einerseits erwies sich das Angebot an übersetzten narrativen und übertragenen lyrischen Grass-Texten als so umfangreich, dass die verantwortlichen Redakteure, nachdem sie grünes Licht für die zensierten Ausgangstexte erhalten hatten, diese für den Druck freigaben. Damit konnten sie das wachsende Bedürfnis polnischsprachiger LeserInnen nach „mehr Grass" erfüllen. Andererseits entstand aufgrund der lückenhaft präsentierten Texte auch eine sonderbare Erwartungshaltung des impliziten Lesers.[5] Er ließ sich zuweilen von den kulturpolitisch „auffrisierten" Besprechungen ins Bockshorn jagen, aus dem er enttäuscht zurückkehrend seine Wünsche nach einem „unzerpflückten" Grass umso entschiedener erfüllt wissen wollte. Dass ihm diese Wünsche zwischen 1978/79 und 1981/82 teilweise erfüllt werden konnten, lag an der Couragiertheit von Untergrundverlegern und dem Zensurgesetz vom Juli 1981, das auch den Staatsverlagen gegenüber der Hauptverwaltung für Zensurwesen[6] eine größere Rechtssicherheit einräumte. Nichtsdestotrotz zeichnete sich in den 1980er Jahren unter den Bedingungen des Kriegszustandes eine paradoxe Situation im Verlagswesen ab, die – trotz der Publikation der *Ausgewählten*

---

4   Vgl. dazu Stepan H. Kaszyński: Die Polengedichte von Günter Grass, in: Studia Germanica Posnaniensia XII/1983, S. 5 ff.
5   Vgl. Wolfgang Iser: Der implizite Leser. Kommunikationsformen des Romans von Bunyan bis Beckett, München 1972.
6   Die polnische Hauptverwaltung für das Zensurwesen (Główny Urząd Kontroli Prasy, Publikacji i Widowisk), 1946 durch ein Dekret in Kraft getreten, kontrollierte bis 1981 uneingeschränkt Verlage, Presse und Medien. Mit dem Zensurgesetz vom Juli 1981 war die staatliche Zensurverwaltung verpflichtet, alle Eingriffe in Texte unter Verweis auf die entsprechenden Paragraphen zu kennzeichnen.

Gedichte (1986) – bis zum Jahr 1989 keine weiteren Verlagsveröffentlichungen erlaubte.

Mit dem Verweis auf die verwirrenden Störmanöver bei der Aufnahme des Grass'schen Werkes in der Volksrepublik Polen ist folgende These zu formulieren: Im Widerspruch zur restriktiven Veröffentlichungspolitik gegenüber dem Werk des deutschen Autors nach 1960 zeichnete sich ein immer lebhafteres Interesse der reglementierten literarischen Öffentlichkeit vor allem an dem Erzählwerk von Grass ab. Es wurde auf unterschiedliche Weise durch fragmentierte Übersetzungen und polemische Artikel über so genannte politische „Ungereimtheiten" angeheizt, durch die leidenschaftliche Verteidigung des bizarren Erzählwerkes gefördert und durch manche provokative Äußerungen über den Autor gebremst. Auf diesem dornigen, heftig umkämpften literarischen und kulturpolitischen Terrain wogte die „Schlacht" um die klügsten Argumente in den 1960er und frühen 1970er Jahren. Ihnen folgten die ausgewogenen Interpretationen und Diskurse auf oft sehr hohem literaturwissenschaftlichem Niveau.

Neben den politischen Störfeuern formieren sich die Verteidiger der Grass'schen Poetik

Es mag ein Zufall sein, dass sich die eher journalistischen Artikel zur Person und die literaturkritischen Aufsätze zum Werk von Günter Grass zwischen 1965 und 1980 annähernd die Waage hielten, d. h., dass Berichte – etwa über die Wahlkampfaktivitäten für die SPD und Stellungnahmen gegen den Vietnamkrieg – in polnischen Zeitschriften einen nicht geringeren Stellenwert einnahmen als rezeptionsästhetisch verdichtete Aufsätze zu den Buchpremieren von Grass in der Bundesrepublik Deutschland. So äußerte sich der bekannte Literaturkritiker Wilhelm Szewczyk ebenso über die „ambivalenten politischen Aktivitäten"[7] des Schriftstellers wie der renommierte Grass-Forscher Norbert Honsza, indem er dessen politisches Engagement in Frage stellte.[8] Ein unter Pseudonym publizierender Journalist hingegen versuchte die politischen Aussagen und Handlungen von Grass sogar in der Nachbarschaft von Pornographie anzusiedeln.[9] Neben solchen lächerlich anmutenden Provokationen,

---

7   Vgl. Wilhelm Szewczyk: Ambiwalencja polityczna Güntera Grassa, in: Odra, Nr. 9/1968.
8   Vgl. Norbert Honsza: Günter Grass – ein engagierter Schriftsteller?, in: Wiadomość 45/1968.
9   Vgl. Wisz: Pornografia i polityka, in: Życie Literackie 26/1969.

die das Ziel verfolgten, die Person Grass' in das Zwielicht westdeutscher so genannter revanchistischer Umtriebe zu stellen, zeichneten sich aufklärerische Tendenzen ab, in denen sich die Bemühungen um eine objektivere literarische und kulturpolitische Haltung des „Störenfrieds" widerspiegelten. So würdigte Adam Krzemiński in einem Interview mit Grass aus Anlass der Publikation von *Örtlich betäubt,* erschienen unter der Überschrift „Ohne örtliche Betäubung",[10] dessen unermüdliche publizistische Tätigkeit bei der Verdeutlichung der deutschen Schuld gegenüber dem polnischen Nachbarn. Andere Journalisten, wie z. B. Karol Koczy und der bereits erwähnte Wisz, wollten die Grass'sche Werke als politische Kolportageromane verunglimpfen.

Zu diesem Zeitpunkt, also Anfang der 1970er Jahre, meldeten sich Literaturkritiker und Schriftsteller zu Wort, die sich jenseits vom tagespolitischen Geschwätz der Poetik des Grass'schen erzählerischen und lyrischen Werkes annahmen. I. Krońska entwickelte kulturhistorische Strukturlinien, die von Artur Schopenhauer über Jakob Burkhardt zu Grass führten;[11] Bolesław Fac, einer der rührigsten Übersetzer Grass'scher Gedichte und engster Freund, setzte sich in *Sentimentale Reisen* mit der Danziger Trilogie auseinander[12] und W. Bialik nahm die ethischen Dimensionen der Grass'schen Protagonisten im Vergleich zu Heinrich Böll in den Blick.[13] Mitte der 1970er Jahre verstärkten sich die polnischen und kaschubischen Akzente in literaturhistorischen Aufsätzen. Der vor allem um die transnationale Rezeption bemühte Ryszard Ciemiński würdigte die kulturhistorische Rolle des Polentums in allen bis 1975 erschienenen Werken.[14] In ebendiesem Zeitraum zwischen 1972 und 1979 tauchten, immer wieder angeregt von polnischsprachigen Teilveröffentlichungen des Romans und der erfolgreichen Verfilmung unter der Regie von Volker Schlöndorff, Rezensionen zur *Blechtrommel* in verschiedenen Kulturzeitschriften auf. Ein weiterer Impuls war durch die in der Bundesrepublik Deutschland umstrittene Veröffentlichung von *Der Butt* gegeben. Sie rief, trotz der fehlenden polnischen Publikation in der dortigen Fach- und kulturpolitischen Presse, ein erstaunlich positives Echo hervor. Die Rezensenten betonten dabei vor allem das Danziger Lokalkolorit, die aus feministischer Perspektive entworfene Weltgeschichte und die parodistisch-ironische Verurteilung der Männer.[15]

---

10 Vgl. Adam Krzemiński: Bez miejscowego znieczulenia (Interview), in: Polityka 51–52/1970.
11 Vgl. I. Krońska: Schopenhauer, Burkhard i Grass, in: Twórczość 9/1973.
12 Vgl. Bolesław Fac: Podróże sentymentalne Güntera Grassa, in: Litery 6/1972.
13 Vgl. W. Bialik: Bölla i Grassa – zmyślenie i prawda, in: Literatura 25/1974.
14 Vgl. Ryszard Ciemiński: I szukam ziemi Polaków, in: Argumenty 47/1975; ders.: Drogocenna przeszłość, in: Tygodnik kulturalny 13/1976.
15 Vgl. Rezensionen von Adam Krzemiński („Sąd nad wielkim rybem", in: Literatura na Świecie 1/1979), Maria Kurecka (in: Kultura 1–2/1978) oder H. Bleyl („Alchemia

Der kaschubische Rabelais

Zu Beginn der 1970er Jahre zeichnete sich auch eine Rezeptionsspur in der
Beurteilung der Grass'schen Poetik ab, die an die tiefe verwandtschaftliche
Verwurzelung und topographische Vertrautheit des Autors mit dem Land-
strich zwischen Danzig und dem kaschubischen Kartuzy anknüpfte. Was
Ryszard Ciemiński in seinem Beitrag über den kaschubischen Weg aufgriff,[16]
verdichtete sich in den zahlreichen Rezensionen zu *Der Butt* in den späten
70er Jahren. K. Muza untersuchte die kaschubischen Quellen[17] und Halina
Szumowska widmete sich in *Das kulinarische Rezept von Günter Grass*[18] den
kaschubischen Kochkünsten der hochgotischen Fastenköchin Dorothea von
Montau, der Küchenmagd Agnes Kurbiella oder Maria, der Kantinenköchin
der Leninwerft,[19] und nicht zu vergessen Ilsebill, deren erotisch-kulinarische
Künste zu Beginn des Romans demonstriert werden: „Ilsebill salzte nach.
Bevor gezeugt wurde, gab es Hammelschulter zu Bohnen und Birnen, weil
Anfang Oktober."[20]
    Einen kursorischen Überblick über prägnante kaschubische Elemente in
den Romanen von Grass gibt Bolesław Fac unter Hinweis auf landschaft-
liche Merkmale, Physiognomien der Bewohner, erotische Verhaltensweisen
und beliebte Speisen.[21] Sein wertender Blick fällt auf die hügeligen Kartoffel-
äcker der Kaschubei, die im Gegensatz dazu in der bekannten Eingangsszene
des Spielfilms *Die Blechtrommel* eine andere Gestalt annehmen. Regisseur
Schlöndorff hatte beim Lesen des Buches die bildliche Vorstellung von hori-
zontweiten Feldern, weshalb die bei Bissau verbürgte Szene auf dem flachen
Gelände des Danziger Werders gedreht wurde. Dass Filmbilder unter Anleh-
nung an literarische Fiktionen ihre eigenständige Ikonizität entwickeln und
auf diese Weise den Rezeptionsprozess mit selbstständigen Wertungen versehen, dürfte ebenso einleuchtend sein wie die Verwendung von ikonischen
Leitmotiven, die den narrativen Ablauf von fiktionalen Handlungen markant
steuern. Fac verweist auf das Semantem „Kartoffel", das in *Der Butt* sowohl
bei der Beschreibung einer Köchin als auch von Landschaftsabschnitten in

---

Gdańska"), in: Literatura na Świecie 1/1979.
16 Vgl. Ryszard Ciemiński: Droga Kaszubska (O rodzinie Kaszubskiej Güntera Grassa),
    in: Kultura 23/1972.
17 Vgl. K. Muza: Über das Kaschubische in „Der Butt", in: Pomerania 3/1980.
18 Vgl. Halina Szumowska: Das kulinarische Rezept von Günter Grass, in: Germanica Pos-
    naniensia, X/1982.
19 Vgl. Günter Grass: Der Butt, Darmstadt 1977, S. 130 f.
20 Günter Grass: Der Butt, a. a. O., S. 9.
21 Bolesław Fac: Von den kaschubischen Elementen im Werk von Günter Grass (dt. und
    pl.), in: Drei Aufsätze, Gdansk o. J., S. 23 ff.

der Kaschubei eine einprägsame Funktion erhält. In *Der Butt* ist es die siebte Köchin, Amanda Wojke, die

> „[…] ein Kartoffelgesicht (hatte), genauer: die Schönheit der Kartoffel feierte in ihrem Gesicht Alltag […] Und auch ihr Mund, den kein fleischiges Lippenrot, sondern kaschubischer Sandboden tönte, war gute Laune der Natur: zwei Wülste, immer bereit, Wörter wie Bulwe, Wruke und Runkel zu bilden. Von Amanda geküsst zu werden, hieß von der Erde, ich meine jene trockenen Kartoffelböden, die die Kaschubei berühmt gemacht haben, einen Schmatz bekommen, der nicht flüchtig war, sondern sättigte, wie Pellkartoffeln uns satt machen."[22]

Auch im Hinblick auf die reale erotische Anziehungskraft der Kaschuben zeichnen sich Abweichungen zwischen jenen Eigenschaften ab, die Fac seinen Landsleuten zueignet und jenen, die der Fabulierer Grass ihnen zuschreibt. Einerseits gäbe es nämlich eine in der Kaschubei „sehr feinfühlig gehandhabte Sphäre der Erotik",[23] andererseits entwickele Grass seine eigenen Vorstellungen über diese Erotik. Sie finde ihre Personalisierung in „den Plejaden der Liebenden aus den Familien Bronski und Koljaiczek" und in Oskar, diesem „Halb-Kaschuben, mit seinem Einfallsreichtum bei der Umgarnung von Frauen."[24] Überhaupt gingen die Liebenden in *Die Blechtrommel* von Hand zu Hand und somit sei deutlich, dass „das erotische Leben der Kaschuben, zumindest in den Romanen bei Grass, nicht sehr monogam war". Dass sich selbst die Frauen in diesem Liebesspiel nicht verwirren ließen, vermag der Kenner der kaschubischen Erotik mit dem Blick auf die Grass'schen Frauenfiguren zu bestätigen, ohne freilich biographische Beweise antreten zu können.

Nicht unerwähnt bleiben sollte auch die biographische Tiefenanalyse von Władysław Szulist, der in seiner Studie *Günter Grass und der kaschubische Kulturkreis von Gdansk-Matarni* die verwickelten verwandtschaftlichen Beziehungen der Eltern von Günter Grass, Helena und Wilhelm, en detail entfaltete.[25] Szulist setzt sich dabei auch mit kaschubischen kulturellen Elementen auseinander, die in *Die Blechtrommel, Aus dem Tagebuch der Schnecke, Die Rättin* und *Der Butt* auftauchen. Besonders die Sorge um das historische Schicksal der Kaschuben habe Grass am Herzen gelegen.

---

22 Zit. nach Bolesław Fac, a. a. O., S. 24.
23 Ebd., S. 25.
24 Ebd., S. 26.
25 Vgl. Władysław Szulist: Günter Grass i kaszubski krąg kulturowy Gdańska-Matarni, in: Tytuł, 4/1991, S. 205 ff.

Was in solchen biographisch-kulturgeschichtlichen Beiträgen an bis dahin
wenig bekannten Fakten zusammentragen wurde, das krönt die Studie *Der
kaschubische Trommler* aus der Feder des renommierten Grass-Kenners
Ryszard Ciemiński.[26] In dieser Publikation sei ein Nobelpreisträger gewürdigt worden, so Sergiusz Sterna-Wachowiak,[27] der an Deutschland kranke so
wie Stanisław Brzozowski, Witold Gombrowicz und Sławomir Mrożek an
Polen krankten. Grass sei einer von jenseits, aus einem Grenzgebiet, nicht aus
Deutschland, nicht aus Polen, also am besten wohl aus der Kaschubei. Doch
die kaschubische Herkunft des Deutschen an sich schaffe natürlich nicht die
Grundlage für dessen vielschichtiges literarisches und künstlerisches Meisterwerk. Vielmehr sei es Grass' Vorliebe für Monster, für die Bewertung der
Realität nach den Maßstäben eines Zwerges, einer Rättin, eines Fisches, einer
Unke, die in seinen Texten als überzeitliches, magisches und allwissendes
Lebensprinzip fungieren und deshalb eigenwillige Merkmale einer langjährigen europäischen Erzähltradition von Neuem entdecken. Ciemińskis Frage,
ob Grass aus diesem Grund ein kaschubischer Rabelais sei, weil er die Menippea, die älteste Untergattung der Satire, wieder mit Leben erfülle, zielte auf
einen Interpretationsstrang, auf den Zbigniew Światłowski zu Beginn der
1980er Jahre verwiesen hatte.[28] Es handelte sich dabei um die geistige Ratlosigkeit der europäischen Intellektuellen nach dem Zweiten Weltkrieg und den
verbreiteten Zweifel an der Notwendigkeit von Kunst, die in den pikaresken
Romanen von Grass eine ungewöhnliche poetologische Sprengkraft entwickeln würde. Die Protagonisten der *Danziger Trilogie* würden nämlich – nicht
wie der einstige Picaro in den Erzählungen und Romanen von Alain-René
Lesage und Francisco de Quevedo,[29] der nur in dem Streben nach Geld und
Gütern sein Glück gefunden habe – keine Privilegien und Rechte in Anspruch
nehmen. Vielmehr machten sie sich lustig über die Jagd nach falschen Werten und verspotteten die aufgezwungene Ordnung des nationalsozialistischen
Zwangsregimes. Światlowski habe mit dieser verdienstvollen Studie über
Grass auch ein anderes Stereotyp zerschlagen: Der Autor von *Der Butt* sei
nämlich kein provinziell verwurzelter, nostalgischer Schriftsteller, sondern ein
kaschubischer Rabelais, „der in der Welt eine Achse sucht, nicht aber die Wurzeln einer Welt, die gemäß ihrer eigenen Grundsätze handelt."

---

26   Vgl. Ryszard Ciemiński: Kaszubski werblista: rzecz o Günterze Grassie, Gdańsk 1999.
27   Vgl. Sergiusz Sterna-Wachowiak: Kaszubski Rabelais, in: Nowe książki, 6/2000, S. 55.
28   Vgl. Zbigniew Światłowski: Günter Grass: Pikarejskość i clownada, in: Punkt, 11/1980,
     S. 119ff.
29   Alain-René Lesage (1668–1747), bekanntester Vertreter des französischen Schelmenromans (vgl. *Gil Blas*, 1715) wie auch Francisco de Quevedo (1580–1645), Meister des spanischen Schelmenromans (vgl. *Historia de la Vida del Buscón*, 1626).

Das Polentum im Werk von Grass

Seit Beginn der 1980er Jahre zeichnete sich ein paralleler Interpretationsstrang ab, in dem eine phantastische, die Realität umstülpende clownesk-kaschubische Welt mit polnischen Kulturmustern angereichert und verdichtet wurde. Er entstand im universitären Kreis der Polonistin und Kulturwissenschaftlerin Maria Janion, die seit 1981 in Gdansk mit einer Reihe von SchülerInnen und interessierten Laien Seminare zum Werk von Günter Grass veranstaltete. Höhepunkt der Veranstaltungsreihe war zweifellos die persönliche Begegnung mit Grass, der sich am 8. Juni 1981 den Fragen seiner Leser-Interpreten stellte. Maria Janion begrüßte ihn unter anderem mit den Worten: „Sie haben selbst gesagt, dass *Die Blechtrommel* für zwei Lesegemeinschaften geschrieben wurde: die deutsche und die polnische."[30] Was sich im Anschluss an die Begrüßung des deutschen Gastes im Laufe des mehrstündigen Disputes an Interpretationsmodellen offenbarte, gehört in der Zwischenzeit zu dem Kanon wesentlicher Texte in der kaum noch überschaubaren polnischen Rezeption.[31] Diese aus der unmittelbaren Begegnung zwischen Autor und literaturwissenschaftlichen Interpreten entstandenen Deutungsmuster zeugen von polnischer Vertrautheit mit einem Werk, das vielschichtige Erklärungen zur Geschichte der Handlungsakteure anbietet. Aus diesem Diskurs gilt es wenigsten zwei Aspekte aufzugreifen, obwohl mir bewusst ist, dass ein solch kurzer Ausschnitt aus dem breiten polnischen und marginalen kaschubischen Interpretationsstrom nur einen bescheidenen Einblick in die komplizierte deutschpolnische Wahrnehmung des Werkes geben kann. Dabei erweisen sich zwei Aussagen von Grass als wesentliche Impulsgeber einer gegenseitigen Wahrnehmung ohne Verdrängung der eigenen Fehler und nationalen Vorurteile. Es sind: erstens die enge Verflechtung polnisch-(kaschubisch)er und deutscher Geschichte, bei deren Beschreibung nach Ansicht von Grass die Literatur unter anderem ein Bericht über die Geschichte der Wirkung von Irrtümern sei. Dabei seien die vielen deutsch-polnischen Antagonismen – durch ein noch zu bestimmendes kaschubisches Prisma hindurch – in Folge der gegenseitigen stereotypen Einbildungen entstanden:

> „Die Polen sind romantisch, idealistisch, verbunden mit dem Begriff der Nation (poln.: naród, Volk), stark im Improvisieren, schwach im Organisie-

---

30 Vgl. „Gunter Grass i polski Pan Kichot". Napisała I zebrała Maria Janion, Gdańsk 1999, S. 7.
31 Vgl. ebd., „Grass, Hegel, Syzyf", S. 7 ff.

ren, anders die Deutschen – mit ihrem großen Organisationstalent und dem
Verlust nationaler Identität, und darum auch besonders nationalistisch."[32]

Diese gegenseitige, relativierende Betrachtung schränkt Grass insofern wieder ein, als er einerseits den Polen auf Grund ihrer tragischen Geschichte seit
dem Ende des 18. Jahrhunderts eine Neigung zur Glorifizierung zuspricht.
Sie komme in der Bewunderung aller Gangster zum Ausdruck, die in den vergangenen Jahrhunderten die Geschichte vorangetrieben hätten, darunter auch
viele polnische Könige und Kreuzritter des Deutschen Ordens, die auch zur
Verbrämung der Geschichte Danzigs beigetragen hätten. Andererseits verurteilt Grass die deutsche Geschichte, in der „die große deutsche Kultur die
Deutschen nicht vor der Errichtung von Auschwitz bewahrte."[33] Einen erheblichen Anteil daran habe die große Philosophie des 19. Jahrhunderts mit ihren
Appellen an Humanismus und Nächstenliebe. Sie hätten die entsetzlichen
Verbrechen des 20. Jahrhunderts, an denen wir noch heute leiden, nach sich
gezogen. Das alles hindere die Politiker in Ost und West allerdings nicht – wie
in der Vergangenheit – weiterhin humanistische Phrasen zu verkünden. Und
zweitens ist von nicht geringerer Bedeutung für die Rezeption des Grass'schen
Werkes – auch in der polnischen Literatur – die Festlegung jenes axiologischen
Strangs, der eine andere Linie in der deutschen Kulturgeschichte zieht, mit
der sich Grass identifiziert: Miguel Cervantes' *Don Quichote*, Christoff von
Grimmelshausen, François Rabelais, Laurence Sterne, Jean Paul, James Joyce,
Thomas Mann, John Dos Passos, Alfred Döblin. Sie alle haben nach Grass den
pikaresken Romantypus entfaltet, „in dem die Welt sich spiegelt, zerbricht,
zerfällt und von Neuem entsteht".[34]
      Diesen Interpretationsstrang griff auch Maria Janion in ihrer Abhandlung
Das Bild des Polentums bei Grass mit der Aussage auf: „Es ist an der Zeit, den
‚polnischen Knoten' zu lösen, der *Die Blechtrommel* verschnürte und heute
noch verschnürt."[35] Um nun den „polnischen Knoten" zu lockern, müsse man
sich, so Janion, die Wirkung eines bestimmten psychologischen Grundsatzes
bewusst machen, nämlich die moralische Schuld und die ethische Pflicht des
einen Volkes gegenüber dem anderen. Dabei sei an eine Aussage erinnert,
die Witold Gombrowicz so lakonisch zum Ausdruck brachte: „Der Pole ist
geformt durch Niederlagen, der Deutsche durch Siege." Das schmerzhafte
Gefühl, „keine moralische Entschädigung zu bekommen für die riesigen deut-

---

32 Ebd., S. 18 f.
33 Ebd., S. 19.
34 Zit. nach Maria Janion: Das Bild des Polentums bei Grass, in: Drei Aufsätze, Göttingen
     1997, S. 21.
35 Vgl. M. Janion, a. a. O., S. 11.

schen Verbrechen und das ebenso unendliche polnische Leiden", müsse zum
ständig sich wiederholenden Prozess „einer Vervielfältigung besänftigender
und mildernder Mythen und Stereotypen" führen. Dabei hätten, so Janion, die
Besiegten in ihrer Behauptung moralischer Überlegenheit sich lediglich eine
imaginäre Befriedigung verschafft, ein Faktum, das besonders in der popu-
lären Literatur und in vielen Filmen mit stereotypen Feind-Mustern erkennbar sei. Sie hätten nicht nur das Massenbewusstsein in Polen beeinflusst, auch
die zu späte Rezeption der *Blechtrommel* sei davon betroffen. Eine Folge
davon sei, dass die Romane von Grass in der kommunistischen Massenpresse
als „niederträchtige Propaganda", die das „polnische Nationalgefühl belei-
digt", bezeichnet wurden. Diese Anschuldigungen fänden ihren Höhepunkt
in der Behauptung: „Grass geht sogar soweit, die Verteidiger der Polnischen
Post zu beleidigen, indem er aus ihnen Feiglinge und Gauner macht in diesen
so tragischen Stunden."[36]

Maria Janions tiefgreifende Analyse der Grass'schen Werke aus den 1960er
und 1970er Jahren erweist sich in dreifacher Weise als scharfsinnige Kritik
an patriotischen und nationalistischen Verunglimpfungen. Sie erinnert an die
üblen aggressiven Anschuldigungen, die von deutscher Seite, d.h. den Lands-
mannschaften und Vertriebenenverbänden, die Person und das Werk des
Autors attackierten,[37] sie weist eine rein historische und politische Interpretation der Grass'schen Romane zurück und begleitet den Autor in die „mythische
und mythosschaffende, finstere Sphäre des polnischen Patriotismus, dort, wo
er an sacrum, Wahnsinn und Tod grenzt".[38] Auf dieser Reise durch fiktio-
nal aufbereitete Biographien „polnisch-manischer Patrioten" (wie die Mutter
Oskars, Jan Bronski oder der Vater von Jan als ferne Resonanz der Gestalt
eines Patriotisch-Wahnwitzigen) taucht eine mythische Gestalt auf, die Grass
nach Ansicht von Janion im Zentrum seines Bildes vom Polentum anordnet:
„Pan Kiehot, der sehr begabte Pole." Die Evozierung des polnischen Don
Quichote erweist sich im Œuvre des deutschen Romanciers als eine besondere Form von panegyrischer Symbolisierung, die eine breite Palette zwischen
Bewunderung, ironischer Brechung und Hingabe an einen romantischen Kult
polnischer Individualität zum Ausdruck bringt:

„Don Quichote, der Ritter von der traurigen Gestalt, ein edler Besessener,
ein bewunderswert verrückter Idealist, erscheint – als Pan Kiehot – zur

---

36 Ebd., S. 13.
37 Vgl. Grass' Gedicht *Kleckerburg* und Marion Janions Interpretation, in der die Abarbei-
    tung historisch festgefahrener Stereotypen im deutsch-polnischen Spannungsverhältnis
    auch in der Lyrik von Grass hervorgehoben wird.
38 Vgl. Janion, ebd., S. 17.

Abendröte bei Kutno und führt die Attacke der polnischen Kavallerie an,
[...] greift die deutschen Panzer mit seiner irrsinnigen Kavallerie an. – Oh,
so begabt galoppierend, die edlen, zu begabten Polen küssen ‚vorschrifts-
mäßig' die Hände des Todes."[39]

Die werkästhetische Auseinandersetzung

Parallel zu diesem – vor allem an den Texten der Danziger Trilogie sich abzeich-
nenden – Diskurs verdichtete sich seit Beginn der 1980er Jahre das Untersu-
chungsfeld „Pikaresker Roman und dessen stilistische Mittel" in der seriösen
polnischen Grass-Forschung. Zbigniew Światłowski setzt sich in dem Aufsatz über Pikareskes und Clowneskes mit parodistisch-spielerisch angelegten
Figuren und Situationen in *Die Blechtrommel* und *Hundejahre*[40] auseinander,
wobei er zu der Erkenntnis gelangt, dass im Handeln der Protagonisten der
Zufall dominiere und „alles, was sie tun, kaum die Suche nach einer möglichen
Verkörperung ist, schon gar nicht eine reife, vollkommen abgesicherte Form
darstellt." Ihre Taten seien vielmehr Versuche, sich irgendwelche Kostüme
anzupassen, die Suche also sowohl nach einem Objekt als auch nach einem
Handlungsinstrument. Daher müsse man zu der paradoxen Einsicht gelangen,
dass die Erzählkonstrukte in *Die Blechtrommel* und *Hundejahre* einen Beweis
für die These liefern, dass es keine Fabel mehr im zeitgenössischen Roman
geben könne.
    Diese Erkenntnis erwies sich als richtungweisend in allen seriösen Rezen-
sionen zu Buchpremieren von Grass, die von der polnischen Presse – trotz
Kriegszustand und gesellschaftlicher Krise – in den 1980er Jahren mit wach-
sendem Interesse verfolgt wurden. Vielschichtige Sujetbildungen, gebrochene

---

39 Auszug aus dem Gedicht von Günter Grass, *Pan Kiehot*. Es ist an dieser Stelle auch auf
    die merkwürdige Toleranz von Grass gegenüber dem polnischen Idealismus zu verwei-
    sen. Janion deutet sie so: „Grass, der die idealistische deutsche Philosophie und deren
    Gegenstand nicht erträgt, toleriert aber den polnischen ‚Idealismus'. Vielleicht deswegen,
    weil der deutsche philosophische Idealismus, insbesondere der Hegelsche, ausgerichtet
    ist auf die Verschmelzung des Einzelnen in der abstrakten Gesamtheit. Im polnischen
    Streben nach Idealität dominiert (aber) ein romantischer Kult der Individualität [...]."
    (Janion, ebd., S. 20). – Es ist außerdem für die polnische Rezeption aufschlussreich, dass
    die mehrdeutige Identifikationsfigur des Don Quichote im Werk von Grass nicht nur
    der Autorintention zugeschrieben wird, sondern auch bestimmte Eigenschaften des
    Autors sich in dieser pikaresken Figur wiederfinden (vgl. Tadeusz Polenowski: Günter
    Grass – Niemcy i Polska, in: Akcent 2/3, 1992, S. 142 ff., dort S. 145).
40 Zbigniew Światłowski: Günter Grass: Pikarejskość i clownada, in: Punkt (Almanach
    gdańskich środowisk twórczych), 11/1980, S. 119 ff.

Erzählstrukturen, Auflösung der Fabel – das waren unter anderem die tonangebenden Interpretationsmuster in den zahlreichen Besprechungen, die *Die Blechtrommel* (nach der offiziellen polnischen Premiere 1983) sowie *Örtlich betäubt*, *Aus dem Tagebuch einer Schnecke*, *Der Butt* und *Zunge zeigen* betrafen.[41] Zweifellos zeichnete sich nach der Veröffentlichung der *Ausgewählten Gedichte* von Grass 1986 eine allmähliche Wende in der Verlagspolitik ab, wenngleich im Vorwort zu Norbert Honszas und Jerzy Łukasz' verdienstvoller literaturkritischer Publikation *Günter Grass w krytyce polskiej* (1988) die Herausgeber lakonisch feststellten, dass „in Polen mehr Bücher über Grass entstanden als man Übersetzungen seiner Werke zählen kann". Es hatte sich also zwischen 1960 und 1987 ein eklatantes Missverhältnis zwischen Primär- und Sekundärtexten herausgebildet, das der Literaturkritiker Maciej Popowski in einer Rezension so kommentierte:

> „Das an Überraschungen und Paradoxien so reiche Schaffen von Günter Grass ist auch im polnischen literarischen Leben auf eine ziemlich ungewöhnliche Weise präsent, wenngleich diese Präsenz […] sich gewiss als ein unwillkürliches Paradoxon erweist."[42]

Umso aufschlussreicher waren die Versuche polnischer Literaturwissenschaftler, einerseits das schwierige Verhältnis des Schriftstellers und politisch engagierten Bürgers Grass zur deutschen Nation zu deuten, andererseits das Werk des Erzählers Grass in den rezeptionsästhetischen Kontext einer gegen die „höfische" und zeitgenössische Geschichtsverfälschung gerichteten Aufklärung zu werten. Leszek Żyliński verweist in seinem Aufsatz *Grass und Deutschland*[43] auf die jahrhundertelang wirksame Dichotomie zwischen Macht und Geist, an der spätestens seit Hölderlin und Schiller alle bedeutenden Dichter bis in die Gegenwart des geteilten Deutschland gelitten hätten. Im Gegensatz zum immanenten, ästhetisch sublimierten Leiden an Deutschland, von dem seine Dichter-Kollegen erfüllt gewesen seien,

> „[…] blickt Grass jedoch nicht auf Deutschland vom literarischen Olymp herab. Zu stark kennt er sich in der Seele eines Politikers aus, als dass dieser Pragmatiker sich von seiner *Krankheit an Deutschland* besiegen lässt. Die Rettung für seine Landsleute sieht der Autor von *Die Blechtrommel* in der Abwendung von Ideologie wie auch von gesellschaftlichen Utopien und

41 Vgl. die Bibliographie in: Norbert Honsza: Günter Grass. Skizze zum Porträt, Wrocław 1997.
42 Maciej Popowski: Jeszcze raz GRASS, in: Życie Literackie 14/1989, S. 10.
43 Leszek Żyliński: Grass i Niemcy, in: Więź 4/1986, S. 73 ff.

der Rückkehr zur konkreten Politik. Wie eine solche Handlungsweise in der Praxis aussehen könnte, zeigte Grass am eigenen Beispiel. Sein politisches Engagement betrachtet er als selbstverständliche Angelegenheit, als staatsbürgerliche Pflicht. Indem er die einst vorgestellte These von der Dichotomie von Macht und Geist in Frage stellt, will Grass [...] die westdeutschen Kulturschaffenden aus der apolitischen Haltung herausreißen und ihnen die Notwendigkeit politischen Handelns für die Erreichung geforderter Veränderungen begreiflich machen."[44]

Zu diesem Konzept eines politischen Handelns gehörten bei Grass Mitte der 1980er Jahre auch zwei deutsche Staaten deutscher Nation, die eine lockere Konföderation im Rahmen der Politik europäischer Entspannung schaffen sollten. Gleichzeitig, so betonte Żyliński, habe Grass sich für ein gemeinsames kulturelles Erbe und eine einheitliche Literatur bei der Definierung der Kulturnation Deutschland eingesetzt. Was mit dieser Positionsbestimmung sicherlich zur Klärung der engen Wechselbeziehung von ästhetischen und politischen Werten im Werk und in der Person des Deutschen Grass in der polnischen Öffentlichkeit beigetragen hat, das leistete Zbigniew Światłowski für einen kleinen akademischen Kreis von Grass-Liebhabern mit seinem Versuch, die „Apperzeptionsverweigerung" als Thema der modernen Literatur am Transfer von Grass zu Gombrowicz zu verdeutlichen.[45] Ausgehend von der Beobachtung des amerikanischen Literaturhistorikers George Steiner, dass „der Roman der Gegenwart die entscheidenden Impulse zwei russischen Altmeistern, Tolstoj und Dostojewskij, zu verdanken habe",[46] bezeichnete er als ein Hauptmerkmal des Grass'schen Werkes die Zerstörung aller verlogenen Harmonievorstellungen und Kulturfiktionen:

„Was Grass mehrfach vorgeworfen, zum Anlaß für politische und ethische Verdächtigungen genommen wurde: sein konsequentes Festhalten an einer ‚exzentrischen', eigene Größenverhältnisse, Kausalzusammenhänge und Wichtigkeitsgrade erschaffenden Perspektive, entspricht genauestens seiner Auffassung von Literatur als Widersacher aller ‚höfischen' Geschichtsschreibung, als kundige Zeugin des sonst Verdrängten, Vergessenen, für nicht der Rede wert Befundenen. Der Leser wohnt einem Entschleierungs- und Degradierungsvorgang bei und lernt zugleich, wie es gelingen kann,

---

44 Ebd., S. 75.
45 Zbigniew Światłowski: Ermunterung zum Sehendwerden. „Apperzeptionsverweigerung" als Thema der modernen Literatur, in: Germanica Wratislaviensia LXXXXI, Wrocław 1990, S. 153 ff.
46 Ebd., S. 153.

der – die Formulierung stammt von Witold Gombrowicz, einem Autor, dessen Werk sich bis in die Feinheiten der ikonischen Struktur wie ein polnisches Gegenstück zu Grass' Romanen liest – ‚Vergewaltigung durch die Ohren‘, will besagen, der Ansteckung durch die mörderischen Viren des verführten, in das Legitimierungsinstrument von geistloser Gewalt verwandelten Denkens zu entgehen: durch den Rekurs auf die begriffslose Wahrheit der unverformten, gesellschaftlich unvermittelten Subjektivität.‟[47]

Der Vergleich des Grass'schen Weltmodells mit dem Mythen- und Geschichtszertrümmerer Witold Gombrowicz erfolgte bei Światłowski an mehreren Beispielen. Unter Verweis auf *Die Trauung* und andere Dramen von Gombrowicz wie auch *Die Blechtrommel*, zeigte er auf, dass so wie „die Autoritäten von Kirche, Staat, Familie vor der sinnlichen Evidenz eines nackten Menschenkörpers […] in sich zusammenfallen, […] auch die Imponiergesten der politischen Macher, der Verführten und Fanatisierten vor jenen Gegenwerten nicht bestehen [können]‟, wie sie Oskar Matzerath mit seiner bizarren Infantilität[48] verkörpert. Er illustrierte dies weiter am Beispiel einer Analogie, die bei Grass in der Verulkung der Geschichte als Prinzip besteht, indem er sie mal als Apokalypse, mal als Märcheninszenierung, mal als Allegorie, mal als Totentanz erscheinen lasse, während sie bei Gombrowicz in seiner Komödie *Operette* den Triumph des nackten Lebens „über die in dreierlei Gestalt auftretenden Träger des Realitäts- und […] Formprinzips‟ verkörpere, „den Revolutionär, den Aristokraten, den Professor‟.[49]
    Wie inspirierend ein solcher kulturtypologischer und werkästhetischer Vergleich wäre, verdeutlicht das augenscheinlich radikalere Weltmodell bei Gombrowicz, der alle Versuche, „aus dem Universum der Formen (Zeremonien, Rituale) auszubrechen, die Kulturmaske abzureißen und in jene Tiefenschicht vorzudringen, wo einem das eigene Ich unvermittelt, allen Disziplinierungsmaßnahmen entkommend, monströs und faszinierend in einem entgegentritt‟,[50] als vergeblich wertete, im milden Gegensatz zu Grass, der nach Ansicht von Światłowski das ratlos-scherzhafte Unbehagen in der Kultur zwar als Problem erkenne, ohne jedoch seine trübseligen Konsequenzen daraus zu ziehen. Die in solchen komparatistischen Überlegungen zum Tragen kommenden Weltmodelle verweisen am Ende der kommunistischen Ära in Polen auf einen hohen Reflexionsgrad in der werkästhetischen Auseinan-

---

47 Ebd., S. 154.
48 Ebd.
49 Ebd., S. 155.
50 Ebd.

dersetzung mit den Romanen von Grass, die seit 1990 nun endlich auch in unzensierter Form erscheinen konnten.

Der Aufbruch in die offene Gesellschaft – mit kleinen Rückfällen und mutigen Interpretationen

Wie aber war der paradoxe Zustand der Rezeption der Grass'schen Werke am Ende der 1980er Jahre einzuschätzen? Der Skandal bestand darin, dass – wie bereits erwähnt – die Danziger Trilogie 1963 für die polnischsprachige Veröffentlichung vorbereitet war und nur *Katz und Maus* und die zensierte *Blechtrommel* erscheinen durften.[51] Parallel zu dieser skandalösen Verhinderungspolitik, von der auch andere deutsche Autoren wie Horst Bienek, Wolf Biermann oder Sarah Kirsch betroffen waren, hatte sich spätestens seit Beginn der 1980er Jahre eine methodisch und thematisch vielschichtige Grass-Forschung in der polnischen Germanistik herausgebildet.[52] Sie bereitete auch den Weg zu den akademischen Würdigungen des Autors an polnischen Universitäten vor. Den Anfang machte, wenn auch nicht ganz überraschend,[53] die Mickiewicz-Universität in Poznan. Ihr Senat hatte bereits im Herbst 1989 den Antrag auf die Verleihung des Ehrendoktortitels gestellt. Doch bald darauf meldeten sich, wie Ryszard Ciemiński ironisch bemerkte, die alten Geister und Dämonen, die dem fragwürdigen deutschen Schriftsteller allerlei Sünden wider den Zeitgeist vorwarfen.[54] Doch wer nun vermutet, dass sich in den düsteren Gewändern der Alt-Dämonen die kulturpolitischen Frontkämpfer des abgetakelten kommunistischen Regimes verbargen, irrt sich. Es war der Akademische Bund Młoda Polska, eine christliche Vereinigung, die Grass vorwarf, dass er den Kommunismus unterstütze, also auch den Massenmord in China

---

51 Die in der staatlich kontrollierten polnischen Öffentlichkeit inszenierte Polemik gegen die angeblich diffamierende Haltung des Autors gegenüber seiner Geburtsstadt und gegenüber Polen wie auch die Verweise auf umstrittene literaturkritische Äußerungen in der Bundesrepublik Deutschland (vgl. Reich-Ranicki: „Unser grimmiger Idylliker") verhinderten die Publikation fast aller Werke von Grass in den 1960er bis 1980er Jahren in der Volksrepublik Polen.

52 Vgl. Norbert Honsza: Ausbrüche aus der klaustrophobischen Welt. Zum Schaffen von Günter Grass, 1987; Zbygniew Świątłowski und Ryszard Ciemiński: I szukam ziemi Polaków, Warszawa 1989; Heinz Kneip und Hubert Orłowski: Die Rezeption der deutschsprachigen Literatur in Polen und die der polnischsprachigen Literatur in Deutschland, Darmstadt 1988; Honsza, Łukosz, Szyrocki: Der Mensch wird an seiner Dummheit sterben, Wroclaw 1990 (Günter-Grass-Konferenz in Karpacz, 1987).

53 Schließlich stammte die erste polnische Übersetzung von *Katz und Maus* aus der Feder des Posener Ehepaars Naganowski.

54 Vgl. Ryszard Ciemiński: Poznańska wojna o Grassa, in: Nowe książki, 4/1992, S. 44 f.

und in Kambodscha, darüber hinaus den Krieg in Afghanistan, das Regime
von Fidel Castro und dass er ein Feind der Familie, des Rechtes auf Eigen-
tum, des Vaterlandes, der Religionsfreiheit sei und keine Achtung gegenüber
dem Sakralen bekunde. Doch ungeachtet solcher absurden Vorwürfe nahm
die akademische Prozedur ihren Lauf und leitete damit auch die akademische
Anerkennung des schriftstellerischen Werkes an den polnischen Universitäten
ein. Sie war ohnehin in den verschiedenen Acta Universitatis bereits Ende der
1980er Jahre in zahlreichen Abhandlungen vollzogen worden. Auffällig war
der dort zu beobachtende Wandel in der Interpretation der Grass'schen Werke.
Während bis Mitte der 1980er Jahre da und dort der verstohlene, oft anerken-
nende Blick auf die sich streitende deutsche Literaturkritik zu beobachten war,
zeichnete sich von nun an eine fast durchweg emanzipatorische Interpretation
auf polnischer Seite ab.[55] Jan Miziński strukturalistische Auseinandersetzung
mit den futurologischen Visionen in *Die Rättin* bezog sich in diesem Zusammenhang auf historische Synthesen, die im Erzählwerk von Grass mit der
Absicht entwickelt werden, mögliche Modelle der Menschheitsentwicklung
zu entwerfen. Unter dem Leitgedanken einer „Reprivatisierung der Zukunft",
die aus der „Froschperspektive" eines Oskar Matzerath, eines Harry Liebenau
(*Hundejahre*), eines Harm Peters (*Kopfgeburten*), vor allem aber die des in der
Rahmenhandlung erscheinenden Autors und Erzählers Grass"[56] in den Blick
genommen werde, zeigte der Verfasser Entwicklungsstadien der Romanprosa
von Grass auf. Nach der Danziger Trilogie stehe der Romanautor nicht mehr
in der kaschubisch-deutschen Geschichte, nicht mehr in den Verwirrungen des
politischen Spiels der Bundesrepublik, er werde zum warnenden Darsteller,
aber auch zum Interpreten der Probleme unserer Zivilisation.

„Die zeitliche Ebene seiner Geschichtsbilder überschreitet so allmählich die
Jetzt-Grenze und läßt die bisherigen geschichtlichen Resümees auch auf die
Zukunft projizieren. Die direkten Zukunftsvisionen erscheinen dann in den
Kopfgeburten, wo die demographischen, ökologischen und ökonomischen
Gefahren unserer Epoche eine düstere Zukunft vorausdeuten lassen, und
die warnende Tonart der Grass'schen Prosa neue Dimensionen erreicht, um
in der *Rättin* eine geradezu katastrophale Gestalt anzunehmen."[57]

---

55 Vgl. Jan Miziński: Günter Grass – eine katastrophale Zukunftsvision. Zu einigen
    Aspekten des Romans „Die Rättin", in: Germanica Wratislaviensia, LXXXI, Wrocław
    1990, S. 117 ff.
56 Ebd., S. 117.
57 Ebd., S. 119.

Die Entwicklungsstadien der Prosa von Grass könne man nach Miziński auf verschiedenen Ebenen verfolgen. Hervorzuheben sei dabei, dass in den fiktionalen Weltmodellen eine gewisse Regionalität, wie noch in den 1970er Jahren, aufgegeben worden sei. Bereits in *Der Butt* beziehe sich die Mehrzahl der Fragen nicht mehr auf deutsches Territorium, sondern sie versuche, die Gesetze der geschichtlichen Entwicklung Europas zu analysieren. Ein radikaler Wechsel der Beobachterposition zeichne sich in *Kopfgeburten* ab, wo der Erzähler in einer Raumkapsel über fünf Handlungsfäden schwebt und sich immer wieder in die Handlung einmischt.[58] Der 1986 erschienene Roman *Die Rättin* stelle dann in komprimierter Form eine Zusammenfassung der historischen Überlegungen von Grass dar, der zum Weltdichter geworden sei.

> „*Die Rättin* ist ein ebenso monströses Bild der Zukunft, wie monströs die Geschichte etwa in der *Blechtrommel* oder die Gegenwart in *Örtlich betäubt* gezeichnet war. Die futuristische Sicht wird in diesem Roman zum leitenden Strukturprinzip, wobei sich das Zukunftsbild folgerichtig auf den Ertrag des Gesamtwerkes von Grass stützt. *Die Rättin* kann man als eine absurde Utopie bezeichnen […]."[59]

Die katastrophale Zukunftsvision lässt Grass vor allem in Danzig spielen, wo ein utopischer Rattenstaat entsteht. Dieser Staat, so Miziński, sei aber kein Sonnenstaat der Utopisten der Aufklärung gewesen. Unter Berücksichtigung der Unvollkommenheiten der bisherigen sozialen Lösungen seien auch die nach der H-Bomben-Katastrophe ihren Staat bauenden Ratten nicht imstande, die Fehler ihrer Vorläufer, d. h., der Menschen zu vermeiden. Nur die Rättin habe das Wesen ihres Rattenvolkes im Gegensatz zur Menschennatur erfasst:

> „Wir vererben das Wissen. Sein Einmaleins, der Mensch mußte es büffeln immer aufs Neue, wir nicht! Wir wissen schon, kaum geworfen, was wissenswert ist und geben Wissensgut weiter von Wurf zu Wurf."[60]

---

58 Miziński benennt die Leitlinien der fünf Handlungsfäden unter Verweis auf 1) Geschichte der Ratten von der Sintflut bis in die postatomare Zeit; 2) die individuelle Geschichte der Geschlechter Koljaiczyk, Bronski und Matzeratz; 3) die Schifffahrt der Frauen zum legendären Vineta, Untergang von Danzig und utopische Weiterentwicklung der Stadt; 4) Märchengeschichte der Gebrüder Grimm und die politische Geschichte Westdeutschlands; 5) die Geschichte des Malers Maskat und die unmoralische Natur deutscher Politiker.
59 J. Miziński, a. a. O., S. 120.
60 Günter Grass: Die Rättin, Darmstadt-Neuwied 1986, S. 185.

Eine fundierte rezeptionsästhetische Wertung der *Rättin* leistete auch Jan Papiór mit dem Blick auf die posthumane Rattenzivilisation.[61] Im Gegensatz zu den vorhergehenden Romanen stehe hier der Leser vor einer qualitativ völlig neuen Situation. Sie zwinge ihn, das totale „Aus" ästhetisch nachzuvollziehen, allerdings erst, nachdem die Rättin ihm alle Untergangsphänomene geschildert habe. Das als Textsequenz ausgewählte Zitat verdeutlicht die Dimension der Endspiele auf dem Globus, der noch von Menschen bewohnt wird:

> „Zum Beispiel vollzog sich fortgeschritten, doch nicht gründlich zu Ende gedacht, die Vergiftung der Elemente, eine bis Ultemosch, wie wir den Schluss nannten, wachsende Belastung. [...] Dennoch witterten wir mit Sorge, was der Mensch Flüssen und Meeren zusetzte, was alles er der Luft beizumengen bereit war, wie tatenlos klagend er seine Wälder bergab sterben ließ [...]. Eine weitere Spielart des Untergangs wurde vom Menschengeschlecht als Überbevölkerung ausgetragen [...]. So wurde der Hungertod gottgefällig [...]. Weil sich Überfluß hier aus Mangel anderswo speiste."[62]

Doch so endgültig der Untergang der menschlichen Zivilisation in der Vision des Autors auch sei, wolle er, so Papiór, dem Leser seiner Geschichten letzten Endes noch ein Fünkchen Hoffnung geben. Grass verlege nämlich den Erzähler, der von der orakelnden Rättin träumt, in den Traum der Rättin.[63] Auf diese Weise ermögliche er dem Kapsel-Menschen noch einmal das Prinzip Hoffnung für sich anzuwenden. Denn das Bloch'sche Prinzip Hoffnung biete neben dem Traum auch die Öffnung des Romans an, was in der Romanhandlung zu einem permanenten Ausfragen der geträumten Rättin durch den Erzähler wie auch weiterer Dialogpartner[64] führe. Dabei komme es nicht darauf an, eine Sisyphusarbeit zu leisten, sondern das „durch die neue Frage evozierte Problem aufzugreifen".[65]

Eine textstrukturalistische Untersuchung zur *Rättin* legte Anfang der 1990er Jahre die Germanistin Dorota Sośnicka vor.[66] Sie entwickelte unter anderem

---

61 Jan Papiór: Um „fünf nach zwölf" beginnt der qual- und hoffnungsvolle Traum von einer (post)humanen (Ratten)zivilisation, in: Germanica Wratislaviensia, LXXXI, 1990, S. 72 ff.
62 Günter Grass: Die Rättin, Darmstadt-Neuwied 1986, S. 275 f., zit. nach Papiór (1990).
63 Vgl. „... die Ratte, von der ich träume, glaubt mich zu träumen; so lesen wir uns in Spiegeln und Fragen aus." (zit. nach Papiór, a. a. O., S. 79).
64 Papiór verweist hier auf andere wechselseitige Konstellationen wie Kapsel-Mensch – Rättin, Märchenpersonen – Rättin u. s. w.
65 J. Papiór, a. a. O., S. 80.
66 Dorota Sośnicka: ... Weil ich durch Wörter das Ende aufschieben möchte.... „Die Rättin" von Günter Grass. Versuch einer Strukturanalyse, in: Studia Germania Gedanensia, 1/1993, S. 200 ff.

in der Polemik mit Marcel Reich-Ranicki, der die radikal offene Struktur des
Erzählwerkes als „katastrophal" bezeichnete und dem Text mangelhafte Ganz-
heitlichkeit vorwarf,[67] einen gattungsübergreifenden analytischen Ansatz, in
dem die geforderte kausale Struktur des traditionellen Romans und die ihr
innewohnende vollendete Geschichte in Frage gestellt wird. *Die Rättin* sei das
Gegenteil davon:

> „Grass erzählt hier auf mehreren Zeitebenen und in mehreren parallel
> verlaufenden Erzählsträngen, mischt verschiedene literarische Gattungen,
> experimentiert mit den Formen und fordert den Leser immer wieder zur
> Mitarbeit und zur Auseinandersetzung mit seinem Werk auf."[68]

Diesen Befund belegte Sośnicka mit einer an zahlreichen Textstellen verifizierten
Struktur, in der kunstvoll in- und übereinander geschobene narrative Sequenzen
sich am Ende des offenen Erzählwerkes zu einem einzigen Thema fügten.

> „Alles, was zunächst zusammenhanglos zu sein schien, beginnt im Laufe
> des Erzählvorgangs, aufgrund zahlreicher motivischer Verkettungen und
> Wiederholungen einschließlich neuer Variationen, aufeinander zu verwei-
> sen und sich immer enger zu verzahnen, so daß sich dem Leser plötzlich
> eine zuvor nicht geahnte kausale Abhängigkeit offenbart, die wiederum der
> Anlaß dafür ist, daß Traum und Wirklichkeit, Erzählung und Vision, Ver-
> gangenheit, Gegenwart und Zukunft nicht mehr zu entwirren sind."[69]

Über die Analyse der Erzählstrukturen hinaus verwies Sośnicka auch auf die
medialen Aspekte in der *Rättin,* in denen ein Prinzip der filmischen Rück-
und Einblenden, Schwenks und Schnitte deutlich werde, wie es Grass in
Anknüpfung an Döblins Kinostil weiter entwickelt habe. Solche fundierten
Aussagen belegen nicht nur das hohe Niveau der literaturwissenschaftlichen
Analyse, sie zeichnen sich auch durch pragmatische Interpretationsansätze
aus, wie das Schema zu den Zeitebenen der *Rättin* mit markierten Traum-
und Wirklichkeitsebenen, den Richtungen der narrativen Gestaltung wie auch
den einzelnen Zeitebenen.[70] Sie finden ihre Fortsetzung in den Abhandlungen
zu den Grass'schen Erzählwerken, die seit Beginn der 1990er Jahre – mit der
Umstrukturierung der polnischen Verlage – in einer Publikationsreihe auf
dem Markt erschienen: 1991 *Aus dem Tagebuch einer Schnecke,* 1992 – mit

---

67 „Ein katastrophales Buch", in: Frankfurter Allgemeine Zeitung, 10. Mai 1986.
68 Sośnicka, a. a. O., S. 201.
69 Ebd., S. 202.
70 Ebd., S. 219.

bereits geringer Verzögerung nach der deutschen Premiere – *Unkenrufe* und dann im selben Jahr *Die Rättin, Treffen in Telgte* und *Kopfgeburten – oder die Deutschen sterben aus, Der Butt* mit gewisser Verzögerung im Jahr 1994. *Mein Jahrhundert* erschien fast zeitgleich wie im Steidl-Verlag und dann folgten *Ein weites Feld* mit vierjähriger Verzögerung (2000), *Im Krebsgang* (2001) nur mit einem Jahr Verspätung. Beide Erzählwerke hatten in der deutschen Presse eine heftige Polemik ausgelöst, die polnische Literaturkritik hingegen, freilich dann bereits mit einem Erfahrungsvorsprung ausgestattet, zeichnete sich durch Tiefenschärfe und Ausgewogenheit aus. So schrieb der Breslauer Literaturhistoriker Zbigniew Bauer über *Ein weites Feld*:

> „Die Gewalt, die Grass seit einigen Jahrzehnten den traditionellen Formen der deutschen Epik mit Vorliebe antut, findet hier eine überaus sachdienliche Berechtigung. Dieser Roman ist mit Dissonanzen konstruiert, einer fortwährend starken Spannung, mit einer tief verborgenen Fieberhaftigkeit. Hier geht es nicht um die meisterhafte Rede – sondern um kräftige tonale Färbung wie in der Struktur eines Klangwerkes. Selbst wenn das Geräusch nicht zu ertragen ist."[71]

Einen bedeutenden, wenn nicht sogar entscheidenden Anteil an der seit 1990 einsetzenden Massenrezeption der Grass'schen Werke in Polen besitzen die kongenialen Übersetzungen aus der Feder von Sławomir Błaut. Ihm ist es gelungen, nicht nur die oft verwinkelten Gedankengänge der Grass'schen Protagonisten einschließlich ihrer raffinierten dialektalen Färbungen ins Polnische zu übertragen. Ebenso viel linguistische Feinarbeit leistete er bei der Übertragung der tierischen, pflanzlichen oder kulinarischen Bezeichnungen, wobei festzuhalten ist, dass auch Błaut von den regelmäßigen gemeinsamen Übersetzerseminaren mit seinem Autor manche Anregungen erhalten hat.[72] Ohne seine übersetzerischen Fähigkeiten könnten z. B. polnische Leserinnen und Leser nicht die Wege verfolgen, auf denen kaschubische Märchengestalten über ihre heimatlichen Gefilde hinausgehen. Im Gegensatz nämlich zu den meisten europäischen und vielen Märchen aus anderen Kontinenten, die am Ende ihrer Handlung keine genaue geographische Zielrichtung aufweisen, wissen die kaschubischen Zwerge genau, wohin ihre Reise geht: nach Danzig, nach Gdynia, zur Ostsee.[73] Doch an solchen Zielorten endet ihre Reise in der

---

71 Zbigniew Bauer: Siedząc nad wodami Sprewy…, in: Nowe książki 11/2000, S. 61.
72 Vgl. Sławomir Błaut: Ćwierć wieku nad książkami Grassa, in: Tytuł 2/1993, S. 132 ff.
73 Vgl. Gertruda Skotnicka: Rola baśń, legend i podań kaszubskich w kształtowaniu stosunku dzieci i młodzieży do małej ojczyzny, in: Józef Borzyszkowski (red.): Literatura kaszubska – książka, twórca i biblioteka, Gdańsk 2000, S. 84.

Regel nicht, denn die mit Grass'scher Intuition und Phantasie aufgeladenen mythischen Figuren eilen zwar in die benachbarten polnischen Gefilde, von dort jedoch wandern sie, ohne innezuhalten, über unseren ganzen Globus. Dass sie in vielen Ländern willkommen sind, verdeutlicht die weltweite Übersetzung der Grass'schen Werke.

Gennady Vassiliev

Günter Grass: Geschichte der Rezeption in der Sowjetunion und in Russland

Die Geschichte der Rezeption von Günter Grass in Russland beginnt Mitte der 1960er Jahre. Die ersten Publikationen seiner Werke *Hundejahre* und *Katz und Maus* wurden in den Zeitschriften Novyj mir (Neue Welt, 1965) und Inostrannaja literatura (Ausländische Literatur, 1968) veröffentlicht.

Die erste Günter Grass gewidmete Rezension erschien 1965 in der Zeitschrift Ausländische Literatur. In dem Artikel *Glanz und Elend der Satire* analysiert Albert Karelskij den Roman *Hundejahre*. Der Autor konstatiert außergewöhnliches Talent bei Günter Grass, der sowohl herrlicher Satiriker als auch ideenreichen Erzähler sei. Günter Grass

> „[...] hat auch Erfahrung in den fachlichen Geheimnissen der neuesten westlichen literaturwissenschaftlichen Schulen. Wenn er sich von diesen Schulen sehr hinreißen lässt, so hilft ihm die Gabe der Naturerzähler, das Epigonenschicksal zu vermeiden".[1]

Die Rezeptionsschwierigkeiten des Romans erklärt Albert Karelskij mit den Besonderheiten von Grass' Bildhaftigkeit, mit den vielfältigen, teils komplizierten literarischen und historischen Assoziationen und mit der unvernünftigen Jagd nach der literarischen Mode, die aber nicht als Rechtfertigung für den originellen Schriftsteller gelten könne.[2]

Aus dieser Jagd nach der Mode resultiere das Aufweichen des stilistischen Kanons und moralischer Beschränkungen. Die neuere deutsche Geschichte werde als Abfolge von Fehlentwicklungen präsentiert. In der Groteske, in der Absurdität sei Grass in seinem Element, er überrasche den Leser mit fantastischen Erfindungen, die oft ins Schwarze träfen.[3]

Obwohl Grass in seinen Verhöhnungen erfinderisch und eindrucksvoll ist, trage seine Satire keinen fortschrittlichen Charakter. Diese Beurteilung Karelskijs wird durch den Kampf zwischen zwei politischen Systemen hervorgerufen, die nicht nur die Literatur, sondern auch die Poetik in fortschrittliche und reaktionäre teilt. Wir sollten auch anmerken, dass die sowjetische

---

1 Albert Karelskij: Blesk i niščeta satiry (Glanz und Elend der Satire). In: Inostrannaja literatura (Ausländische Literatur), Nr. 6, Moskau 1965, S. 265.
2 Ebd., S. 265.
3 Ebd., S. 266.

Literaturwissenschaft in dieser Zeit von solchen Beurteilungen nicht frei sein konnte.

So weise Grass' Satire eine tiefe innere Gekränktheit auf. Er stelle die Frage, ob man mit der absurden Vergangenheit und Gegenwart Schluss machen könne. Grass selbst belache die Idee der „Entnazifizierung", zweifle an der Möglichkeit der Wiederherstellung der Gerechtigkeit. „Hundeleben" sei das Gesetz der menschlichen Existenz. Alle Versuche, das Hundeleben zu vermenschlichen, seien lächerlich.[4] Bemerkenswert ist hier, dass der Titel des Romans *Hundejahre* als „Hundeleben" ins Russische übersetzt wird. In dieser Übersetzung zeigt sich das ideologische Bestreben, eine Kontinuität der deutschen Geschichte zu demonstrieren, wobei ein beschränkter zeitlicher Abschnitt (Jahre) zu einem unbeschränkten Abschnitt (Leben) erhoben wird.

So stellt sich der nihilistische Hintergrund von Grass' Satire heraus. Der Kampf um eine würdige Menschenexistenz, für die Zukunft Deutschlands sei für Grass hoffnungslos kompromittiert und verloren, der einzige gewinnsichere Einsatz in diesem Spiel könne nur absoluter Zynismus sein. Dieser Zynismus werde zu Grass' Weltansicht, zu seiner schriftstellerischen Position. Nicht nur die spontanen, sozialen Erleuchtungen des Schriftstellers, sondern auch sein Talent werden diesem Zynismus geopfert.[5] Grass sehe keine Unterschiede zwischen den zwei deutschen Staaten, zwischen zwei gesellschaftlichen Systemen, für ihn werde das ganze Deutschland zu einem „Popanzkönigtum".[6]

Albert Karelskij hält fest, dass Günter Grass' schriftstellerische Position durch das von ihm selbst belachte Philistertum geprägt sei. Das, was in Grass' Darstellung als eine hässliche Frucht des deutschen Militarismus und Philistertums hervortrete, versuche der Schriftsteller der ganzen Menschheit als ihr Existenzgesetz aufzuzwingen. Das Gefühl des künstlerischen Maßes und Taktes, die für seine schriftstellerische Manier sowieso nicht charakteristisch seien, verließen Grass hier völlig.[7] Grass sei besessen, alles „Chrestomatische" zu verkehren und es durch die Erfindung zu ersetzen. Dieser Ersatz erfolge bei ihm nach dem Prinzip der Groteske, er erfasse die absurde Seite der gewöhnlichen Erscheinung, isoliere und legalisiere sie, weil er diese Erscheinung im Rahmen seines Epos als wirkliche Tatsache betrachte. Und weiter könne er sich, nachdem er schon einmal einen Unfug getrieben hat, nicht bremsen: Er

---

4   Ebd., S. 267.
5   Ebd., S. 267.
6   Ebd., S. 268.
7   Ebd., S. 268.

baue auf diesen Unfug das ganze Sujet, eine fantastische Erfindung überhole die andere.[8]

Der Artikel endet eher mit einer negativen Einschätzung des deutschen Schriftstellers: „[...] Die neue, moderne Generation öffnet verantwortungslos die Schleuse für den totalen Zynismus und Nihilismus. Genau diese Rolle hat Günter Grass für sich gewählt."[9]

Nach der Publikation der Artikel von Albert Karelskij war die Beziehung der Russen zu Grass von einer ziemlichen Vorsicht geprägt. Die sowjetischen Kritiker und Literaturwissenschaftler erkannten seine schriftstellerische Begabung an, doch hatten sie große Zweifel bezüglich seiner „politischen Reife". So bemerkt Ljudmila Černaja in einem Artikel,[10] dass der Politiker Grass dem Niveau des Schriftstellers Grass nicht entspreche. Die Kritikerin meint, dass Grass sehr oft der Mode, der Konjunktur und, leider, der „Bonner Propaganda" folge. Das bezieht sich besonders auf die letzte Tätigkeitsperiode Günter Grass', in der er zum anerkannten „Ritter der sozialdemokratischen Partei" der Bundesrepublik Deutschland geworden sei. Auf dieser Etappe verteidige er ihre versöhnliche Politik ebenso wie ihren Antikommunismus.[11] Wegen seiner politischen Neigungen schätze Grass die Situation in der Bundesrepublik nicht richtig ein, doch trete er dem Faschismus und der Militarisierung des Landes entgegen. Im Unterschied zu seinen Landsleuten gebe es für ihn keine „Verjährungsfrist" für die nazistischen Verbrechen und die nazistischen Verbrecher. Nach Meinung der Kritikerin ist diese Erwähnung besonders wichtig, denn Deutschland sei ein Land, in dem der Gedächtnisverlust zu einer staatlichen Doktrin geworden sei und die Vergangenheit und die Gegenwart auf bizarre und verhängnisvolle Weise verflochten seien.[12]

Im Mittelpunkt des Artikels von Ljudmila Černaja steht aber das Problem der Toleranzgrenze und der Kompromissbereitschaft bei Günter Grass. In erster Linie wird seine versöhnliche Position gegenüber der Bundesregierung und seine Interpretation der Geschichte der Weimarer Republik verurteilt. Grass' Position erweckt bei der Kritikerin Erstaunen. Das sei die Position eines Menschen, der „um jeden Preis für Kompromiss, für Toleranz unter allen Umständen eintritt", was nach dem platten Sprichwort „Schlechter Frieden ist besser als guter Streit" die Absage an den Kampf bedeutet. Seine These über Toleranz

---

8 Ebd., S. 268.
9 Ebd., S. 268.
10 Ljudmila Černaja: Granizy terpimosti. Nel'zja vsegda govorit' „da" i ne vsë kompromisy choroši. (Die Grenzen der Toleranz: Man darf nicht immer „Ja" sagen und nicht alle Kompromisse sind gut), in: Inostrannaja literatura (Ausländische Literatur), Nr. 5, Moskau, 1969, S. 252.
11 Ebd., S. 252.
12 Ebd., S. 252.

und Kompromiss untermauere Grass mit einem Beispiel aus der Vergangenheit Deutschlands. Grass meine, dass die Linken den Verwaltungsapparat der
Weimarer Republik erschüttert und so die Nazi-Herrschaft ermöglicht haben.
Er konstatiere, dass in der deutschen Gesellschaft nicht nur rechte, sondern
auch linke Kräfte vorhanden seien. Daraus resultiert die Schlussfolgerung: Die
Konflikte zwischen diesen beiden Polen könnten die Gesellschaft zersplittern,
man müsse um jeden Preis tolerant sein.[13] Diese Toleranz wurde in der sowjetischen Gesellschaft nicht besonders gewürdigt, was die Kritikerin am Schluss
des Artikels zum Ausdruck bringt:

> „Günter Grass akzeptiert alles in der deutschen Gesellschaft (ohne Aus-
> nahme, aber unter Vorbehalten), bis hin zu den vor kurzem verabschiedeten
> reaktionären Gesetzen in der Bundesrepublik Deutschland, und sogar bis hin
> zur Neonazi-Partei, die nach seiner Meinung nicht verboten werden sollte.
> Diese Thesen brauchen keinen Kommentar. [...] Ganz klar: Toleranz soll
> ihre Grenze haben. Und die Grenzen sollen scharf umrissen sein. [...] Zum
> Faschismus muss man ‚nein‘ sagen. Kategorisch und unwiderruflich“.[14]

Der Artikel endet mit einer rhetorischen Frage:

> „Hat der ‚reale Politiker‘ Günter Grass wirklich seine besten Werke *Die
> Blechtrommel* und *Katz und Maus* vergessen? Erfolgt jetzt wirklich die
> Umwandlung, und wird der Grass-Politiker den Grass-Schriftsteller beein-
> flussen?“[15]

Nach diesem Artikel erfolgte die nächste Grass-Publikation in der Inostran-
naja literatura erst 14 Jahre später (Nr. 5, 1983: *Das Treffen in Telgte*).
    In den 1970er Jahren wurden in der Sowjetunion nicht nur Grass' politische
Position, sondern auch die Besonderheiten seiner Poetik analysiert. So nennt
Irina Mlečina im Buch *Literatur und Konsumgesellschaft: Der westdeutsche
Roman der 60er und Anfang der 70er Jahre* die wichtigsten Elemente der
Grass-Poetik, wie Leitmotiv, Groteske, Parodie sowie Gesichtspunkt und
Blickwinkel bei der Darstellung. Die Forscherin meint, dass Grass einige
Hauptmotive immer wieder variiere. Zu diesen zählten Daumen, Pferde-
kopf, Schnecke, Blechtrommel etc. Die Gegenstandsleitmotive begleiteten alle

---

13 Ebd., S. 253.
14 Ebd., S. 254 f.
15 Ebd., S. 255.

Werke von Günter Grass, sie verfremdeten die Realität, betonten den Abstand zwischen dem Erzähler und dem Dargestellten.[16]

Das Streben, alle gewöhnlichen Vorstellungen über die Welt zu zerstören, komme bei der Wahl der Darstellungsperspektive zum Ausdruck. Die Struktur der Grass-Werke sei eng mit dem Blickwinkel auf die Wirklichkeit verbunden. Dieser sei ein misstrauischer Blick von unten, der Blick eines erbosten Jungen.[17]

Grass stelle keine großen Ereignisse dar. In diesem Sinn sei er Alfred Döblin ähnlich, den er seinen Lehrer nennt. Für Grass sei „die Unaufmerksamkeit den großen Ereignissen gegenüber" charakteristisch, die er bei Grimmelshausen und seiner Figur mit beschränkter Sichtweise, Simplicius Simplicissimus, findet. Grass beschreibe eher kleine, komisch-widersinnige und tragische Episoden und Figuren, die von großen Ereignissen hervorgebracht wurden.[18] Der Blickwinkel, den Grass für seine Figuren wähle, sei mit Absicht beschränkt: Die Figuren eröffneten vortrefflich einzelne und nebensächliche, zweitrangige Seiten der Wirklichkeit. Nach Meinung von Irina Mlečina kann durch diesen Blickwinkel kein objektives Wirklichkeitsbild dargestellt werden, „sogar wenn Günter Grass das Wort zehn anderen Erzählern überlassen würde".[19]

Diese Bemerkung erfolgt in Bezug auf die Position des Erzählers in Grass' Werken, wie z.B. in *Die Blechtrommel*. Die Perspektive auf das Dargestellte habe die Wahl der Hauptfigur des Romans, Oskar Matzerath, bedingt. Die beschränkte Sichtweise erlaube aber nicht, die Position Günter Grass' mit der Position der Hauptfigur gleichzusetzen, obwohl einige Kritiker dem Schriftsteller Amoralismus und Antihumanismus vorgeworfen haben. Die Figur des Oskar Matzerath, eines bösen und zynischen Beobachters, gebe dem Schriftsteller die Möglichkeit, den nötigen satirischen Abstand zu halten. Einerseits eröffne „der Blick von unten" ziemlich viel, andererseits deformiere er die Umrisse der Gegenstände, entstelle die Verhältnisse. „Der Blick von unten" ermögliche, viele Seiten des Lebens zu beobachten, aber er verdecke den Weg zum Wesentlichen und manchmal zum Wichtigsten, hindere den Schriftsteller an der weiten, objektiven Weltwahrnehmung. Die Figur Oskar Matzerath vermittele ausgezeichnet die absurde Seite der Erscheinungen, könne aber

---

16 Irina Mlečina: Literatura i obšestvo potreblenija. Zapadnonemeckij roman 60-ch i načala 70-ch godov. (Literatur und Konsumgesellschaft: Der westdeutsche Roman der 60er und Anfang 70er Jahre), Moskau: Chudožestvennaja literatura (Künstlerische Literatur) 1975. S. 71 f.

17 Ebd., S. 72.

18 Ebd., S. 76.

19 Ebd., S. 76.

nicht ihr dialektisches Wesen verstehen. Er bemerke die Folgen, könne aber nicht die Ursachen begreifen.[20]

Diese Analyse der Hauptfigur Oskar Matzerath spielt sich im Rahmen der marxistischer Literaturwissenschaft ab, wobei in der Veränderung der Hauptfigur die Mängel des sozialen Systems eine entscheidende Rolle spielen. Die Groteske als Hauptprinzip von Günter Grass' Poetik kann diese Mängel am anschaulichsten darstellen. Grass lacht zusammen mit Oskar Matzerath die offizielle Darstellung der „Erlösung von der nationalen Schuld" aus.

„Doch die Schärfe der politischen Satire löst sich beim Schriftsteller im Allgemeinen auf. Grass verspottet alles: die scheinbare Überwindung der Vergangenheit und die Würste im Ostsektor Berlins, die Existenzphilosophie Heideggers und die Tätigkeit der westdeutschen Kommunisten, die Verbrechen des Nazismus und die Bestrebungen der Erbauer des Sozialismus. Er sieht kein Gegengift gegen die Herrschaft des Bestialischen und verhöhnt alles ohne Wahl. Die maßlose Groteske verliert ihre Entlarvungskraft, verwandelt sich in homerisches Gelächter über die ganze Welt, die sich als Horror- und Unsinnswelt, als absurder Narrenreigen erweist. [...] Diese Satire ist nur eine Demonstration der Literaturtechnik, die manchmal die Menge von inhaltslosen Textstellen tarnt."[21]

Die Kritikerin wirft Grass Formalismus vor, weist auf ein typisches Argument der sowjetischen Literaturwissenschaft hin, nach dem im Vordergrund der ideologische Inhalt stehen sollte und der Form eine zweitrangige Stelle zugewiesen wird. Diese Argumentation untermauert sie weiter in Bezug auf Grass' Stil:

„In seiner Neigung zu komplizierten stilistischen Figuren und lexikalischen Kunststücken vergisst er oft die Gesprächsmaterie, [...] verliert die Hauptidee, indem er seiner Parodie folgt und nach äußerlichen Effekten strebt."[22]

Ganz logisch schlägt die Kritikerin im Rahmen der sowjetischen Literaturwissenschaft die Brücken von der Interpretation von Grass' Poetik zur Interpretation von Grass' politischen Ansichten.

„[...] Bei der heutigen BRD-Wirklichkeitsdarstellung finden wir von Grass' satirischer Wut keine Spur. Seine Intonation nimmt jetzt neue Züge an, wir

---

20 Ebd., S. 75.
21 Ebd., S. 83.
22 Ebd., S. 89.

finden bei ihm so eine Zufriedenheit und fast eine lyrische Versöhnung
[...].“[23]

Als Symbol des Fortschritts gelte bei Günter Grass die Schnecke. Das sei
das Symbol der langsamen, gebremsten Bewegung, das Symbol „der kleinen Schritte“, Ausdruck der Abneigung gegenüber allen revolutionären
Umwandlungen der Gesellschaft. Diese Philosophie enthalte nichts Neues
und beschränke sich darauf, dass die einzige Form der Gesellschaftsverbesse-
rung das Reformieren sei. So verwandele Grass die Polemik gegen den Radi-
kalismus in Angriffe gegen den Kommunismus.[24]
    Irina Mlečina projiziert die politischen Ansichten Günter Grass' auf seine
Werke und schätzt sein Schaffen aufgrund der ideologischen Funktion von
Literatur ein. Dabei stellt sie den Kommunismus als die höchste Form der
Gesellschaftsentwicklung dar und jede davon abweichende Meinung wird als
reaktionär oder rückständig bezeichnet.

> „[...] Grass vertritt idealistische Anschauungen. Er verneint die politische
> Intoleranz, gerät aber selbst in ihre äußerste Form, wenn er sich als Geg-
> ner des Kommunismus positioniert. Sein auf Reformismus und Antikom-
> munismus angelegtes Rezept ist ein Mittel von vorgestern. [...] Die phi-
> losophische Argumentation und Verallgemeinerung waren nie die starke
> Seite dieses Schriftstellers. Er klammert sich an engstirnige philosophische
> Konstruktionen und bleibt deswegen machtlos in seinem Schaffen.“[25]

Die Wirkungskraft vermindere sich deswegen und gehe manchmal völlig verloren, weil Grass kein soziales Gegenmittel zur „Pest des Philistertums“ sehe
und die Alternative zur bürgerlichen Gesellschaft zu diskreditieren versuche.[26]
Wir können feststellen, dass diese Beurteilung völlig der damaligen dominie-
renden soziologischen Methode innerhalb der sowjetischen Literaturwissenschaft und der marxistischen Theorie entspricht.
    Albert Karelskij erforscht sehr ausführlich in dem Artikel *Rebellion, Kom-
promiss und Melancholie* die Groteske als Motor des Sujets, die Kritik des
Idealismus als Bestandteil der deutschen Mentalität und die Tradition des Bildungsromans und der romantischen Literatur bei der Gestaltung der Hauptfigur Oskar Matzerath *(Die Blechtrommel)*. Ganz traditionell beginnt der Artikel mit der politischen Einschätzung von Grass' Tätigkeit.

---

23 Ebd., S. 92.
24 Ebd., S. 93.
25 Ebd., S. 94.
26 Ebd., S. 95.

„Der Versuch, sich ‚über Politik und über Ideologie‘ zu erheben, ist nicht
neu. Doch Grass' Spezifik besteht darin, dass dieses Prinzip kein Ästhet
deklariert hat, sondern ein Schriftsteller, der von der Aktualität besessen ist.
[…] Er versucht hier eine ‚mittlere Position‘ zu behalten: Die Abneigung
aller ideologischen Systeme wurde durch den Traum von einem Kompromiss zwischen diesen Systemen abgelöst. Doch war dieser Traum uner-
reichbar. […] So wurde ein bitteres Fazit aus einer bestimmten schriftstellerischen Periode gezogen, was Grass' Beispiel besonders anschaulich und
prägnant macht.".[27]

Dieser Abschnitt betont die Unmöglichkeit für den Schriftsteller, eine Position zu behalten, die „über dem Gefecht" zwischen zwei politischen Systemen
steht. Man muss entweder auf der sozialistischen oder auf der kapitalistischen
Seite sein, die „Zwischenposition" oder unabhängige Position wird in der
sowjetischen Literaturwissenschaft als Utopie bezeichnet.
    Wenn in dem Buch von Irina Mlečina die ideologische Beurteilung von
Günter Grass aus seiner Poetik folgt, so dreht sich diese Konstellation in dem
Artikel von Albert Karelskij um, indem die Ideologie als Voraussetzung für die
Poetik hervortritt. Der Roman *Die Blechtrommel* wird als ideologische Parodie bezeichnet. Das Objekt dieser Parodie ist die schriftstellerische Position
des Moralapostels, die als unbegründeter, naiver Idealismus wahrgenommen
wird.[28] Die Rache an den „verlogenen Götzen" sei das Hauptmotiv des frühen
Schaffens von Günter Grass. Der deutsche Idealismus sei sein Hauptfeind,
der auf allen Ebenen in allen Erscheinungen und mit allen sowohl erlaubten
als auch fragwürdigen Mitteln verfolgt wird.[29] Grass kämpfe gegen alle idea-
listischen Systeme, weil er von ihrer Machtlosigkeit überzeugt sei. Idealismus
als System der deutschen Mentalität spiegele sich in den traditionellen Werten
von Familie und Religion wider. Diese Werte würden im Roman *Die Blechtrommel* verspottet. Oskar Matzerath spreche über seine Eltern immer mit
Ironie. Er hat eine Mutter, aber er ist nicht sicher, wer sein Vater ist: entweder
ihr Ehemann Alfred Matzerath oder ihr Cousin Jan Bronski. Grass verhöhne
die Rettungsrezepte der Religion und jene, die darauf gehofft haben. So sei
die Missgeburt Oskar Matzerath von seiner angeblichen Ähnlichkeit zu Jesus
Christus besessen.

---

27 Albert Karelskij: Bunt, kompromiss i melancholija. O tvorčestve Güntera Grassa.
    (Rebellion, Kompromiss und Melancholie. Über das Schaffen von Günter Grass), in:
    Voprosy literatury (Fragen der Literatur), Nr. 7, Moskau: 1979, S. 67.
28 Ebd., S. 70.
29 Ebd.

Die Kritik des Idealismus habe die Gattung des Romans *Die Blechtrommel* bedingt, den Albert Karelskij als „Antibildungsroman" bezeichnet. Das Misstrauen gegenüber der erzieherischen Funktion der Literatur werde in dem Kontrastpaar Goethe-Rasputin deutlich ausgedrückt. Für Oskar Matzerath verkörperten beide Figuren das Göttliche und das Teuflische in ihrer untrennbaren Einheit.[30] Dass der Goethe-Kult offiziell von den Nazis unterstützt wurde, erklärt Albert Karelskij auch als ein Motiv und Antrieb für Grass' Parodie des Bildungsromans. So würden die Ansprüche der Dichter auf magische Kraft parodiert, z. B. wenn Oskar, dieser „groteske Orpheus-Nihilist", Glas zersingt und auch die heimlichen menschlichen Neigungen bloßlegt.[31]

Während der Bildungsroman die Entwicklung der Hauptfigur zum Thema hat, ist Oskar Matzeraths Ziel die „Rückkehr zur Nabelschnur". Am Ende des Romans stehen, statt einer erweiterten Sicht der wahrgenommenen Welt, die vier Wände der geschlossenen Station der Heil- und Pflegeanstalt.[32]

Albert Karelskij weist auch auf die Tradition der romantischen Literatur in der *Blechtrommel* hin, wobei diese Tradition hier mit negativen Vorzeichen versehen worden sei. Die für E. T. A. Hofmann typische Kombination aus Fantastik, Groteske und Satire wiederhole sich bei Günter Grass. Der Konfrontation von Erhabenem und Profanem, von Idealem und Gewöhnlichem erinnere an die romantische Methodik. Doch sei diese Methode bei Günter Grass umgedreht, denn die negativen Akzente lägen hier auf dem Erhabenen und Idealem.[33] Die Schlussfolgerung des Artikels von Karelskij hat aber eine deutliche soziologische Färbung:

> „Wenn die Schriftsteller früher aus einem Schuldgefühl heraus geschrieben haben, so schreibt Günter Grass aus einem Müdigkeits- und Enttäuschungsgefühl heraus. Mit der Tragödie sich versöhnen und auf den Trümmern möglicherweise einen gemütlichen Herd und eine gute Küche einrichten – das ist das letzte Wort von Günter Grass."[34]

Doch schon 1983 revidiert Albert Karelskij seine Position und bemerkt, dass Günter Grass „mit seiner Müdigkeit kämpft und sich nicht in die Welt der Weihnachtsgemütlichkeit absetzen will".[35]

---

30 Rüdiger Bernhardt: Erläuterungen zu Günter Grass, „Die Blechtrommel", Hollfeld: C. Bange Verlag 2005. S. 39 f.
31 Albert Karelskij: Bunt, kompromiss i melancholija, a. a. O., S. 79.
32 Ebd., S. 77.
33 Ebd., S. 84.
34 Ebd., S. 88.
35 Albert Karelskij: Günter Grass. Stichotvorenija is trëch romanov. (Günter Grass. Gedichte aus drei Romanen), in: Inostrannaja literatura (Ausländische Literatur), Nr. 5,

Die 1980er Jahre können als Durchbruch Günter Grass' beim sowjetischen
Leser gelten. Der Dichter Andrej Vosnesenskij bemerkt, Grass sei in erster
Linie ein Dichter. Das lange Warten auf die russische Übersetzung seiner
Werke wird von Vosnesenskij als das Warten der sowjetischen Leser auf die
Größe der Idee des Schriftstellers erklärt.[36] Doch werden die Weltansichten
Günter Grass' wieder kritisiert.

> Er vertritt eine „[...] uns (sowjetischen Schriftstellern, G. V.) sehr gut
> bekannte Philosophie: Geschichte hat keinen Sinn, aber der Mensch selbst
> soll ihr den Sinn geben. [...] Von dieser Philosophie wird Günter Grass am
> Rockschoß gehalten, und sie lässt ihm keine Möglichkeit, sich auf gleiche
> Höhe mit Thomas Mann zu erheben. [...] Thomas Mann sieht den histo-
> rischen Schritt der dialektischen Entwicklung, obwohl diese Entwicklung
> unentwegte und unausweichliche Zickzackbewegungen und Rückzüge
> macht. [...] Thomas Mann ist überzeugt: Aus komplizierten Prüfungen
> erwirbt die Menschheit wertvolle und ermutigende Erfahrungen. Bei Grass
> aber gilt Folgendes: Es war und es wird. Seine Groteske klagt alle an und
> erlässt jedem die Schuld. Die Geschichte wiederholt sich und lehrt uns
> nichts."[37]

Als Gegensatz zu dieser Position präsentiert Andrej Vosnesenskij die Meinung der sowjetischen Schriftsteller, in deren Namen er auftritt:

> „Wir, die sowjetischen Schriftsteller, schließen uns zu einem Kreis, der meint,
> dass unsere Möglichkeiten nicht unbegrenzt, aber groß sind. Wir antworten
> den Pessimisten: Ja, den Zweiten Weltkrieg konnten wir nicht verhindern, er
> ist ausgebrochen. Doch ist uns für die antifaschistischen Schriftsteller und
> Friedensanhänger das andere gelungen: Wir haben den Herzen der Zivilisa-
> tionsverteidiger den Mut eingeflößt, den Glauben an die Gerechtigkeit der
> Tat gefestigt, deretwegen die Völker und die Armeen sich zur Anti-Hitler-
> Koalition zusammengeschlossen haben. [...] So haben unsere Bücher ‚zum
> Sieg des Humanismus über den Obskurantismus' beigetragen."[38]

Bemerkenswert ist in diesem Abschnitt die Dichterposition Andrej Vosne-
senskijs, der Günter Grass nicht aus enger ideologischer Perspektive ein-

---

   Moskau: 1983, S. 5.
36 Andrej Vosnesenskij: Poet Günter Grass. (Der Dichter Günter Grass), in: Inostrannaja
    literatura (Ausländische Literatur), Nr. 10, Moskau: 1983, S. 12.
37 Ebd., S. 12.
38 Ebd., S. 12.

schätzt, sondern ihn des mangelnden Glaubens an die erzieherischen Funktionen der Literatur beschuldigt. Diese erzieherische und didaktische Funktion der Literatur ist lange russische Tradition, die auch in der Sowjetzeit beibehalten wurde und die literaturwissenschaftliche Kritik stark geprägt hat. So eine Akzentverschiebung versuchte die Polemik um Günter Grass und seine Kritik aus der politischen auf die ästhetische Ebene zu übertragen. Zwei Jahre später erscheinen drei Werke von Günter Grass (*Hundejahre*, *Örtlich betäubt* und *Das Treffen in Telgte*) in der Serie Mastera inostrannoj prozy (*Meister der ausländischen Prosa*, Moskau, 1985) als Sammelband.

1985 erscheint in Moskau auch das Buch Literaturnaja bor'ba v FRG (*Literarischer Kampf in der BRD*) von Vladimir Stegenskij und Ljudmila Černaja, in dem auch die „Danziger Trilogie" Günter Grass' erforscht wird. Das Schaffen von Günter Grass und sein Roman *Die Blechtrommel* werden als Kritik am politischen System und der Gesellschaft der Bundesrepublik Deutschland positiv beurteilt.

> „Die meisten westdeutschen Kritiker haben diesen Roman als die Spitze der epischen Gattung im Nachkriegsdeutschland, als Stolz der bundesdeutschen Literatur eingeschätzt. Die wenigsten westdeutschen Kritiker haben Grass wegen seines Radikalismus und Nihilismus, wegen seiner ‚Beschmutzung' der dreißiger Jahre der deutschen Geschichte getadelt."[39]

Bemerkenswert, dass bei der Beurteilung des Romans seitens der sowjetischen Kritiker ein „bolschewistisches Prinzip" dominiert: Die Mehrheit und die Minderheit werden gegenübergestellt.

Warum sich die sowjetischen Kritiker mit der Mehrheit der westdeutschen Kritiker einig sind, wird aus dem nächsten Satz klar:

> „Grass [...] hat vor allen Leuten Schmutzwäsche gewaschen, hat nicht nur die politischen Auswüchse des Dritten Reichs in einem abstoßenden Licht gezeigt, sondern auch das Leben, die Neigungen und den Geschmack des nationalsozialistischen Philisters aufgezeigt und mit erbarmungslosem Sarkasmus ‚alles Sakrale' im Bonner Staat verhöhnt."[40]

---

39 Vladimir Stegenskij und Ljudmila Černaja: Literaturnaja bor'ba v FRG. Moskva: Sovetskij pisatel' 1985. (Literarischer Kampf in der BRD, Moskau: Sowjetischer Schriftsteller 1985). S. 120.
40 Ebd., S. 120f.

Die Position der Gegner Grass' wird auch berücksichtigt:

> „Bei den Widersachern von Günter Grass kam es zu einem merkwürdigen
> Irrtum: Der Schriftsteller wird oft mit dem auktorialen Erzähler in den
> Werken Grass' verwechselt. [...] Man versteht Grass als [...] ,Hippie der
> Kunst', der alles und alle, von den elementaren Anstandsregeln und bür-
> gerlichen Tabus bis hin zu den literarischen Traditionen, negiert. Und der
> Leser identifiziert die Eskapaden seiner Romanfiguren mit dem Schriftstel-
> ler. Grass hat eindeutig Pech."[41]

So wird die polemische Auseinandersetzung mit Grass' Gegnern von dem ideologischen auf das literaturwissenschaftliche Feld verschoben. Bei der Interpretation des Romans stehen die Aspekte der epischen Weite und die Darstellung der Wirklichkeit in der Wahrnehmung des Kindes (Oskar Matzerath
in *Die Blechtrommel)* im Vordergrund. Grass' Kritik der Epochenereignisse
bedingt die Verengung der Perspektive und die Wahl der Hauptfigur.[42] Grass
bricht aber mit der literarischen Tradition der Wahrnehmung der Welt mit den
Augen des Kindes, wie sie von vielen Schriftstellern, wie Dickens, Dostojevs-
kij, Böll und anderen, gehandhabt wurde. „Das Kind Oskar kann weder die
Welt retten noch für ihre Sünden büßen, es ist mit seiner Trommel eine Parodie auf den engelsähnlichen Erlöser."[43] Bei der Analyse der Poetik von Günter
Grass spielen bei den sowjetischen Kritikern auch ästhetische Kriterien eine
Rolle, aufgrund derer die Episode mit dem Pferdeschädel und die Orgie mit
dem Brausepulver als abscheulich bezeichnet werden.[44]
    Die 1990er Jahre haben deutlich den Platz Günter Grass' als „lebendiger
Klassiker" im Bewusstsein des russischen Lesers gefestigt. Erst 1995 wurde
Die Blechtrommel in Russland veröffentlicht (Übersetzung: Evgenija Kaceva).
Mehrere Interviews und Artikel in Zeitungen und Zeitschriften wie der Lite-
raturnaja gazeta (Literaturzeitung) und der Knižnoje obozrenije (Bücher-
rundschau) charakterisieren diese Periode.[45] Der Schriftsteller hat auch die
Grenzen der „Fachdiskussion" in den „Fachzeitschriften" überschritten, z. B.

---

41 Ebd., S. 121.
42 Ebd., S. 122.
43 Ebd., S. 127.
44 Ebd., S. 125.
45 S. z. B. Günter Grass: Ja žizneradostnyj pessimist. (Ich bin ein lebensfreudiger Pessi-
    mist), Interview in: Literaturnaja gazeta (Literaturzeitung), Nr. 16, Moskau: 1989, S. 15;
    Evgenij Stahl: Bezvrednyj šag ulitki ili žizn' i tvorčestvo nemetskogo pisatelja i laureata
    Nobelevskoj premii (Harmloser Schritt der Schnecke oder Das Leben und das Schaffen
    der deutschen Schriftsteller und Nobelpreisträger), in: Knižnoje obozrenije (Bücher-
    rundschau), Nr. 6, Moskau: 2000, S. 32.

im Interview *Der Frack des Nobelpreisträgers ist keine gepanzerte Weste* in der Komsomolskaja pravda[46] vom 6. September 2000. Im Interview wurden die Probleme des Tschetschenien-Krieges, des Glaubens an die erzieherische Funktion der Literatur, der Tätigkeit des Übersetzers, des verspäteten Erscheinens von *Die Blechtrommel* in Russland, der Politisierung der Literatur, der Verantwortung für die Vergangenheit, der Wiedervereinigung Deutschlands, der russisch-deutschen Beziehungen, der Integration Russlands in die europäische Zivilisation und des Schaffensprozesses des Schriftstellers angeschnitten. Die Mehrheit der Fragen betraf die politischen Ansichten des Schriftstellers. So schließt sich der Kreis der Grass-Rezeption in Russland da, wo er eröffnet wurde: Die politische Tätigkeit Grass' hat mehr Gewicht als seine schriftstellerische Tätigkeit.

---

46 Ehemals Zeitung der staatlichen Jugendorganisation Komsomol der UdSSR, 1925 gegründet. Nach dem Zerfall der Sowjetunion 1990 wandelte sich das Blatt zu einer Boulevardzeitung nicht nur für junge Leute.

Joachim Fischer

Knowing Your Grass From Your Elbow: Parameters of the Reception of Günter Grass in Ireland

In November 1991, Günter Grass visited Dublin as part of the Dublin Millennium celebrations. A few days later, his Irish writer colleague Colm Tóibín, who had joined him on the panel during the debate in Trinity College, described his recollections of the event and of the conversation over dinner in an article published in the Sunday Independent. Tóibín regretted that Grass's views about Ireland had never come up during the debate:

> „In the middle of the talk about Ireland, he turned to us and wondered if we understood how little forces in Europe actually cared about us; he didn't mean, he said, to be disparaging or insulting. It was important, however, that we understood this. Ireland was not an important item on the European agenda."[1]

Things may have changed a little since then, especially since Ireland has experienced an unprecedented economic boom, commonly referred to as the Celtic Tiger, from the middle of the 1990 onwards and continues to be celebrated (rightly or wrongly) as a model for the new Eastern European members of the European Union. Nevertheless, Grass certainly made an important point then. It is difficult to say to what extent his remarks may also have been influenced by his own relationship with Ireland, since, in marked contrast to Heinrich Böll, Ireland as a political and cultural entity can hardly be regarded as a major feature in his literary work. In this contribution I will explore an aspect of the reverse relationship, namely to what extent German literature and Grass himself matter in contemporary Ireland. To anticipate my conclusion: Considering the totality of Irish cultural life, I am afraid the situation may very well be quite similar. If one were to go onto the streets of the city of Limerick where my employer, the University of Limerick, is located and ask any passer-by whether she/he has ever heard of Günter Grass I expect there would be very few, if any, positive responses. Even were one to ask for the name of any German writer, from any period, it is likely one would draw

---

1   Sunday Independent, 24 November 1991.

another blank. This, however, does not eliminate my subject. As far as the Irish reception of Günter Grass's work is concerned, the comments we do find, few as they are, are both enlightening and significant. They highlight the culture-specific uses readers in Ireland have made of Grass's works. Invariably they have to be placed into the contexts of wider political, social and economic developments, both in Ireland and in the world. At times the Irish, or at least the intellectual and cultural elites, felt that Germany had things to say to them, something different from other English-speaking nations that usually serve as points of comparison or as models. However, taking my cue from Grass, it seems to me equally important to realise, and in this volume perhaps more so than anywhere else, that the Anglophone world often takes disappointingly little cognisance of German literary culture. This should prevent us from any attempted hyperbole when dealing with the life and work of a „world-famous" author.

If we are to establish the image of German culture in the print media, effectively the only publication worth exploring in detail is the national daily read by the intellectual elites, The Irish Times.[2] Each Saturday edition is accompanied by a Magazine and a substantial and influential Weekend Review with book and art reviews and cultural commentary that prove a notable interest beyond the shores of Ireland. Only occasionally the more widely read Irish Independent takes notice of European, non-English-speaking cultures. Since the 1960s few literary magazines taking an interest in European literature have survived for longer than a few issues, Poetry Ireland and Graph, from which I will quote later, perhaps excepted. Within the Irish image of contemporary German culture, literature and other forms of high culture play a subordinate role. In the weekend Irish Times Magazine dedicated to Germany published on 28 June 2003 to coincide with the visit to Ireland of the then German President Johannes Rau, contemporary German culture is dominated by the six (phonetic) k's: 1. cars, 2. „Kanzler" Kohl, 3. kitchens, i.e. „Einbauküchen" by Bosch, Siemens, Bulthaup etc., 4. „Kuchen", 5. Kraftwerk (the techno-band, that is), and 6. Claudia Schiffer, the list perhaps supplemented by „Rheinwein" and designers like Hugo Boss and Jil Sander. However, the Magazine also contains an „A-Z Germany" in which G stands for Goethe and Grass, the latter, we learn, is „the country's leading novelist".[3] This proves that after the

---

2   The Irish Times would stand comparison with the best papers in Europe. Some German papers would do well to take a look at the broadness of its coverage, often from diametrically opposed perspectives, and the importance attached to readers' views. This is notwithstanding a certain brevity and superficiality in the treatment of subjects which at times grates with readers used to German newspapers.

3   Irish Times Magazine, 28 June 2003, p. 12.

death of Heinrich Böll in 1985 whose *Irisches Tagebuch* continues to ensure him a special place in Irish cultural memory, only Grass among contemporary German writers has achieved a certain recognition value, followed perhaps by W. G. Sebald (until his tragic car accident in 2005) and Patrick Süskind on the strength of his bestseller *Perfume*. Both Grass's and Sebald's novels are read because they are responses to the Nazi era. The latter period still massively influences and preconditions the Irish perception of Germany. Any text or cultural and political event that relates in some way to the Nazi era is much more likely to receive a mention in the Irish media, occasional racist and neo-Nazi excesses, as updated versions of Nazi behaviour, included. Books dealing with issues in post-war Germany, be it east or west, are of less interest: „peaceful countries are boring", as one of my students memorably put it. This is not the place to philosophise about the reasons for this aspect of mass psychology; I presume it matches the situation in many countries. To return to our Magazine, the „A-Z Germany" continues, Grass „is still producing noteworthy novels, so Germany seems in fine shape." We could take comfort from this heartening thought as to the importance of literature in the broader scheme of things, were it not for the fact that this is actually the only line dedicated to literature in the whole publication.

The dominance of the British literary market serving Ireland as a minor customer has an impact on the channels through which German literature comes to Ireland.[4] As Irish literary publishing houses hardly ever venture much beyond material of Irish interest, German literature, as all foreign literature, comes from Britain and, occasionally from the US. With very few exceptions, only those works which have made a certain impact in the British media receive reviews in Irish papers. There is no well-known Irish translator of German literature into English.[5] We do, however, find the occasional translation from German into Irish, and, as it happens also of some of Grass's

---

4   The reception of contemporary German literature in Ireland is still remarkably underresearched. Patrick O'Neill's standard work Ireland and Germany: A Study in Literary Relations, Berne etc.: Peter Lang, 1985, still the only comprehensive study of the subject, ends its survey in the early 1980s. My own article „... ,thar lear' chomh hiomlán is chomh haoibhinn ...": Aspekte des Deutschlandbildes in der zeitgenössischen irischsprachigen Literatur Irlands. In: M. G. Schmidt and W. Bisang (eds), Philologica et Linguistica: Historia, Pluralitas, Universitas. Festschrift für Helmut Humbach, Trier: WVT, 2001, p. 385–411 is a survey of German literary influences on literature in Irish.

5   This is in marked contrast to the situation in the 19th century when a significant number of translators of German classics into English, such as James Clarence Mangan, John Anster and Thomas Webb, were of Irish descent. See O'Neill 1985, pp. 86 ff. and J. Fischer, The Eagle that Never Landed: Uses and Abuses of the German Language in Ireland. In: M. Cronin & C. Ó Cuilleanáin (eds), The Languages of Ireland, Dublin: Four Courts Press, 2003, p. 93–111; 94 ff.

works. This is uniquely Irish and if nothing else a curiosity worth noting. I will return to it in due course.

As far as reviews of Grass's works are concerned, the Irish Independent is generally much less admiring of his work than the Irish Times and we find some rather flippant almost tabloid-style reviews of his works. The identical spelling of „Grass" and „grass" frequently sends critics into creative over-drive in all papers: „Super Grass", „Grass roots" and „Knowing your Grass from your ...", are only some examples. In recent years, the Irish Times lite-rary correspondent Eileen Battersby has shown herself a fervent advocate of German literature in general, and a fan of Grass in particular. She has almost single-handedly kept Grass's novels in the public eye. While her knowledge of the work of „European literature's great experimentalist", „contemporary fiction's supreme innovator"[6] is impressive, it has to be said that she appears at times less „au fait" with German current debates and that her reviews reveal a somewhat simplistic image of the country. For example, in his opposition to the unification of Germany Kohl-style Grass was of course by no means, as she claims, „a lone voice [...] raised in dissent"[7] and certainly not in 1989/90. Some may also take issue with her assessment of Germany as a „largely non-intellectual society" in which writers are „far more isolated than their French and Italian counterparts".[8] Whether the latter is true or not, it is not neces-sarily a consequence of the former, and may, ironically in fact, have more to do with the degree of experimentalism and innovation (and the resultant elitism) Battersby herself so admires. Incidentally, Rory Brennan in the Irish Independent of 6 March 1999 holds the diametrically opposed view:

> „Our culture relentlessly trivializes. [...] In Germany, they do things dif-ferently. Günter Grass, the novelist, is a public figure and a political force, not just a source of artistic gossip."

Looking back over the last few decades, Grass's name begins to pop up in the Irish media from the mid-1960s onwards. The German government, for rea-sons which are well known, did little to encourage an early reception abroad. In 1965 the Börsenverein des deutschen Buchhandels organized a Book Exhibition in Dublin, the first ever of its kind Ireland. In his Foreword to the Catalogue the then German Ambassador to Ireland, Dr. Trüntzschler von Falkenstein, explained:

---

6   Irish Times, 2 December 2000.
7   "Nobel drum roll finally for novelist Günter Grass", Irish Times, 1 October 1999.
8   Irish Times, 16 November 1991.

„The first German Book Exhibition in Ireland [...] is not confined to fiction, but it displays a selection of books from all fields of Technology, Science, Medicine and Arts as well. [...] The Exhibition, moreover, is meant to inform its visitors as comprehensively as possible of the German production of books concerning Catholic theology and philology."[9]

This Ireland-specific denominational objective may have guided the selection in the relatively short section of fiction. It included Stefan Andres, Ingeborg Bachmann, Heinrich Böll, Gertrud von Le Fort (though Max von der Grün and interestingly, Brecht's *Dreigroschenoper* and Heinar Kipphardt's *Die Ganovenfresse* are also listed). Grass, however, whose Danzig Trilogy had by this time appeared in English and who had begun to make a name for himself outside Germany, was not represented.

If we consider the first mention of a Grass work in Irish literary criticism[10] we can detect a certain pattern in the early reception of Grass, or rather a reason why it did not happen. The article by Ita O'Boyle in the University Review of 1966 entitled Group 47 and Recent German Writing takes a staunchly Catholic perspective, hardly surprising since the Catholic Church represented an all-pervasive and all-conquering force of cultural control in the mid-nineteen-sixties.[11] The author writes: „Grass's descriptive detail is frequently coarse and repellent, and to Christians, in particular Catholics, he is blasphemous [...]".[12] More generally, she concludes, modern writers like Grass „do not seem to recognize or admit that many of the problems for which they are endeavouring to find the appropriate literary form are basically of a metaphysical nature." She quotes with approval the criticism of the German Jesuit H. Becker in the Catholic magazine Stimmen der Zeit who directs readers to the works of her favourite author Gertrud von le Fort and to Werner Bergengrün as antidotes. In fairness to the University Review, the same number allowed the University College Dublin Germanist Hans Klieneberger space to put O'Boyle's position into perspective. In his review of O'Boyle's book on von le Fort from which the above article was taken, he argues

„that moral and spiritual values are more likely to be made credible by a literature which is prepared to explore and depict the contemporary world

---

9   German Book Exhibition in Ireland 1965: Catalogue, Frankfurt am Main: Börsenverein des Deutschen Buchhandels, 1965, p. 12.
10 Identified by O'Neill 1985, p. 205.
11 Fergal Tobin, The Best of Decades: Ireland in the Nineteen Sixties, Dublin: Gill and Macmillan, 1984 gives a good impression of the decade.
12 [Ita O'Boyle], Group 47 and recent German Writing. University Review 3(3). 1966, p. 48–57; 53.

in all its harshness, than by fictions which, however poetic and beautiful, are set in distant historical epochs".[13]

Diametrically opposed positions concerning literary strategies, about the function and purpose of literature, find expression here. Grass's interventions divided opinions and stimulated aesthetic, artistic and political debates. In these he invariably stood for the modern, the political, the experimental, for „littérature engagée", and for the non-Catholic – none of them particularly popular positions in the early 1960s.

While 1968 did not represent the kind of cultural and political watershed it did in Germany, nevertheless a certain level of politicisation entered the Irish cultural scene, most notably in the theatre. The 1970s saw at least two productions of Grass plays. For three weeks, from 2 to 20 December 1970, the Peacock Theatre in Dublin in co-operation with the Royal Shakespeare Company presented the Ralph Manheim translation of *The Plebeians Rehearse the Uprising*, directed by Tomás MacAnna. H. R. McCafferty in This Week wrote an enthusiastic review relishing „a degree of stimulation which is rare in the bleak days of the theatre of ideas".[14] Seamus Kelly judged the play to be „lively and compelling theatre".[15] Reason for his approval was Grass's critique of Brecht, The Old Windbag of Berlin, revealing a noticeable distance to left-wing politics and rhetoric on the part of the reviewer. *Onkel, Onkel,* performed by ABC Productions in the Project Arts Centre from 13 May 1975 onwards, proved to be a total flop.[16]

While Grass in later years is always identified with *The Tin Drum*, „the finest novel of the 20th century"[17] according to Eileen Battersby, there is little evidence that the book made a huge impact on the Irish cultural scene. Denis Staunton is probably right in assuming that Grass's success and indeed the popularity of his masterpiece was largely due to Volker Schlöndorff's film version which may actually have introduced Irish audiences to the novel.[18] The art critic Brian Fallon, an admirer of German culture, actually preferred the

---

13 Hans Klieneberger, rev. of Ita O'Boyle, Gertrud von le Fort: An Introduction. University Review 3(9), 1966, p. 78–86; 79.
14 This Week, 24 December 1970, 39–40; 40.
15 Irish Times, 3 December 1970.
16 That the play was (incorrectly) billed as the first-ever production outside Germany made no difference. (The first production was at the Traverse Theatre in Edinburgh ten years earlier.) David Nowlan comments sarcastically that he was hardly surprised this play had never before been performed outside Germany: it was for him „a piece of the grossest nonsense [...] Maybe we should just be grateful to ABC productions for showing us what we have not been missing." (Irish Times, 14 May 1975).
17 Irish Times, 16 June 2007.
18 „Grass's roots show in reminder of things past", Irish Times, 2 October 1999.

film to the book.[19] No doubt the film's success was helped by the American Academy of Motion Pictures, whose judgements are awaited with great interest every year in Ireland, awarding it the Oscar for Best Foreign Film.[20] It had its first run in the Irish Film Theatre from 1 to 11 January 1981 for two weeks due to popular demand and received rave reviews, such as that by Ciaran Carty who regarded „every sequence [as] visually memorable".[21]

The impact of Grass's masterpiece can be felt in all subsequent reviews of his works, as they are invariably compared to it. „Flamboyant Tin Drummer or speculative Grasshopper, he preserves untarnished the idea of the artist's integrity", writes John Kearney in his review of *Headbirths*.[22] In his review of the same book Peter Donnelly is „ getting high on Böll's and a little Grass".[23] He links the two towering figures of post-war German literature in a joint review of Böll's *The Safety Net* (*Fürsorgliche Belagerung*) and *Headbirths*, but shows himself unimpressed with either. Grass's book is „a swatch of woolly musings", „this is no novel; it is simply an occasion to get high on a little Grass". For many Irish critics, storytelling is the stuff of novels: experimental and unconventional writing always had a difficult time in Ireland outside the small coterie of intellectuals, like Eileen Battersby. It is hardly an accident that Joyce wrote *Ulysses* and *Finnegan's Wake* on the Continent.

The issue of the falling German population in *Headbirths* makes Donnelly recall the book *Vanishing Irish* edited by John O'Brien in the 1950s when the country was drained by waves upon waves of emigration. This is an example of a peculiarly Irish perspective in the reception of Grass's works. Grass's opposition to German reunification was to address specifically Irish concerns in an even more direct way. The unification process of Germany from 1989 onwards created renewed attention to matters German in Ireland and Grass's dissenting voice was widely recorded. When he was invited to Dublin by the Goethe Institute in 1991 it was probably more this issue which attracted a huge audience to both the reading – of excerpts from *The Rat* and *Dead Wood* (*Totes Holz*) – and the panel discussion in which Grass was joined by Colm Tóibín, Declan Kiberd, the doyen of Anglo-Irish literary criticism and Professor of English at University College Dublin, and Helena Sheehan, of Dublin City University. Apart from the unification question, the discus-

---

19 „Visual explosion in the worlds of arts", in: „Germany: A special report", Irish Times, 24 April 1990, p. 12.
20 Schlöndorff's film had opened in the Odeon in London on 10 May 1980 (German release 3 May 1979, American release, 11 April 1980).
21 Sunday Independent, 4 January 1981.
22 Irish Independent, 25 April 1982.
23 Irish Independent, 10 July 1982.

sion touched on environmental damage, the future of the Left, German „Vergangenheitsbewältigung" and only in passing on German literature. (The
myth of Sisyphus also surfaced: When a young women in the audience hailing
from East Germany asked how she could still become Sisyphus, Grass sagely
replied „Find a stone".)[24]

The three panelists all published articles relating to the event which reveal
in what way Grass's presence addressed current cultural debates in Ireland.
According to Kiberd, Grass believed his anti-unification message might have
special relevance for the Irish who also live in a divided country, the message being „Don't make the same mistakes again. People can form a nation
without being a unified state."[25] This was before the Northern Ireland peace
process gained momentum[26] and Grass probably misread the political mood:
Hardly anyone at the time would seriously have contemplated the possibil-
ity of Irish unification in the foreseeable future, and indeed neither do many
now, after the establishment of a more fully representative Northern Irish
Executive. Kiberd likens Grass's pluralist political visions to those of the then
Irish President, Mary Robinson, a member of the Labour Party and a personi-
fication of a new and more inclusive Ireland. Grass's demand in *Two States:
One Nation: Federalist Papers*, a collection of articles against German unification, to include the culture of the German emigrants in New York into the
‚German Fatherland‘ hardly surprisingly resonates with Kiberd whose own
writings concern themselves first and foremost with post-colonial experiences,
diasporic dispersion and definitions of Irishness.[27] Like Grass in Germany,
Kiberd sees in Ireland excessive rhetorical nationalism, in spite of its declared
aim, actually cementing partition and division rather than achieving a con-
ciliation based on tolerance and acceptance, and subsequent negotiation of
difference. Federation and regionalisation, Finlandisation, Kiberd presents as
Grass's ideal.

Colm Tóibín picks up Grass's warning that Ireland does not matter which I
mentioned out the outset and uses it as a stick to beat the current government

---

24 Helema Sheehan, „Of Snails and Sisyphus", Graph no. 11, Winter 1991/92, p. 3–5; 5.
25 Sunday Business Post, 17 November 1991.
26 In July 1997 the Provisional IRA declared a (second) indefinite ceasefire and decommis-
    sioned its arms in 2005. The Good Friday Agreement paving the way towards a lasting
    settlement in Northern Ireland was signed by the Irish and British Governments on 10
    April 1998 but it took almost another decade (until early 2007) for a true power-sharing
    executive in Northern Ireland to be established.
27 Among his book-length publications are: Inventing Ireland: The Literature of the
    Modern Nation, London: Jonathan Cape, 1995; Irish Classics, London: Granta, 2001
    and The Irish Writer and the World, Cambridge: Cambridge University Press, 2005.

with, which was then desperately trying to grapple with the consequences of a massive recession:

> „It is important that we at least consider Ireland from the German perspective. We cannot continue to hold out hope that Europe is going to rescue our economy and solve our unemployment problem. All we are likely to get from Europe are motorways, heritage centres, further factory closures and loads of Italian tourists."[28]

Apart from a fair dose of Euroscepticism, Tóibín's article also exhibits considerable interest in the changes in Eastern Europe which the author visited. In his book *The Sign of the Cross: Travels through Catholic Europe* published three years later he describes how Grass's Danzig Trilogy had shaped his idea of that city even before he got there.

> „Later, when it was dark, I found the dream-city – not the Gdansk of Solidarnosc, but the Danzig of Günter Grass's *The Tin Drum*, the city of narrow streets, and tall, severe-looking brick-houses, facing each other across the gloom of dim street lights, the city which had been lovingly re-assembled after the war."[29]

Tóibín's interest in Grass arises from the fact that he is a displaced person; Grass told the Irish novelist about his sense of loss of his city. Here again, the themes of displacement and loss of „Heimat", geographically, culturally and linguistically, come to the fore, addressing fundamental issues affecting the Irish psyche. They help to explain why Grass continues to find his followers and readers in Ireland. Among contemporary writers, Grass has also been a productive influence on Aidan Higgins, also 80 last year, as documented in his Berlin novel *Lions of the Grunewald* (1993).

Helena Sheehan's interest in Grass described in Graph (Winter 1991/92) is of a different nature. Less a literary than a cultural critic and a political activist she shows herself most impressed by *From the Diary of a Snail*. In her reading of the book, which is influenced by the fall of the wall and recent elections in Germany and Eastern Europe, Grass's work raises the question of the future of the Left in general and of Social Democracy in particular. *The Diary*, she says, is „a most intriguing exploration of the psychology of a social demo-

---

28 Sunday Independent, 21 November 1991.
29 Colm Tóibín, The Sign of the Cross: Travels in Catholic Europe, London: Jonathan Cape, 1994, p. 34.

crat".[30] This is not to say that Sheehan fully agrees with him: A radical activist and former communist she finds herself rather the object than the subject of the criticism expressed in Grass's book. Apart from critics such as Sheehan, however, Grass's engagement on behalf of the SPD would not have earned him many headlines in Ireland: Left-wing politics still tend to be on the sidelines of Irish political discourse and the Labour Party keeps languishing as „Mehrheitsbeschaffer" for the two large populist conservative parties.

Sheehan is not the only one on whom this particular book made a lasting impression. For Anne McElvoy writing in the Irish Independent a few years later it is

> „the most compelling book I have read about politics [...] The hymn to gradualism and the need for patience as well as passion in politics is a useful corrective to the high-octane language and the frenetic activity we have witnessed in the latest round of the peace process." [31]

She applies some of the virtues described in Grass's book to the Northern Irish talks about the decommissioning of arms, commending Tony Blair's patience: „Snail's pace may be the surest way to lasting peace", she summerizes, though I am not sure whether Grass would be too pleased with this particular political analogy.

The winning of the Nobel Prize in 1999 was reason enough to have Grass on the title pages of the Irish major dailies, hardly surprising perhaps in a country that prides itself on its literary traditions and numbers not a few Nobel Prize winners among its own writers. Eileen Battersby stated that the Nobel Prize Committee's judgement „should prove one of the most widely applauded of decisions".[32]

No doubt the reception of *Too Far Afield*[33], and even more so *My Century*, benefited from Grass's award of the Nobel Prize.[34] The attention Grass received for his next book, however, put all previous works into the shade. *Crabwalk* can with some justification be seen as his best known work after *The Tin Drum*, and possibly more widely read. Rarely is a book noticed when the German original appears, as happened in this case. It fitted neatly into

---

30 Sheehan 1991/92, p. 3.
31 Irish Independent, 9 July 1999.
32 Irish Times, 1 October 1999.
33 Reviews by Eileen Battersby, „Philosopher's book written by a showman drawn to the power of story", Irish Times, 2 December 2000, p. 12 and a brief note by the same author, Irish Times, 27 October 2001. The five-year delay in the publication of the English translation was more than likely due to the negative reception of the book in Germany.
34 Review by Eileen Battersby, „A century of voices", Irish Times, 11 December 1999.

the context of a renewed interest in Germany's intensified renegotiation of its relationship with Nazism which Ireland like other countries watched with interest. Arminta Wallace in her review of which books to look out for in 2003 (they hardly ever contain German books) starts her article with both *Crabwalk* and Sebald's *On the Natural History of Destruction*, stating they „will make the subject [of German suffering] one of the dominating themes of the book year."[35] But the novella about the sinking of the refugee ship Wilhelm Gustloff also tapped into the story of the doomed Belfast-built liner Titanic which called into Cobh Harbour on its fateful last journey and is deeply ingrained in Irish collective memory.[36] And lastly, it coincided with the Iraq war. Nominally neutral Ireland had allowed American war planes to land and refuel at Shannon Airport. The book appeared when Ireland's complicity in the Iraq war – rightly – became a matter of bitter public controversy.

The relevance of the book for the Iraq debate was highlighted by Hugo Hamilton whose two-volume autobiography about growing up in a mixed Irish-German household[37] has continued to generate interest in twentieth-century German history from which Grass's books have benefited. The critic David Wheatley actually regarded *Crabwalk* as a companion piece to Hamilton's *The Speckled People* and read it as „another book about a tragic and marginal German narrative."[38] Through the moving and sympathetic depiction of his German mother, a victim of Nazi persecution and in her little acts of opposition and disobedience one of the forgotten unsung heroines of the period, Hamilton has helped to prepare the ground for sympathy towards the Germans' own suffering. In an article published in the Irish Times he commends the Germans' refusal to join George Bush's Coalition of the Willing:

> „It is the substantial acknowledgement of the Nazi crimes and of the complicity of the German people in the terror that now allows Germans to re-examine these wounds of their own alongside those of their victims.
>
> It is also what allows them to speak to the world about the dangers of entering another war on Iraq. [...] Now that they are among the few nations fully against war, maybe we should listen to them."[39]

---

35 Irish Times, 24 December 2002.
36 Both Ronan Farren (Sunday Independent, 20 April 2003) and Gerry Dukes (Irish Independent, 29 March 2003) are taken aback by the fact that nobody has ever heard of this biggest of maritime disasters given that the sinking of the Titanic claimed possibly less than one sixth of the lives lost on the Wilhelm Gustloff.
37 Hugo Hamilton, The Speckled People, London: Fourth Estate, 2003 and The Sailor in the Wardrobe, London: Fourth Estate, 2006.
38 Sunday Tribune, 13 April 2003.
39 Hugo Hamilton, „Don't mention the war", Irish Times, 15 February 2003.

For Hamilton the depiction of German suffering adds to the power of *Crabwalk* as an anti-war novel, in a general as well as in a specific and contemporary sense.

Gerry Dukes' reading of Grass's novella is less influenced by current political debates. His judgement that „Grass's aim is to demonstrate the leaden effect history continues to have on the lives of people long after the event"[40] is selling the book and the author's reason for writing it somewhat short. His image of the I-narrator's mother Tulla is noteworthy:

> „Largely a figure of fun – a fervent pro-Nazi who, living in East Berlin, [she] becomes a fervent Stalinist – she is also (to the reader though not to her son) a sad, old bird. Ultimately, she reverts to her early Catholicism, constructing a mini-altar to the Virgin Mary beside her photo of a beaming, pipe-smoking Stalin."

The description reveals both, a not uncommon unpolitical reading of Grass's works fostered by a lack of historical knowledge about German politics after the war, but also a recent very Irish feeling of revenge towards the Catholic Church for decades of oppression. This quotation alone may have been instrumental in selling the book to an audience that would otherwise hardly have been attracted by a book so obviously about German post-war experiences. It indicates a dramatic shift in the Irish Grass reception attributable to a drastic decline in the moral authority of the Catholic Church which Ireland has witnessed over the last ten years. Whereas Grass's criticism of Catholicism impeded his reception in the early years it has now almost become a selling point. Significantly, in late 1999 the German Books Exhibition touring Ireland used the photograph of the Nobel Prize Winner as its prime marketing tool; the contrast to the exhibition 25 years previously could not have been starker.

Only occasionally did Grass's poetry receive attention.[41] But it was his poetry which found its first Irish translator. In 1991, Gabriel Rosenstock, son of a German father and an Irish mother, translated a collection of Grass's poems from *Die Vorzüge der Windhühner*, *Gleisdreieck* and *Ausgefragt* into the Irish language, resulting in the bilingual collection *An cloigeann muice*

---

40 Irish Independent, 29 March 2003.
41 Grass's poetry was a source of disappointment for Rory Brennan who reviewed Selected Poems 1956–1993 in the Irish Independent on 6 March 1999 under the title „Grass is grazing on his lofty reputation". His verdict is negative: „Grass's poetry contains no abiding imagery, sharp aphorism or memorable emotion. Most of his poems rely on a strain of whimsical surrealism. Creatures that easily lend themselves to associative fancy, such as nuns and dolls, are slotted into what can only be accounted, at best, mediocre exercises."

glóthaithe/die schweinskopfsülze.[42] Nine years later the first Gaelic translation of a prose work appeared, *Cat agus Luch*, the Gaelic version of *Katz
und Maus*, translated by Andrea Nic'Thaidhg and Colm Breathnach.[43] Gaelic
literature, occupying a shrinking space within the Irish literary scene, has in
recent years been particularly open to European influences, in some ways
more so than Anglo-Irish literature, largely in an attempt to create a counter-
weight against the overwhelming and life-threatening dominance of English.
Irish-language critics, like Rosenstock himself, have consistently argued for
more links with European literature.[44]

It is thus hardly surprising that another Irish-language critic, Alan Titley,
was one of the first to respond to Grass's controversial admission of his
SS membership. This event created quite a stir in the Irish papers and was
reported on the national news in both radio and TV. Titley defends Grass
against his critics pointing to the hypocrisy of those demanding Grass should
return his Nobel Prize or his Freemanship of Gdansk. „[...] sháraigh Grass a
chúlra. Ni hamhlaidh do dhaoine eile."[45] (Grass transcended his background.
This cannot be said for many others.) Titley also reminds his readers of the
infatuation of Ireland's most celebrated Nobel Prize winner, (English-speaking) William Butler Yeats, with Fascism in the 1930s, one of the reasons why
the NSDAP controlled city council of Frankfurt awarded Yeats the Goethe
Medal in 1936 which Yeats gratefully accepted. In an article entitled *Stained
Grass* Derek Scally, the Irish Times Berlin correspondent, rather untypically,
discusses the issue in the context of Grass's political rather than his literary
work over the decades, his support for Brandt, his protests against the wars
in Vietnam and Iraq, his battle against Springer.[46] As a further contribution to
the debate, the Irish Times reprinted John Berger's defence against „the maca-
bre denunciations being levelled against Günter Grass" first published in the
British Guardian. Berger argues:

> „The righteous moralists['] [...] proposition only shows that, by system-
> atically refusing to acknowledge his experience, they have forgotten what
> honour consists of. He has not."[47]

---

42 Dublin: Coiscéim, 1991.
43 Dublin: Coiscéim, 2000.
44 Gabriel Rosenstock, „Seachnaíonn na Gaeil an saol intleachtúil", Irish Times,
    31 December 2003.
45 Irish Times, 24 August 2006.
46 Irish Times, 19 August 2006.
47 Irish Times, 22 August 2006.

Letters to the editor also supported Grass.[48] The biographies of Pope Benedict XVI and Elisabeth Schwartzkopf are mentioned to highlight how complex the problem is and that the whole of Grass's career has to be considered before one should condemn the man. The Irish as good (or lapsed) Catholics are probably more ready than other nations to forgive sins after confession, all the more if the trespasses in question do not immediately affect them. The historical Irish attitudes towards Nazism which for German observers at times exhibited an at times disquieting level of ambiguity, if not understanding and sympathy – so masterly exposed in Böll's *Irisches Tagebuch*[49] – may also play a role here. In any case, the Irish reception of Grass will always remain indissolubly associated with Germany's relationship with its Nazi past. The glib, tongue-in-cheek Fact Files in the Irish Times regularly consider the likes and dislikes of personalities in the news. In the Grass Fact File of 1999 Denis Staunton imagined Grass was least likely to say „It's about time we all forget about the war".[50] In 2006, Derek Scally thought it was „Jawohl, mein Führer".[51] Both no doubt true – and proof that whatever else they have made of Grass's work, his Irish readers, critics and commentators have received – and appreciated – the author's consistent antifascist message. Which also means they have not got him all that wrong after all.

---

48 Eg. in Irish Times, 23 August 2006.
49 Esp. in the chapter „Ambulanter politischer Zahnarzt" in Heinrich Böll, Irisches Tagebuch, 20th ed. Munich: dtv, 1975, p. 46–50. My book Das Deutschlandbild der Iren 1890–1939: Geschichte – Form – Funktion, Heidelberg: Winter, 2000 gives some of the political background.
50 Irish Times, 2 October 1999.
51 Irish Times, 19 August 2006.

Manuel Maldonado Alemán

Erinnerung im Zeichen der Vergangenheitsbewältigung. Die Debatte um Günter Grass' *Beim Häuten der Zwiebel* in Deutschland und Spanien[1]

Die Wiedervereinigung hat in Deutschland eine „Wende des Erinnerns" eingeleitet.[2] Die jüngste deutsche Vergangenheit wird seit der nationalen Einheit aus einer neuen Perspektive betrachtet, gerade auch in der Literatur. Nicht nur die DDR-Geschichte, auch der Nationalsozialismus und die Vergangenheit der Bundesrepublik werden neu interpretiert. Die Folge dieser Wende des Erinnerns ist die allmähliche Überwindung des von Aleida Assmann festgestellten „blinden Flecks" in der deutschen Erinnerungsgeschichte, der aus der Schwierigkeit resultiere, „das ehrenhafte Verlierergedächtnis nicht vom traumatischen Tätergedächtnis trennen zu können".[3] Es war vielleicht dieses traumatische, kollektiv eingeprägte Tätergedächtnis, das Günter Grass dazu veranlasste, sich öffentlich über seine Teilnahme als Siebzehnjähriger an der Waffen-SS über längere Zeit nicht zu äußern.[4] Die Entstehung einer veränderten deutschen Erinnerungskultur nach 1990, die von einem neuen Blick auf Täter und Opfer bestimmt ist, die Tatsache also, dass nach der Wiedervereinigung die traumatischen Kollektiverfahrungen der deutschen Bevölkerung im Zweiten Weltkrieg das kollektive Gedächtnis der Deutschen erreicht haben – Grass hat mit seiner Novelle *Im Krebsgang* daran stark mitgewirkt –, hat Grass möglicherweise dazu bewogen, über seine Waffen-SS-Zugehörigkeit offen zu sprechen. Unter den neuen Umständen konnte sich der Nobelpreisträger einen anderen

---

1   Dieser Beitrag ist im Rahmen eines vom spanischen Ministerio de Educación y Ciencia und dem Fondo Europeo de Desarrollo Regional (FEDER) finanzierten Forschungsprojektes über „Literatura e identidad cultural. La interpretación del pasado en la narrativa alemana a partir de 1945" (HUM2006–03572) entstanden.

2   Vgl. Barbara Beßlich, Katharina Grätz und Olaf Hildebrand (Hg.): Wende des Erinnerns? Geschichtskonstruktionen in der deutschen Literatur nach 1989, Berlin: Erich Schmidt 2006, S. 7f.

3   Aleida Assmann und Ute Frevert: Geschichtsvergessenheit – Geschichtsversessenheit. Vom Umgang mit deutschen Vergangenheiten nach 1945, Stuttgart: Deutsche Verlags-Anstalt 1999, S. 48.

4   Grass hat mehrmals betont, dass er bereits in den 1960er Jahren offen über seine Zugehörigkeit zur Waffen-SS gesprochen habe. Damals habe sich niemand dafür interessiert.

Blick auf sich selbst erlauben. Grass' Eingeständnis wäre somit eine Folge der Veränderung des kollektiven Blicks auf die deutsche Vergangenheit.[5]

Bis zur Veröffentlichung seines Werkes *Beim Häuten der Zwiebel,*[6] dessen Startauflage von 150 000 Exemplaren gleich nach ihrem Erscheinen am 15. August 2006 vergriffen war, hieß es in Grass' Biografie, er sei 1944 als Flakhelfer zur Wehrmacht eingezogen worden und habe dann als Soldat gedient. In seinem Erinnerungsbuch, wie der Autor es selbst nennt, gesteht Grass jedennoch, er sei bei Kriegsende nicht in der Wehrmacht, sondern in der Waffen-SS gewesen, in der 10. SS-Panzerdivision Jörg von Frundsberg. Er habe sich zunächst als Fünfzehnjähriger freiwillig zur U-Boot-Truppe gemeldet, wurde jedoch, da er zu jung war, nicht genommen. So sei er mit siebzehn nach Dresden zur Waffen-SS einberufen worden. Als Motiv seiner Meldung nennt Grass den Wunsch, der Enge des Elternhauses zu entkommen.[7]

Diese Enthüllung des Literaturnobelpreisträgers schien anfangs nur „ein Detail aus seinem Erinnerungsbuch zu sein, bedeutend zwar, aber leicht zu überlesen".[8] Immerhin widmet Grass dieser überraschenden Episode in seinem Leben eines von elf Kapiteln seines Buches. Aber was er offenbarte, war offensichtlich für viele keine unbedeutende Begebenheit, sondern eher ein Ereignis von außergewöhnlicher Tragweite. Durch seine Enthüllung geriet Grass wieder in die Diskussion. Zur Debatte stand nicht der Literat, sondern die öffentliche Person. Es gab eine Fülle von Kommentaren, Interviews, Kolumnen, Rezensionen und Leserbriefen. Es wurde heftig und höchst kontrovers debattiert, aber nicht über das Buch, dem das „Bekenntnis" entnommen wurde, sondern über Schuld, Verstrickung, Verschweigen, Versäumnis, Verdrängung und Verschleiern.[9]

Doch der Streit entzündete sich nicht an Grass' Erklärung, an den Nationalsozialismus und den „Endsieg" geglaubt zu haben.

„Das ist", schrieb Frank Schirrmacher im August 2006 in der Frankfurter Allgemeinen Zeitung, „keine Frage von Schuld und Verbrechen. Grass war ein halbes Kind. Auch später hat er sich nie zum Widerstandskämpfer stilisiert. Daß er bis zum Nürnberger Prozeß an Hitler geglaubt und

---

5   Vgl. die Interpretation des italienischen Politologen Gian Enrico Rusconi, in: La Stampa, 14. August 2006.
6   Günter Grass: Beim Häuten der Zwiebel, Göttingen: Steidl 2006.
7   Vgl. Günter Grass: Beim Häuten der Zwiebel, a. a. O., S. 77 ff und 121 ff.
8   Martin Kölbel: Herdeninstinkte. Über einen Medienskandal als Phänomen von Masse, in: ders. (Hg.): Ein Buch, ein Bekenntnis. Die Debatte um Günter Grass' ‚Beim Häuten der Zwiebel', Göttingen: Steidl 2007, S. 335/56, hier S. 335.
9   Vgl. Fehlbar und verstrickt, in: Der Spiegel, 21. August 2006.

den Holocaust für eine Erfindung der Alliierten hielt, hat er immer wieder erklärt.“[10]

Grass' jugendliche Begeisterung für den Nationalsozialismus, seine Zugehörigkeit zu NS-Organisationen und seine Teilnahme am Krieg waren in Grundzügen vor der Veröffentlichung von *Beim Häuten der Zwiebel* bereits bekannt.[11] Weitgehend unbekannt war hingegen, dass er sich als Fünfzehnjähriger freiwillig zur Wehrmacht (zur U-Boot-Truppe) gemeldet hatte, und dass er schließlich als Siebzehnjähriger wenige Monate vor Kriegsende zur SS-Panzerdivision Jörg von Frundsberg einberufen wurde. Neu im Erinnerungsbuch war also die Erklärung seiner Zugehörigkeit zur Waffen-SS.[12]

---

10 Frank Schirrmacher: Das Geständnis, in: Frankfurter Allgemeine Zeitung, 12. August 2006. Zit. nach Martin Kölbel (Hg.): Ein Buch, ein Bekenntnis, a. a. O., S. 26.

11 Im Jahr 1966, in einem offenen Brief an Peter Handke, nannte sich Grass ein „gebranntes Kind“ und einen „Knaben“, der „beim Onkel das offen zutage liegende ‚Schwarze Korps‘ lüstern gelesen hat, bis es ihm heiß wurde“ (Günter Grass: Freundliche Bitte um bessere Feinde, in: Günter Grass: Werkausgabe, Bd. 14, hg. von Volker Neuhaus und Daniela Hermes: Essays und Reden I. 1955–1969, Göttingen: Steidl 1997, S. 175–77, hier S. 176). Noch im selben Jahr, in einer Rede zur Bayerischen Landtagswahl in München, sprach Grass genauer über seine Jugendzeit: „Mit zehn Jahren war ich Mitglied des Jungvolkes, mit vierzehn Jahren wurde ich in die Hitlerjugend eingegliedert. Als Fünfzehnjähriger nannte ich mich Luftwaffenhelfer. Als Siebzehnjähriger war ich ein Panzerschütze. Und als Achtzehnjähriger wurde ich aus amerikanischer Kriegsgefangenschaft entlassen“ (Günter Grass: Rede an einen jungen Wähler, der sich versucht fühlt, die NPD zu wählen, in: Günter Grass: Werkausgabe, Bd. 14, a. a. O., S. 182–87, hier S. 183). Einige Jahre später, in seiner Frankfurter Poetik-Vorlesung vom Februar 1990 „Schreiben nach Auschwitz“, äußerte Grass sich ebenfalls über seine einseitige Haltung während der NS-Zeit: „Aber Widerstand? Nicht die Spur, kein Ansatz, und sei es auch nur in Gedankenfetzen. Eher Bewunderung für militärische Helden und anhaltend dumpfe, durch nichts zu irritierende Gläubigkeit, beschämend bis heute“ (Günter Grass: Schreiben nach Auschwitz, in: Günter Grass: Werkausgabe, Bd. 16, hg. von Daniela Hermes: Essays und Reden III. 1980–1997, Göttingen: Steidl 1997, S. 235/56, hier S. 245).

12 Immerhin wussten schon einige wenige von Grass' SS-Vergangenheit. Vor mehr als 20 Jahren erzählte Grass dem österreichischen Autor Robert Schindel und anderen bis heute unbekannten Schriftstellern in kleinem Kreis von seiner SS-Zeit, was für Schindel nicht wie ein Geständnis wirkte, vgl. Es ist Armutszeugnis, wie Grass behandelt wird, in: Spiegel online, 15. August 2006. Zit. nach Martin Kölbel (Hg.): Ein Buch, ein Bekenntnis, a. a. O., S. 108. Auch der österreichische Schriftsteller Peter Turrini wusste davon. Und im April 2007 erklärte der Verleger Klaus Wagenbach in der Wochenzeitung DIE ZEIT, dass Grass vor mehr als 40 Jahren offen von seiner SS-Zugehörigkeit gesprochen habe. Im Sommer 1963 trafen sich Wagenbach und Grass, um Interviews für eine nie erschienene Grass-Monographie zu führen. In den Interviews, die zur Veröffentlichung bestimmt waren, habe Grass, so Wagenbach, keineswegs verschwiegen, dass er in der SS war. Erst seit Mitte der 60er Jahre habe Grass aber nicht mehr über seine SS-Zeit gesprochen, gerade als die deutsche Öffentlichkeit die Schreckensdimension der SS in ihrem ganzen Umfang zu begreifen begann, hauptsächlich durch den Auschwitz-Prozess, aber auch durch den sog. Stropp-Bericht, der 1960 durch Vermittlung von Günter Grass und Andrzej Wirth im Luchterhand Verlag, dem damaligen Verlag von Grass, erschien. Es

Öffentlich wurde Grass' SS-Vergangenheit jedoch, bevor sein Erinnerungsbuch erschienen war. Grass hatte sich in einem am 12. August 2006 veröffentlichten Interview mit der Frankfurter Allgemeinen Zeitung über seine
Teilnahme an der Waffen-SS geäußert. In dem Gespräch, das Frank Schirrmacher, Mitherausgeber der Frankfurter Allgemeinen Zeitung, und Literatur-
Redakteur Hubert Spiegel mit Grass führten, ging es um den Lebensabschnitt,
der den Bericht im neuen Buch zeitlich eingrenzt, nämlich über die Zeit zwischen Kriegsbeginn 1939, als der deutsche Überfall auf Polen die Kindheit des
damals zwölfjährigen Autors beendete, und dem Herbst 1959, als sein Roman
Die Blechtrommel veröffentlicht wurde, der ihm den internationalen Durchbruch als Schriftsteller brachte. Trotz des längeren Zeitraums hatten nur die
„Bekenner"-Passagen ein gewaltiges Medienecho. So sprach Grass über seine
SS-Vergangenheit in dem langen Interview:

> „Die Sache verlief damals so: Ich hatte mich freiwillig gemeldet, aber nicht
> zur Waffen-SS, sondern zu den U-Booten, was genauso verrückt war. Aber
> die nahmen niemanden mehr. Die Waffen-SS hingegen hat in diesen letz-
> ten Kriegsmonaten 1944/45 genommen, was sie kriegen konnte. Das galt
> für Rekruten, aber auch für Ältere, die oft von der Luftwaffe kamen. [...]
> Und für mich, da bin ich mir meiner Erinnerung sicher, war die Waffen-SS
> zuerst einmal nichts Abschreckendes, sondern eine Eliteeinheit, die immer
> dort eingesetzt wurde, wo es brenzlig war, und die, wie sich herumsprach,
> auch die meisten Verluste hatte."[13]

Grass behauptete darüber hinaus, dass das später entstandene Schuldgefühl
ihn als Schande belastet habe. Das lange Schweigen habe ihn bedrückt. Dieses
Schweigen zähle zu den Gründen, warum er sein Erinnerungsbuch geschrieben habe. „Das musste raus, endlich", erklärte er.[14]

---

handelt sich um den Bericht „Es gibt keinen jüdischen Wohnbezirk in Warschau mehr"
des SS-Generals Jürgen Stroop über die Vernichtung des Warschauer Ghettos, eine Art
Fotoalbum, das in Polen entdeckt wurde (vgl. Klaus Wagenbach: Grass hat nichts verschwiegen, in: DIE ZEIT, Nr. 18, 26. April 2007).

13 Warum ich nach sechzig Jahren mein Schweigen breche, in: Frankfurter Allgemeine Zeitung, 12. August 2006. Zit. nach Martin Kölbel (Hg.): Ein Buch, ein Bekenntnis, a. a. O.,
S. 29.

14 Warum ich nach sechzig Jahren mein Schweigen breche, a. a. O., S. 29. Auch in *Beim
Häuten der Zwiebel* spricht Grass offen über die drückende Last, die er über all die
Jahre tragen musste: „Was ich mit dem dummen Stolz meiner jungen Jahre hingenom-
men hatte, wollte ich mir nach dem Krieg aus nachwachsender Scham verschweigen.
Doch die Last blieb, und niemand konnte sie erleichtern. [...] Selbst wenn mir tätige
Mitschuld auszureden war, blieb ein bis heute nicht abgetragener Rest, der allzu geläu-
fig Mitverantwortung genannt wird. Damit zu leben ist für die restlichen Jahre gewiß"
(Günter Grass: Beim Häuten der Zwiebel, a. a. O., S. 127).

Mit seinen Enthüllungen rief Grass viele Reaktionen hervor, in Deutschland und im Ausland. Sein ‚Bekenntnis' wurde vor allem in Deutschland zu einem Medienereignis, zu einem „massenmediale[n] Phänomen"[15], zu einem „Medienspektakel"[16] und wurde am Medienmarkt, wie es Martin Kölbel gezeigt hat,[17] als F.A.Z.'sches Geständnis platziert.[18] Doch meistens wurde nicht die jugendliche Zugehörigkeit zur Waffen-SS kritisiert, sondern das langjährige Schweigen. Als skandalös empfunden wurde der späte Zeitpunkt seiner öffentlichen Enthüllung, und zwar, weil Grass, der von vielen zum „Gewissen der Nation", zur „moralischen Instanz" oder zum „praeceptor germaniae" stilisiert worden war, seine eigenen Maßstäbe verletzt habe. Grass habe dasjenige, was er von anderen forderte, nämlich die Offenlegung und die Aufarbeitung der eigenen NS-Vergangenheit, bei sich selbst unterlassen. Der Konsensvorwurf lautete also, Grass' Enthüllung sei zu spät gekommen. Warum hat er nicht früher öffentlich geredet? Warum hat er so lange geschwiegen? Darf er das? Warum erst jetzt? Dies waren die Kardinalfragen.

Grass wurde stets nach politisch-moralischen Kriterien beurteilt. In den Kommentaren und Stellungnahmen war häufig von „moralische[r] Bankrotterklärung",[19] dem „Fall des Moralisten",[20] „Schweigen des Moralisten",[21] „Geständnis einer Schnecke",[22] „Abstieg vom Moralpodest",[23] „Fehlbar und verstrickt"[24] oder „Schuld und Sühne"[25] die Rede. Nach der Auffassung einiger Kommentatoren beging Grass mit seinem Eingeständnis sogar eine Art moralischen Selbstmord.[26]

---

15 Martin Kölbel: Herdeninstinkte. Über einen Medienskandal als Phänomen von Masse, a.a.O., S. 337.

16 Vgl. Peter Mohr: Die Geheimnisse im Bernstein. Günter Grass' Autobiographie ‚Beim Häuten der Zwiebel', in: literaturkritik.de, Nr. 9, September 2006.

17 Vgl. Martin Kölbel: Herdeninstinkte. Über einen Medienskandal als Phänomen von Masse, a.a.O., S. 338ff.

18 Vgl. Frank Schirrmacher: Das Geständnis, a.a.O. Nach dem heftigen Medienspektakel zog der Göttinger Steidl Verlag den ursprünglich für den 1. September 2006 geplanten Verkaufsbeginn von *Beim Häuten der Zwiebel* vor. Das Buch erschien am 15. August 2006.

19 Klaus Hillenbrand und Christian Semler: Hat Günter Grass uns betrogen?, in: taz, 15. August 2006.

20 Günter Grass – Der Fall des Moralisten, in: Der Stern, Nr. 34, 17. August 2006.

21 Vgl. Bettina Schulte: Das Schweigen des Moralisten, in: Badische Zeitung, 16. August 2006.

22 Vgl. Gustav Seibt: Geständnis einer Schnecke, in: Süddeutsche Zeitung, 14. August 2006.

23 Vgl. Erich Läufer: Krasser Abstieg vom Moralpodest, in: Kirchenzeitung Köln, 18. August 2006.

24 Vgl. Fehlbar und verstrickt, in: Der Spiegel, 21. August 2006.

25 Vgl. Jürgen Otten: Schuld und Sühne, in: Leipziger Volkszeitung, 19. August 2006.

26 Vgl. z.B. Harry Nutt: Das lange Schweigen, in: Frankfurter Rundschau, 14. August 2006.

Die deutsche, aber auch die europäische Öffentlichkeit teilte sich in zwei Lager. Die Kritiker zeigten sich empört und fühlten sich belogen und betrogen von „der moralischen Autorität" der Nachkriegszeit.[27] Sie behaupteten, dass Grass mit Freigabe oder Duldung die Öffentlichkeit bewusst getäuscht habe.[28] Grass habe unzählige Möglichkeiten zur Erklärung versäumt. Seine moralische Glaubwürdigkeit sei für immer beschädigt. Manche forderten die Rückgabe des Literaturnobelpreises. Nach ihrer Überzeugung, hätte Grass, wenn man die ganze Wahrheit über sein Leben gewusst hätte, den Literaturnobelpreis niemals bekommen. Die Rechtskonservativen glaubten sogar, dass die Zeit gekommen sei, um mit dem unbequemen Autor abzurechnen. Sie nutzten die Gelegenheit, um Grass politisch anzugreifen und seine „linken Utopien" scharf abzulehnen. Sie behaupteten abwertend, dass sein „gesamtes außerkünstlerisches Wirken […], vor allem aus Versatzstücken von Halb- und Unwahrheiten besteht und in jene Kategorie gehört, die man gewöhnlich ‚Agitation und Propaganda' nennt."[29] Manche unter den Kritikern unterstellten Grass Karriere- und Verkaufskalkül. Nach ihrer Meinung kam Grass' Bekenntnis „spät und doch genau richtig, um seine Memoiren zum Bestseller zu machen".[30] Grass habe die Erinnerung an die Waffen-SS als Werbemaßnahme genutzt.[31] Die inszenierte Form des Bekenntnisses sei bloß eine Verkaufsstrategie gewesen. Bei einigen war also das Fazit: Grass habe so lange geschwiegen, um die Aussicht auf den Nobelpreis nicht zu verderben, und er habe geredet, um sein Buch besser zu verkaufen.[32] Sein Engagement sei somit unwahrhaftig gewesen und entsprechend entwertet.[33]

Die Verteidiger dagegen, vor allem die Schriftstellerkollegen, äußerten Respekt, sogar Verständnis und Anerkennung für die späte öffentliche Ent-

---

27 So der Grass-Biograph Michael Jürgs, der sich „persönlich enttäuscht" fühlte. „Alle, die ihn bewundert haben, haben das Gefühl, sie seien getäuscht worden", erklärte er. Mit scharfer Kritik reagierte Peter Handke auf Grass' Enthüllung. Nach seiner Ansicht sei Grass „eine Schande für das Schriftstellertum" (Schande für das Schriftstellertum, in: Focus, 18. September 2006. Zit. nach Martin Kölbel (Hg.): Ein Buch, ein Bekenntnis, a. a. O., S. 96).

28 Vgl. Christoph Keese: Was bleibt von Günter Grass?, in: Welt am Sonntag, 20. August 2006.

29 Ingo Langner: Der Zwiebel Kern, in: Die Tagespost, 15. August 2006. Zit. nach Martin Kölbel (Hg.): Ein Buch, ein Bekenntnis, a. a. O., S. 45.

30 Ingo Langner: Der Zwiebel Kern, a. a. O., S. 44.

31 Vgl. Klaus Hillenbrand: Hat Günter Grass uns betrogen?, in: taz, 15. August 2006.

32 Vgl. Adolf Muschg: Zwiebelopfer für uns alle, in: Frankfurter Allgemeine Zeitung, 18. August 2006.

33 Martin Kölbel: Herdeninstinkte. Über einen Medienskandal als Phänomen von Masse, a. a. O., S. 336.

hüllung.[34] Die Forderung, man sollte Grass den Nobelpreis aberkennen, sei nach ihrer Auffassung Ausdruck literarischer Ignoranz.[35] Sie rieten zu Nachsicht mit einem Menschen, der am Ende seines Lebens sein Gewissen von dem befreite, was ihn über längere Zeit gequält hatte. Manche der Verteidiger betonten, Grass habe für seine Offenbarung den richtigen Zeitpunkt gewählt.[36] Andere fragten, wie z. B. Helmut Frielinghaus, Grass' langjähriger Lektor, warum Grass über seine Zugehörigkeit zur Waffen-SS hätte sprechen sollen. Diese kurzfristige Zugehörigkeit sei ohne tiefere Bedeutung.

„Bedeutung hatte, dass Günter [Grass], wie er oft laut gesagt und immer wieder geschrieben hat, an Hitler und den ‚Endsieg' geglaubt und bis zu den Nürnberger Prozessen nicht geglaubt hatte, was in der Nachkriegszeit über die Verbrechen der Deutschen bekannt wurde. Das auszusprechen war sein mutiges Bekenntnis."[37]

Grass' Verteidiger hielten die „ganze Litanei vom Betrug, ja Verrat von Grass an allen, die in ihm ein politisches und moralisches Vorbild" gesehen hatten, für unglaubwürdig.[38] Die Kritik habe sich auf eine einzige Episode im Leben eines Menschen beschränkt und vergesse, wie oft Grass sich öffentlich zu den Fehlern und Versäumnissen seiner Jugend bekannt habe. Nicht die angebliche Lebenslüge von Günter Grass sei das Problem, sondern das „verblendete kollektive Bewusstsein".[39]

Viele Schriftsteller aus aller Welt, wie zum Beispiel der Brite John Berger, die US-Amerikaner John Irving und Norman Mailer, der Mexikaner Carlos Fuentes, der Portugiese José Saramago oder der Peruaner Mario Vargas Llosa, meldeten sich zu Wort und kritisierten die massiven Angriffe gegen Grass, die Selbstgerechtigkeit und Feindseligkeit, mit der die Debatte geführt wurde.

---

34 Zu diesen zählt der Schriftsteller Ralph Giordano, der großes Verständnis für Grass und dessen spätes Eingeständnis zeigte. Nach Giordanos Ansicht habe Grass ein Beispiel gegeben. Das Bekenntnis ehre ihn. An Grass' Glaubwürdigkeit hat sich für Giordano überhaupt nichts geändert. Grass bleibt für ihn „eine der großen auch moralischen Figuren unseres Zeitalters" (Grass hat ein Beispiel gegeben, in: wdr.de, 12. August 2006. Zit. nach Martin Kölbel (Hg.): Ein Buch, ein Bekenntnis, a. a. O., S. 94).

35 Vgl. Wolfgang Münchau: Götterdämmerung für Grass, in: Financial Times Deutschland, 15. August 2006.

36 So der emeritierte Rhetorikprofessor Walter Jens, der Grass' Geständnis für „abgewogen, präzise und vernünftig" hielt.

37 Helmut Frielinghaus: Warum hätte er darüber sprechen sollen?, in: Hannoversche Allgemeine, 6. September 2006. Zit. nach Martin Kölbel (Hg.): Ein Buch, ein Bekenntnis, a. a. O., S. 129.

38 Christian Semler: Hat Günter Grass uns betrogen?, in: taz, 15. August 2006.

39 Gefallener Engel, in: Berliner Zeitung, 19. August 2006. Zit. nach Martin Kölbel (Hg.): Ein Buch, ein Bekenntnis, a. a. O., S. 50.

Sie vertraten die Ansicht, dass Grass' Schweigen weder den Wert seines literarischen Werkes noch seiner politischen Arbeit verringere. Viele der Stellungnahmen von Günter Grass seien mutig und achtbar gewesen und seien dies
bis heute, ungeachtet des Skandals. John Irving hielt die Debatte für „eine
vorhersehbar scheinheilige Demontage des Lebens und Werkes von Günter
Grass". Für John Irving bleibt Grass ein Held, als Schriftsteller und als Bürger.
Sein Mut sei beispielhaft, „ein Mut, der durch seine jüngste Enthüllung erhöht
und nicht herabgesetzt" werde.[40] Auch Norman Mailer verteidigte Grass mit
den Worten, er habe „Hochachtung für ihn". Anlässlich einer Diskussion mit
dem Literaturnobelpreisträger im Juni 2007 in New York sagte Mailer, dass
es im Leben jedes Schriftstellers Ereignisse geben könne, über die er nicht
schreiben wolle, das müsse man respektieren.[41] Mario Vargas Llosa verstand
nicht die „maßlosen Proportionen", die Grass' Enthüllung in der Öffentlichkeit annahm. Nach seiner Ansicht schwieg Grass einfach „aus Scham und vielleicht aus Gewissensbissen, dass er diese Uniform getragen hat, und vielleicht
auch weil ein solches Eingeständnis von seinen politischen und literarischen
Gegnern ausgenutzt worden wäre", um ihn zu disqualifizieren. Grass' Verhalten sei von Menschlichkeit geprägt, das heißt, „von Schwächen, wie sie zum
Wesen jedes gewöhnlichen und normalen Menschen gehören, der weder ein
Held noch ein Heiliger ist oder zu sein vorgibt". In wenigen Jahren werde sich
schon niemand mehr „an die kurze Phase des Schriftstellers in der Waffen-SS
erinnern, während man seine Danziger Trilogie, insbesondere *Die Blechtrommel*, auch weiterhin lesen und als eines der Meisterwerke der Gegenwartsliteratur einschätzen" werde.[42]

Grass' Enthüllung, als Jugendlicher zur Waffen-SS einberufen worden zu
sein, erregte auch in der spanischen Öffentlichkeit großes Aufsehen. In Spanien
ist Grass ein hoch geschätzter Autor. Dort gilt er als der Inbegriff des engagierten Schriftstellers, als das moralische und politische Gewissen Deutschlands.
1999 ehrte ihn Spanien mit dem renommierten Prinz-von-Asturien-Preis für
Geisteswissenschaften und Literatur. Man wusste es zu würdigen, dass Grass
als Schriftsteller wie kein anderer die Aufarbeitung der deutschen Vergangenheit gefordert hat, dass sein Schreiben ein Schreiben gegen das Vergessen ist.
Auch Grass fühlt sich wohl in Spanien. Anfang 2006 verbrachte er dort zwei
Monate. In Madrid korrigierte er das Manuskript von *Beim Häuten der Zwie-*

---

40 John Irving: Grass bleibt für mich ein Held, in: Frankfurter Rundschau, 18. August
    2006.
41 Norman Mailer verteidigt Günter Grass, in: Spiegel online, 28. Juni 2007.
42 Mario Vargas Llosa: Günter Grass en la picota, in: El País, 27. August 2006. Zit. in der
    deutschen Übersetzung von Helmut Frielinghaus nach Martin Kölbel (Hg.): Ein Buch,
    ein Bekenntnis, a. a. O., S. 137 f.

bel. In einem Interview mit der Tageszeitung El País (Sonntagsbeilage) äußerte er sich im Juli 2006 folgendermaßen über das heutige Spanien:

> „Ich finde die Art und Weise außergewöhnlich, wie Spanien sich von seinen dunklen Jahren gelöst hat. Eine neue Seinsweise hat sich in Literatur, Politik und Gesellschaft herausgebildet, und es ist etwas geschehen, das noch nicht abgeschlossen ist, was aber für die Zukunft sehr wichtig ist: die allmähliche Trennung von Kirche und Staat. Das hat mich dazu bewogen, eine Zeit in Madrid, in Spanien zu verbringen. [...] Hier lebe ich auf. Ich komme aus einem Land, das von Unzufriedenheit und Stillstand beherrscht ist, sogar was die kontroverse Reform der Rechtschreibung angeht. Ich habe das Gefühl, dass sich in Deutschland nichts bewegt. Hier, in Spanien, spürt man eine gewaltige Energie. Man sieht es schon auf der Straße: Da ist Rhythmus, Lebhaftigkeit, Lebensfreude und die Lust, etwas zu vollbringen."[43]

Gerade dieses moderne Spanien, insbesondere große Teile der intellektuellen Öffentlichkeit, fühlte sich aber schockiert von Grass' Enthüllung. Die spanische Öffentlichkeit konnte die Debatte in Deutschland und die ersten Reaktionen auf das Erinnerungsbuch ziemlich genau verfolgen, insbesondere durch die ausführliche Berichterstattung der linksliberalen Zeitung El País, die regelmäßig eine Zusammenfassung der Ereignisse in den deutschen Medien veröffentlichte. El País, aber auch die konservative Zeitung ABC und die liberale Zeitung El Mundo, nahmen auch dazu Stellung.

Genauso wie in Deutschland gingen die Reaktionen in Spanien weit auseinander. Es wurde auch auf ähnliche Weise argumentiert. Das Echo reichte von harscher Verurteilung bis zur offenen Verteidigung des deutschen Autors. Allerdings stieß Grass' langjähriges Schweigen auf fast allen Seiten auf Kritik. Die Stellungnahmen und Kommentare urteilten fast einhellig, sowohl auf linksliberaler wie konservativer Seite, dass Grass sich schon viel früher hätte zu Wort melden müssen, zumal er selbst sich oft als moralische Instanz instrumentalisiert habe. Sein langes Schweigen schwäche ihn zwar als moralische Instanz, sein literarisches Werk bleibe aber unbeschädigt.[44]

---

43 El País Semanal, 16. Juli 2006, S. 48 f.
44 So z. B. Ignacio Camacho in der Tageszeitung ABC: „El pecado juvenil de Grass no es venial, y sólo la conciencia colectiva de su país, herida profundamente por el drama del Holocausto, podrá decidir si tiene o no perdón; si no fuese un icono de la izquierda, ya estaría lapidado por el rasero implacable de la propaganda. Tampoco resta un ápice de calidad a su formidable obra literaria, pero desde luego sí relativiza en gran medida el rigor ético de sus juicios históricos." (Ignacio Camacho: Memoria de hojalata, in: ABC, 14. August 2006). Auch El País nahm Stellung zu Grass' langem Schweigen in einem bemerkenswerten Leitartikel: „Durante décadas, Grass ha denunciado con vehemencia

Insbesondere stieß Grass' Eingeständnis bei José Antonio Zarzalejos, Chefredakteur der Tageszeitung ABC, auf heftige Kritik. Ihm zufolge habe Grass
jede moralische Glaubwürdigkeit verspielt. Sein Verhalten sei heuchlerisch,
und sein langes Schweigen eine „defensive Amnesie" gewesen.[45] Für die konservative Zeitung stellte sich die Frage, weshalb Günter Grass mit seiner Enthüllung so lange gewartet habe. Es kämen zwei mögliche Gründe in Betracht:
Erstens hätte Grass,

> „wenn er früher gesungen hätte, höchstwahrscheinlich nicht den Nobel-
> preis bekommen. Zweitens könnte Grass sein Eingeständnis dazu benutzt
> haben, für seine demnächst erscheinende Autobiographie zu werben".[46]

Die Tatsache, dass Grass sein Geständnis so kurz vor der Veröffentlichung
seines Erinnerungsbuches ablegte, sei darauf zurückzuführen, dass es sich
dabei um eine gut inszenierte Werbekampagne zur Vermarktung des Werkes
handle.[47] Ähnlich äußerte sich die liberale Zeitung El Mundo. Die Tageszeitung sah den deutschen Autor als mächtige Allegorie deutscher Schuld-
verdrängung. Nach ihrer Ansicht sei Grass moralisch korrumpiert. Sein
Geständnis sei keine freiwillige moralisch motivierte Entscheidung gewesen,
sondern stehe eher im Zusammenhang mit der Veröffentlichung seiner Auto-

---

que millones de alemanes, por interés, seducción o cobardía, apoyaran a Hitler o cerraran
los ojos ante sus tropelías. Es eso lo que hace difícil de entender su largo silencio y lo
que provoca malestar entre sus muchos admiradores dentro y fuera de Alemania. [...]
Hubiera sido deseable que alguien con esa autoridad fuera un poco más transparente
sobre aspectos de su pasado claramente relacionados con el tipo de personaje público que
se ha construido. Más vale tarde que nunca [...]. En cualquier caso, su tardanza en des-
velar un hecho biográfico relevante no invalida la calidad de su obra literaria ni la justicia
de las causas que ha defendido y defiende" (Günter-44, in: El País, 17. August 2006).
45 Vgl. José Antonio Zarzalejos: A propósito de Günter Grass, in: ABC, 20. August 2006.
46 Ignacio Camacho: Memoria de hojalata, a. a. O.
47 José Antonio Zarzalejos drückte diese Vermutung mit harten Worten aus: „Obtendrá
Grass buenos réditos de su postrera obra en la que ha encontrado,el contexto adecuado'
para relatar su reclutamiento en las SS, y nada impide, por tanto, considerar que esta
confesión sea en realidad un mercantilismo del autor. Porque si ha sido capaz de simu-
lar tan largamente – y de hacerlo con tanta convicción –, ¿qué escrúpulo obstaculizaría
ahora suponer que lo que pretende el literato es hacer caja a sus setenta y ocho años?
El común de los mortales no estamos ya compelidos a otorgar a este,referente ético' de
Occidente ni mayor ni menor credibilidad que a cualquier otro personaje de dudosa
encarnadura moral" (José Antonio Zarzalejos: A propósito de Günter Grass, a. a. O.).
Auch Álvaro Martínez äußerte eine ähnliche Ansicht in der Zeitung ABC: „La confesión
[...] de Günter Grass tiene todas las trazas de ser una mera estrategia comercial. Vender
libros siempre es difícil, incluso para un premio Nobel que quizás no lo hubiera sido
nunca [...] de no haber tardado más de medio siglo en hacer memoria" (Álvaro Martínez:
Pelando cebollas... y la pava, in: ABC, 20. August 2006).

biographie.[48] Der Publizist Hermann Tertsch, einer der erfahrensten Journalisten von El País, bemerkte dagegen, dass Grass keinen Skandal brauche, um seine Bücher zu verkaufen. Er vertrat dennoch die Ansicht, dass Grass mit seinem späten Bekenntnis Unbehagen und Enttäuschung ausgelöst habe. Sein Verhalten sei in hohem Maße heuchlerisch gewesen. Sein spätes Erinnern habe seine moralische Glaubwürdigkeit völlig ruiniert.[49] Auch der in Paris lebende spanische Schriftsteller Jorge Semprún kritisierte bei der Verleihung der Ehrendoktorwürde der Philosophischen Fakultät der Universität Potsdam am 25. Mai 2007 die späte „Beichte" von Günter Grass zu seiner SS-Vergangenheit. Das Problem sei nicht, meinte Semprún, dass Grass in der SS gewesen sei, sondern dass er Jahrzehnte darüber geschwiegen habe. „Hätte er diskreter gelebt, hätte man nur sein Werk beurteilt. Aber er hatte über alles etwas zu sagen", so Semprún. „Wenn man einmal in der SS war – vielleicht unschuldig –, muss man nicht so viele Lektionen erteilen."[50] Auch der spanische Schriftsteller Antonio Muñoz Molina äußerte sich kritisch. Er fühle sich von Günter Grass schlicht betrogen.[51]

Andere Intellektuelle und Kulturschaffende indessen verteidigten Grass gegen die massiven Angriffe. Der in Spanien lebende portugiesische Literaturnobelpreisträger José Saramago zeigte Verständnis für Grass und seine späte Offenbarung. Er hielt die aggressive Kritik für zynisch, unglaubwürdig und heuchlerisch. Insbesondere der Vorwurf, Grass' Geständnis sei eine Verkaufsstrategie gewesen, empfand er als eine infame Bezichtigung.[52] Wichtig sei

---

48 Vgl. La corrupción de Günter Grass, in: elmundo.es, 14. August 2006.
49 „Grass no sería él si ahora callara sus opiniones por temor a que le señalaran sus incoherencias. Pero cierto es que su pedestal como autoridad moral sí ha quedado hecho añicos. Y no por haber ocultado la perfecta ridiculez de haber sido un fanático a los quince o dieciséis años en una división asesina de un régimen, sino por un acto de suprema hipocresía continuado durante seis décadas y con toda la publicidad que un genio de la literatura y Nobel genera" (Hermann Tertsch: Grass confiesa su peor secreto, in: El País, 24. Dezember 2006).
50 Die Welt online, 26. Mai 2007.
51 Nach Antonio Muñoz Molina „una persona que ha hecho un elemento importante de su propio trabajo la afirmación de la verdad con respecto a una época siniestra, la denuncia de la desmemoria, esa persona tiene que tener un cuidado especial a la hora de manejar su propio pasado" (Grass no debería haber mentido, in: ABC, 12. September 2006). Auch seine Frau, die Schriftstellerin Elvira Lindo, kritisierte in El País Grass' langjähriges Schweigen: „No creo en los pasados intachables, es más, la vida es suficientemente larga como para poder arrepentirse de los pecados de juventud y ser perdonado. Pero lo que resulta irritante es que aquel que tanta doctrina desplegó, hablo ahora de Günter Grass, callara lo que él mismo debía haber puesto como ejemplo de la enfermedad moral que sufrió Alemania" (Elvira Lindo: Sermones, in: El País, 20. August 2006).
52 Auch der renommierte Psychiater und Schriftsteller Carlos Castilla del Pino schloss die Vermutung aus, dass Grass' Enthüllung eine Werbekampagne zur Vermarktung seines Erinnerungsbuches sei: „Descarto la tan banal como maliciosa interpretación, hecha por algunos, de que Günter Grass busca la publicidad para sus memorias. Venderá más, sin

nicht der Zeitpunkt, sondern dass Grass sein Eingeständnis abgelegt habe.[53] Ebenso nahmen andere Schriftsteller und spanische Intellektuelle Grass in Schutz, so z. B. Javier Moro, Fernando María, Félix Grande oder Pío Caro Baroja. Auch die Tageszeitung El País vertrat in einem Leitartikel die Ansicht, dass Grass' Enthüllung zwar spät komme, „aber besser so als gar nicht ans Tageslicht kommt". Grass' späte Offenbarung zeige, dass kein Mensch frei von Mängeln sei, dass wir alle menschlich, manchmal allzu menschlich seien.[54] Der Schriftsteller Pedro Ugarte meinte, die Vorwürfe gegen Grass stünden in gar keinem Verhältnis zu den bekannt gewordenen Tatsachen. Er fand die Polemik „übertrieben, absurd und unnötig". Grass' kurze Zugehörigkeit zur Waffen-SS sei eine Jugendepisode gewesen, aus der man ihm keinen persönlichen Vorwurf machen könne.[55] Der Direktor der Prinz-von-Asturien-Stiftung, Graciano García, meldete sich ebenfalls zu Wort, nachdem ein ehemaliger spanischer Kriegsgefangener gefordert hatte, Grass den Prinz-von-Asturien-Preis abzuerkennen. Graciano García lehnte eine nachträgliche Aberkennung ab und meinte zugleich, dass jeder ein Kind seiner Zeit sei. Er betrachte den Intellektuellen, den Schriftsteller und den Menschen Grass weiterhin mit voller Bewunderung.

Javier Marías, einer der erfolgreichsten spanischen Gegenwartsautoren, kritisierte in einem am 10. September 2006 in El País erschienenen Artikel die Grass-Debatte in Spanien. Er warf der spanischen Öffentlichkeit Heuchelei in der Diskussion um das Waffen-SS-Eingeständnis von Günter Grass vor. Während in der Presse selbst „der letzte Affe" seine Meinung, seine Verteidigung oder seine Verurteilung, sogar seine psychologische Erklärung zur „Jugendsünde" von Grass und seinem späten Geständnis veröffentliche, werde über die Vergangenheit zahlreicher spanischer Intellektueller weitgehend geschwiegen, insbesondere über die Vergangenheit des spanischen

---

duda, tras el escándalo, pero ese plus en las ventas, ¿justificaría razonablemente el escándalo de su declaración y, lo que es más grave, el deterioro – justificado desde mi punto de vista – de su imagen pública, naturalmente que no la de escritor en tanto tal, sino la de su moral – el superyó, para acogerme a un término freudiano que todos conocemos – de Alemania, con seudópodos también por fuera de ella? No; no es presumible esta hipótesis economicista, por demasiado costosa e ininteligente" (Carlos Castilla del Pino: El drama de Günter Grass, in: El País, 2. September 2006).

53 Vgl. Juan Cruz: Saramago vuelve a la niñez. Entrevista, in: El País, 20. August 2006.

54 Günter-44, in: El País, 17. August 2006.

55 „Imputar a una persona de ochenta años y décadas de contrastada trayectoria intelectual los errores que pudo cometer a los diecisiete entra de lleno en el ridículo. […] Por eso la polémica sobre el pasado de Günter Grass debería quedar desactivada con sólo emplazar al protagonista a la edad de 17 años y poniendo al otro lado de la balanza más de seis décadas de intenso activismo democrático" (Pedro Ugarte: Memoria histórica, presente amnésico", in: El País, 19. August 2006).

Literaturnobelpreisträger Camilo José Cela.[56] Marías wies darauf hin, dass sich Cela mit 21 Jahren während des Spanischen Bürgerkriegs (1936–39) den faschistischen Truppen als Spitzel angeboten habe. Er habe freiwillig auf Seite der Franquisten gekämpft und nach dem Krieg als Zensor des Regimes gearbeitet. Die spanische Presse habe ihm aber nicht einmal die Hälfte der Aufmerksamkeit gewidmet wie nun Günter Grass, kritisierte Javier Marías. Er forderte eine klare Auseinandersetzung mit der jüngsten Geschichte Spaniens und warf der spanischen Linken wie Rechten Zynismus im Umgang mit der eigenen Vergangenheit vor. Teile der katholischen Kirche und der Konservativen möchten die Franco-Diktatur (1939–75) nicht negativ bewerten. Genauso wie die Rechte weigere sich auch die Linke, die Untaten im eigenen Lager anzuerkennen. Nach seiner Ansicht brauche Spanien einen gesellschaftlichen und politischen Konsens in der Bewertung des Bürgerkriegs und der Diktatur Francos.[57]

In Spanien wurde nach Francos Tod im Jahre 1975 ein Pakt des Schweigens und des Vergessens geschlossen. Nicht nur der Bürgerkrieg mit seinen traumatischen Erfahrungen sollte vergessen werden, sondern auch seine Fortsetzung in der Franco-Diktatur. Das beiderseitige Vergessen sollte zur Grundlage der Versöhnung zwischen den verfeindeten Lagern werden, zwischen dem Spanien der Republik und dem Spanien der Diktatur. Die „Generalamnesie"[58] verstand sich als notwendige Bedingung für die Transición, für den sanften gewaltfreien Übergang von der Diktatur zur Demokratie. Um der Versöhnung willen wurde also die Verdrängung der historischen Erinnerung legitimiert. Verdrängung verstand sich jedoch nicht als „individuell-psychologisches Phänomen", sondern als „eine politische Strategie eines ,willentlichen Vergessens'",[59] als ein Verschweigen der Vergangenheit. In Spanien geschah das, was Hermann Lübbe im Zusammenhang mit dem Umgang der Bundesrepublik Deutschland mit der NS-Vergangenheit das „kommunikative Beschweigen" genannt hat: Diese „gewisse Stille war das sozialpsychologisch und politisch

---

56 Javier Marías nennt auch andere Intellektuelle wie Laín Entralgo, Tovar, Maravall, Ridruejo, Sánchez Mazas, D'Ors, Giménez Caballero, Foxá, Aranguren, Haro Tecglen oder Torrente Ballester, die dem Faschismus, meistens vorübergehend, nahe standen. Vgl. Javier Marías: Un país grotesco, in: El Pais, 10. September 2006.

57 Vgl. Javier Marías: Un país grotesco, a. a. O.

58 Julia Macher: Verdrängung um der Versöhnung willen? Die geschichtspolitische Auseinandersetzung mit Bürgerkrieg und Franco-Diktatur in den ersten Jahren des friedlichen Übergangs von der Diktatur zur Demokratie in Spanien (1975–1978), Bonn: Friedrich-Ebert-Stiftung 2002, S. 117.

59 Julia Macher: Verdrängung um der Versöhnung willen?, a. a. O., S. 8. In der Übergangszeit von der Franco-Diktatur zur Demokratie wurden die wesentlichen politischen Entscheidungen im Konsens zwischen den alten Eliten und den Kräften der Opposition getroffen.

nötige Medium der Verwandlung unserer Nachkriegsbevölkerung in die Bürgerschaft der Bundesrepublik Deutschland."[60] Das „verordnete Vergessen"[61] wurde in Spanien mit Hilfe der Verabschiedung eines Amnestiegesetzes im Oktober 1977 durchgeführt, das nicht zwischen Tätern und Opfern der Diktatur unterschied. Mit dem Amnestiegesetz sollte die jüngste traumatische Vergangenheit endgültig abgeschlossen werden. Die bis heute noch gültige demokratische Verfassung von 1978 ist ein Ergebnis dieser Konsenspolitik. Deswegen galt die spanische Transición für viele Sozialwissenschaftler und Politiker bis vor ungefähr zehn Jahren als Musterbeispiel eines friedlichen Systemwechsels.[62] Inzwischen häufen sich die kritischen Stimmen.[63]

Trotz der anfänglich positiven Auswirkungen hat die kollektive Amnesie langfristig negative Folgen gehabt. Das Vergessen um der Versöhnung willen blieb ein Vergessen ohne Wiedergutmachung an den Opfern der Diktatur. Während die Verdrängung die Täter des Franco-Regimes entlastete, wurde den Opfern keine moralische Wiedergutmachung zugestanden. Nie kam es zu materiellen Entschädigungen. „Die Versöhnung fand auf Kosten der Opfer statt."[64] Da es nach 1975 zu keinem Bruch kam, konnte „der Antifranquismus auch nicht – wie etwa die Resistenza in Italien – zum Gründungsmythos der neuen spanischen Demokratie werden".[65] Die Symbole der Ära Franco blieben nicht nur unangetastet, sondern wurden weiterhin gepflegt. Die Erinnerungsorte der Republik hingegen waren ausgelöscht. Durch die Beschwörung des kollektiven Traumas Bürgerkrieg wurde außerdem eine kritische Auseinandersetzung mit der Zweiten Republik, dem Bürgerkrieg und der Franco-Diktatur verhindert. Die franquistischen Verbrechen wurden tabuisiert. Das Trauma rechtfertigte das „bewusste Vergessen, die Verdrängung von Geschichte".[66] Die Bürgerkriegserinnerung wurde „im Dienste einer ganz bestimmten Demokratisierungsstrategie" funktionalisiert.[67] Was die Diktatur

---

60 Hermann Lübbe: Der Nationalsozialismus im deutschen Nachkriegsbewußtsein, in: Historische Zeitschrift, 236 (1983), S. 579–99, hier S. 585.
61 Julia Macher: Verdrängung um der Versöhnung willen?, a. a. O., S. 103.
62 Vgl. Walther Bernecker und Carlos Collado Seidel (Hg.): Spanien nach Franco. Der Übergang von der Diktatur zur Demokratie 1975–1982, München: Oldenbourg 1993, S. 7 ff.; Julia Macher, Verdrängung um der Versöhnung willen?, a. a. O., S. 116.
63 Vgl. Walther L. Bernecker: Demokratisierung und Vergangenheitsaufarbeitung in Spanien, in: Bettina Bannasch und Christiane Holm (Hg.): Erinnern und Erzählen. Der Spanische Bürgerkrieg in der deutschen und spanischen Literatur und in den Bildmedien, Tübingen: Gunter Narr 2005, S. 9 ff.
64 Julia Macher: Verdrängung um der Versöhnung willen?, a. a. O., S. 103.
65 Walther L. Bernecker: Demokratisierung und Vergangenheitsaufarbeitung in Spanien, a. a. O., S. 17.
66 Julia Macher: Verdrängung um der Versöhnung willen?, a. a. O., S. 99.
67 Walther L. Bernecker: Demokratisierung und Vergangenheitsaufarbeitung in Spanien, a. a. O., S. 12.

mit Repression erreichte hatte, verordnete sich die Gesellschaft nun selbst. In der Tat kam es „weder zu einer juristischen Aufarbeitung der Diktatur noch zu einer breiten gesellschaftlichen Diskussion über Verantwortlichkeiten in der Diktatur".[68] So wird behauptet, dass das Vergessen „ein später Sieg des Regimes" gewesen sei.[69] Die Demokratisierung hatte einen politischen und moralischen Preis.

Erst im November 2002, nachdem die Menschenrechtskommission der UNO eingeschaltet worden war, gelang es dem spanischen Parlament, eine Resolution zu verabschieden, in der es den Franco-Putsch von 1936 verurteilt und die Opfer des Bürgerkrieges und des Franquismus rehabilitiert. Durch die Initiative der im Jahre 2000 gegründeten Asociación para la Recuperación de la Memoria Histórica (ARMH, Vereinigung zur Wiedererlangung des historischen Gedächtnisses) wird seit einiger Zeit mit der Öffnung von Massengräbern und der Identifikation der im Bürgerkrieg von den Faschisten ermordeten Anhänger der Republik begonnen.[70] Es sind auf diese Weise neue kommunikative Formen kollektiven Erinnerns entstanden: „Zuvor verschwiegene Erinnerungen der letzten Zeitzeugen wurden freigesetzt, ein öffentliches Gespräch über die Ereignisse des Spanischen Bürgerkrieges setzte ein."[71] Dabei geht es weniger um Rache oder Vergeltung als um Aufklärung. Dieser Prozess könnte unter den gegenwärtigen politischen und sozialen Umständen eine neue Dynamik gewinnen.

Wie die Politologin Gesine Schwan vor dem Hintergrund des deutschen Umgangs mit der nationalsozialistischen Vergangenheit behauptet hat, obwohl sich die moralische Schuld nicht vererbe, beschädigten „die psychischen und moralischen Folgen ihres Beschweigens [...] den Grundkonsens einer Demokratie".[72] Auf die Dauer sind Vergessen und Verdrängen

---

68 Walther L. Bernecker: Demokratisierung und Vergangenheitsaufarbeitung in Spanien, a. a. O., S. 11.

69 Julia Macher: Verdrängung um der Versöhnung willen?, a. a. O., S. 119. Noch Ende der 80er Jahre rief Manuel Vázquez Montalbán dazu auf, die Geschichtsvergessenheit auch unter linken Intellektuellen endlich zu beenden. Vgl. Sobre la memoria de la oposición antifranquista, in: El País, 26. Oktober 1988.

70 Während die franquistischen Anhänger nach dem Bürgerkrieg ihre Toten identifizieren und ehrenhaft bestatten konnten, war dies den Republikanern bis vor kurzem nicht möglich.

71 Bettina Bannasch und Christiane Holm: Einleitung, in: dies. (Hg.): Erinnern und Erzählen, a. a. O., S. 1 ff., hier S. 1. Vgl. dazu Christian Schüle: Die Toten kehren heim. Ein Tabu ist gebrochen: Spanien stellt sich seiner Geschichte, in: DIE ZEIT, 22. Mai 2003, S. 11 f.

72 Gesine Schwan: Politik und Schuld. Die zerstörerische Macht des Schweigens, Frankfurt/Main: Fischer 1997.

„kein geeignetes Mittel, um ein demokratisches Gemeinwesen zu entwickeln. Das haben die Deutschen in den Jahrzehnten nach dem Ende der nationalsozialistischen Herrschaft mühsam lernen müssen. Spanien scheint dabei, sich zu dieser Einsicht durchzuringen".[73]

Trotz der immensen Unterschiede gibt es zwischen der deutschen Vergangenheitsbewältigung und der spanischen Aufarbeitung des Bürgerkriegs und der Franco-Zeit Berührungspunkte. In gewisser Weise gilt auch für Spanien, was Aleida Assmann über den Umgang mit der Erinnerung in Deutschland behauptet hat:

„Die Erinnerungssituation in Deutschland ist einmalig auf der Welt. Und die Wunde des deutschen Geschichtstraumas wird mit Sicherheit nicht von der Zeit und dem Vergessen geheilt, eher schon von der Erinnerung, obwohl diese auch ihre problematischen Seiten hat, wenn sie zu einer Vergangenheitsfixierung oder zu einer langfristigen Verhärtung des Verhältnisses zwischen den Nachfahren der Täter und der Opfer führt."[74]

Erst die Erinnerung, und nicht die Verdrängung, kann eine Normalisierung des historischen Bewusstseins bewirken.

Die Besiegten im Spanischen Bürgerkrieg mussten bis zu Francos Tod unter der Herrschaft eines Siegergedächtnisses leben. Die Sieger waren es, die damals die Geschichte schrieben. Der Bürgerkrieg wurde überwiegend aus der Perspektive der Sieger dargestellt. Die Verlierer hatten keine Chance, ihre eigene Geschichte zu erzählen. Ihnen blieb nichts anders übrig, als die Erinnerung wach zu halten. Das Trauma insbesondere eines Bürgerkrieges und einer Diktatur kann aber nur dann überwunden und vergessen werden, wie Aleida Assmann mehrmals betont hat, wenn das Leid der Unterlegenen erzählt und anerkannt wird, d.h. sobald die Symmetrie der Erinnerungen wieder hergestellt ist.[75] So steht das heutige Spanien vor der Aufgabe, die unterdrückte und „schmerzhafte Erinnerung um einer gemeinsamen und freien Zukunft willen" zu überwinden,[76] also eine effektive Vergangenheitsbewältigung herbeizuführen, ein für die Verhältnisse der deutschen Nachkriegszeit unangemessener

---

73 August Winkler: Vorwort, in: Julia Macher: Verdrängung um der Versöhnung willen?, a.a.O., S. 5/6, hier S. 6.
74 Das Gedächtnis ist kein Archiv, in: Schwäbische Zeitung, 4. September 2006. Zit. nach Martin Kölbel (Hg.): Ein Buch, ein Bekenntnis, a.a.O., S. 90.
75 Vgl. Aleida Assmann: Der lange Schatten der Vergangenheit. Erinnerungskultur und Geschichtspolitik, München: Beck 2006, S. 71.
76 Aleida Assmann: Der lange Schatten der Vergangenheit, a.a.O., S. 71.

Begriff, der jedoch bei den spanischen Verhältnissen angebracht ist. In Spanien „muss zunächst eine Symmetrisierung der Erinnerung hergestellt werden, bevor man sich endgültig von den gespaltenen Vergangenheiten abwenden und einer gemeinsamen Zukunft zuwenden kann".[77]

Und in der Tat lässt sich in Spanien in den letzten Jahren die Entstehung einer neuen Erinnerungskultur feststellen. Mittlerweile ist „ein neues Bedürfnis nach identifikatorischer Versöhnung mit der Vergangenheit"[78] entstanden. An der Wende zum 21. Jahrhundert ist schließlich die Politik des Vergessens in die Krise geraten. Die historische Forschung wendet sich nun verstärkt der Zeit von Bürgerkrieg und Franco-Diktatur zu. Auch in Roman, Film, Zeitung und Fernsehen ist eine Hinwendung zu den dunkelsten und heikelsten Kapiteln der jüngsten spanischen Vergangenheit zu beobachten. Nach Jahren der Amnesie findet nun endlich die kritische Auseinandersetzung mit der franquistischen Vergangenheit zunehmend Eingang in das kulturelle Bewusstsein und in die gesellschaftlichen und politischen Debatten.[79] Eine öffentliche Aufarbeitung der franquistischen Vergangenheit hat jedoch bisher nur in Ansätzen stattgefunden.

In diesem Kontext, während also eine neue Erinnerungskultur aufzublühen begann, hat die Grass-Debatte in Spanien eine interessante Diskussion über kollektives Gedächtnis und Vergangenheitsbewältigung in Bezug auf die jüngste spanische Vergangenheit entfacht.[80] Deutschland gilt immerhin in Spanien als Muster für Vergangenheitsbewältigung und als Modell für Erinnerungskultur. Im Verlauf der Diskussion haben einige Intellektuelle eine vollständige Aufarbeitung der spanischen Vergangenheit verlangt, auch der dunklen Seite dieser Vergangenheit. Die Frage nach Verstrickung und Schuld,

---

77 Aleida Assmann: Der lange Schatten der Vergangenheit, a. a. O., S. 72.

78 Ulrich Winter: Spaniens Intellektuelle: Eine neue Diskussionskultur und die Debatte um Identitäten und ‚Erinnerungsorte' (1976–2002)", in: Walther L. Bernecker und Klaus Dirscherl (Hg.): Spanien heute. Politik – Wirtschaft – Kultur, Frankfurt/Main: Vervuert 2004, S. 631–55, hier S. 632.

79 Eine öffentliche Aufarbeitung der franquistischen Vergangenheit hat bisher nur in Ansätzen stattgefunden. Vgl. Arcángel Bedmar González (Hg.): Memoria y olvido sobre la guerra civil y la represión franquista. Actas de las Jornadas de Historia, Lucena: Ayuntamiento de Lucena 2003.

80 Vgl. Carlos Amigo Vallejo: Purificación de la memoria, in: ABC, 15. August 2006; Pedro Ugarte: Memoria histórica, presente amnésico, a. a. O.; Javier Ugarte: El tambor y la hojalata, in: El País, 20. August 2006; Darío Valcárcel: Terrible medicina alemana, in: ABC, 24. August 2006; Carlos Castilla del Pino: El drama de Günter Grass, a. a. O.; José Vidal-Beneyto: Los pasados políticos de Grass/Ridruejo", in: El País, 9. September 2006; Javier Marías: Un país grotesco, a. a. O; Jordi Gracia: La libertad de no callar, in: El País, 19. September 2006; Santos Juliá: Reprimir el recuerdo, in: El País, 24. September 2006; José Vidal-Beneyto: Más sobre Ridruejo, in: El País, 25. September 2006; J. J. Armas Marcelo: La cebolla histórica, in: ABC de las Artes y las Letras, Nr. 799, 26. Mai–1. Juni 2007.

nach Mitlaufen und Mitmachen müsse endlich gestellt werden, zumal man in Spanien zum eigenen Schuldeingeständnis bisher unfähig gewesen sei. Die Enthüllung von Günter Grass und die Debatte um *Beim Häuten der Zwiebel* sind hierzu sehr lehrreich. Sie machen mit aller Deutlichkeit die Widersprüche, das moralische Dilemma und die Schwierigkeiten des Umgangs mit der Vergangenheit sichtbar. Grass' Eingeständnis und die anschließende Diskussion zeigen, dass die Vergangenheitsaufarbeitung eine „Pendelbewegung zwischen Verschweigen und Zur-Sprache-Bringen" ist, dass die Auseinandersetzung mit der Vergangenheit häufig „zum Vehikel für beißende Kritik, heftige Polemik, flächendeckende Attacken" wird.[81]

Günter Grass hat mehrmals die Spanier gemahnt, kompromisslos mit der eigenen jüngsten Vergangenheit umzugehen, sich mit dem Bürgerkrieg und der Franco-Diktatur auseinanderzusetzen – zuletzt, als er am 21. Mai 2007 zu Gast in Madrid war, wo er die von seinem Übersetzer Miguel Sáenz, in diesem Fall mit der Unterstützung von Grita Loebsack, erstellte spanische Übersetzung *Pelando la cebolla* seines Erinnerungsbuches präsentierte.[82] Grass betonte dabei, dass die neuen spanischen Generationen das Recht haben zu wissen, was damals geschah. Nichts solle geheim gehalten bzw. vergessen werden, selbst wenn die Auseinandersetzung mit der Vergangenheit schmerzlich sei.[83]

In diesem Kontext der Diskussion über Vergangenheitsbewältigung ist in Spanien die spanische Ausgabe von *Beim Häuten der Zwiebel* mit großem Interesse aufgenommen worden.[84] Die ersten Rezensionen haben sich insbesondere mit Grass' Erinnerungskonzept und seiner Aufarbeitung der Vergangenheit auseinandergesetzt, zwei Grundelemente des Erinnerungsbuches, die für die gegenwärtige Debatte in Spanien besonders wichtig sind. Damit befasst sich z. B. die sehr positive Besprechung der Journalistin, Literaturkritikerin und Schriftstellerin Mercedes Monmany in der Tageszeitung ABC, die sich jedoch nicht mit der Diskussion um Günter Grass auseinandersetzt.[85] Sie würdigt *Beim Häuten der Zwiebel* eher als literarisches Werk, ohne Grass'

---

81 Hermann Rudolph: Die Häutungen der Deutschen, in: Der Tagesspiegel, 20. August 2006. Zit. nach Martin Kölbel (Hg.): Ein Buch, ein Bekenntnis, a. a. O., S. 160 f.

82 Vgl. Günter Grass: Pelando la cebolla, Madrid: Alfaguara 2007. Die katalanische Übersetzung, von Pilar Estelrich erstellt, erschien vor der spanischen. Vgl. Günter Grass: Tot pelant la ceba, Barcelona: Edicions 62 2007. Wir beschränken uns im Folgenden auf die Rezeption der spanischen Übersetzung.

83 Vgl. Juan Cruz: Me dejé seducir por el nazismo sin hacer preguntas, in: El País, 17. Mai 2007.

84 Vgl. die Kritik der deutschen Ausgabe in Manuel Maldonado Alemán: Günter Grass, Madrid: Síntesis 2006, S. 165 ff.

85 Vgl. Mercedes Monmany: Deudas con la memoria, in: ABC de las Artes y las Letras, Nr. 799, 26. Mai–1. Juni 2007.

Eingeständnis zu werten. Monmany schildert Grass' Schwierigkeiten mit der Aufarbeitung der Vergangenheit. Es sind in ihren Augen die Schwierigkeiten eines „respektierten" Schriftstellers, der im Dritten Reich aufwuchs und erzogen wurde, ohne dessen verbrecherischen Charakter erkennen bzw. verstehen zu können. Monmany beurteilt das Erinnerungsbuch als „glänzend und wirkungsvoll". Die besten literarischen Seiten des „unbequemen, und zugleich mutigen" Werkes seien diejenigen, in welchen Grass über den „schmerzlichen" und immer „herzzerreißenden" Prozess der Erinnerung an seine „innerste", „verborgene" Vergangenheit nachdenkt und theoretisiert. Monmany befasst sich mit den beiden Erinnerungsmetaphern, die Grass gebraucht, um sein ästhetisches Konzept zu erklären und mithin die Schwierigkeiten des Umgangs mit der Vergangenheit zu erhellen: der Zwiebel und dem Bernstein. Für sie sind die Metaphern treffend gewählt. Insbesondere die Metapher des Bernsteins sei „höchst plastisch".[86]

Cecilia Dreymüller hingegen unterzieht die Titelmetapher der Zwiebel einer negativen Kritik in ihrer in der Tageszeitung El País veröffentlichten Rezension.[87] Die Zwiebel als Sinnbild der Erinnerungen, welche wie jene Schicht um Schicht abgetragen bzw. freigelegt werden müssen, um zu immer tieferen Wahrheiten vorzudringen, überzeuge ihrer Ansicht nach nicht. Diese Metapher „zeichnet sich gerade eben nicht durch ihren Scharfsinn aus". Denn ein Kern, etwa die historische Wahrheit, sei nicht auszumachen. Es ist genau das, was die Rezensentin, die sich kurz mit der Debatte um Günter Grass befasst, besonders stört: Die Tatsache nämlich, dass in *Beim Häuten der Zwiebel* stets von Zweifeln an der Erinnerungsfähigkeit des Erzählers die Rede ist. Aus diesem Grund sei die Lektüre des Werkes „kaum zufriedenstellend". Das Erinnerungsbuch zeige keinen überzeugenden Prozess der Bewusstmachung.

---

86 „Tras múltiples capas", ist einer der Absätze der Besprechung von Mercedes Monmany überschrieben. „Ámbar y cebolla. Como nos dirá Günter Grass en su espléndido e impactante, por muy diversas causas, libro de memorias de sus años de juventud, Pelando la cebolla, que recorre un espacio de tiempo desde los doce años hasta la publicación de su primer éxito mundial, El tambor de hojalata (1959), a los treinta y dos ‚la trampa es la parte más resistente del recuerdo'. Es la que secuestra tantas veces una verdad que se resiste a desnudarse, agazapada tras múltiples capas de cebolla que tienen que ir siendo peladas para dejar al descubierto ‚letra por letra', lo que en realidad, y sin excusas, debe ser leído. Lo que se protege con tenacidad con colchas amortiguadoras y mantos protectores extendidos sobre ‚palabras demasiado tiempo evitadas'. [...] Por otra parte, nos seguirá diciendo Grass de forma metafórica y sumamente plástica, la contemplación prolongada de bellísimas e hipnotizantes porciones de ámbar encontradas en las queridas playas del Mar Báltico de su niñez, revelan, tras la masa solidificada y sus capas mutuamente encajadas „secretos del ámbar que se creían a salvo'. Es decir: ‚Lo que se encapsuló' y se quedó allí, imborrable, hasta el fin de los tiempos" (Mercedes Monmany: Deudas con la memoria, a. a. O., S. 22 f).

87 Vgl. Cecilia Dreymüller: La memoria y sus huecos, in: El Pais, Babelia, 19. Mai 2007.

Häufig bestehe die Erzählung aus „Selbstverständlichkeiten, Redensarten und abgedroschenen Ausdrücken". Der Inhalt, der sich auf die Zeit „zwischen 1939 und 1960" (sic) beschränke, gerade die Jahre, an die Grass nur noch eine schwache Erinnerung habe, enttäusche ebenfalls. Die Erinnerungen seien zu ungenau. Grass verwische die Grenzen zwischen authentischer Erinnerung und Fiktionalisierung. Er fülle die Erinnerungslücken mit der eigenen dichterischen Vorstellung, mit Vermutungen und Annahmen auf. Auf diese Weise geraten Realität und Fiktion durcheinander. Herausgekommen sei infolgedessen eine Mischung aus Fakten und Imagination, die dem Erzählten eine geringere Objektivität beimisst. Dieses hybride Merkmal, obwohl es zum Reiz des Buches beitrage, stehe in einem krassen Gegensatz zu Grass' Absicht, die „unwahren Geschichten" zu entlarven und Lebenswirklichkeit und Fiktion auseinanderzuhalten. Grass erzähle Geschichten mit unterschiedlichem Wahrheitsgehalt. Es sei ihm zwar eine „erregende und leserliche" Erzählung gelungen, aber sie lasse „das Nachforschen nach der Wahrheit" außer Acht. Obwohl Grass über Schuld, Scham, Wegschauen und Unterlassungen, über Erinnerungsnot und Erinnerungsvermögen reflektiere, fehle beim Erzähler eine „fragende Haltung", d.h. die feste Absicht, die wahren Ursachen des moralischen Scheiterns des jungen Soldaten und derjenigen, die ihn erzogen, zu erkennen. Die Gründe der kritiklosen Einstellung des Jugendlichen zum Nationalsozialismus würden im Erinnerungsbuch nicht genug erklärt.[88]

Die Rezensentin lenkt mithin die Aufmerksamkeit auf das Wie und das Was der Erinnerung. Sie kritisiert genau das, was Grass für sein großes Verdienst hält: die literarische Form seiner Erinnerung. Die literarische Inszenierung des eigenen Lebens führe dazu, dass biographische Fakten im Unklaren bleiben. Das ist die Hauptkritik von Cecilia Dreymüller an *Beim Häuten der Zwiebel*. Implizit stellt ihre Besprechung die Frage nach dem Verhältnis von Fiktion und Authentizität, von ‚subjektivem' Erinnern und ‚objektivem' Erzählen. Sie

---

88 So drückt es Cecilia Dreymüller aus: „la lectura de Pelando la cebolla resulta poco satisfactoria. No acomete un examen de conciencia convincente, ni profundiza en el ejercicio de introspección. Al conocedor de su obra, el libro decepcionará por su contenido – ceñido al periodo de 1939 y 1960 –, puesto que, como constata Grass una y otra vez, precisamente de la primera época, su memoria conserva poco; y desconcertará por su presentación: la metáfora de la cebolla de la memoria que, al ser pelada, revela verdades que hacen llorar, no deslumbra precisamente por su sutileza; aparte de que el relato se prodiga en obviedades, frases hechas y expresiones trilladas. [...] Lejos de problematizar el deterioro de los recuerdos [...], Grass se da licencia para recurrir a la imaginación. Así, casi imperceptiblemente, la transición entre memorialismo y ficción se hace fluctuante [... y se] deja fuera la indagación en la verdad. Si algo se echa en falta en la confesión de errores, omisiones y falsificaciones, tan largamente desplegada, es una actitud interrogativa, un impulso de querer saber el origen del fracaso moral del joven soldado y de los que le educaron" (Cecilia Dreymüller: La memoria y sus huecos, a.a.O.).

tritt offensichtlich für die Authentizität der Erinnerung ein, d. h., sie lehnt die bewusst unscharfe Form ab, die Grass für sein Erinnerungsbuch wählt. Im Kontext der Wiedergewinnung des historischen Gedächtnisses wird in Spanien von jeglicher Vergangenheitsaufarbeitung Authentizität erwartet. Denn nur die Authentizität der Aufarbeitung individueller Erinnerungen ermöglicht die Revision einer kollektiven Vergangenheit. Vor diesem Hintergrund erklärt sich der fehlende Enthusiasmus der Rezension von Cecilia Dreymüller. In diesem Fall zeigt sich, wie entscheidend der Einfluss des außerliterarischen Umfeldes bei der Rezeption von *Beim Häuten der Zwiebel* in Spanien gewesen ist, der die Dezentrierung des literarischen Textes bewirkt und die Überschreitung des literarischen zum gesellschaftlichen Feld herbeiführt.

Richard E. Schade

American Media Coverage
of Grass's Waffen-SS Revelation

I.

Any discussion of US-American media coverage of events and issues in the Federal Republic of Germany is predicated on the fact that the US-American radio, television and print media seldom focus on Germany to a significant degree. Issues with direct implications for American policy – such as Berlin's lack of support for the invasion of Iraq or the uncovering of a terrorist plot – may be highlighted, yet such attention is the exception rather than the rule. Current events of lesser import in the political or cultural arena – such as the results of a pivotal Landtagswahl or the awarding of the Oscar to *Das Leben der Anderen* – attract but brief commentary. True, television and radio broadcasts of Deutsche Welle, articles in the English-language monthly Atlantic Times, and information posted on the useful internet news source This Week in Germany of the German Information Center, the official voice of the Bundesregierung, are valuable sources of more complete information on things German, yet Americans accessing such venues are entirely atypical of the overall populace – that is, they care enough about topics pertinent to Germany to tune in, subscribe or log on.

With these essentially anecdotal observations as a background, my paper documents and comments on the media coverage of the controversy surrounding the revelation by Günter Grass of his service in the Waffen-SS – in a sense, the documentation is an addendum to Martin Kölbel's *Ein Buch, ein Bekenntnis. Die Debatte um Günter Grass' „Beim Häuten der Zwiebel"*.[1] For sake of clarity, the media sources are listed in chronological order so that they may subsequently serve as the basis for an analysis on the tenor of US-American media coverage.

---

1 Martin Kölbel (ed.): Ein Buch, ein Bekenntnis, Göttingen: Steidl 2007. Henceforth referenced parenthetically as Kölbel. The only comprehensive treatment of Grass in the United States is Walter Ziltener: Heinrich Böll und Günter Grass in den USA. Tendenzen der Rezeption, Bern: Peter Lang 1982. See Siegfried Mews, Günter Grass and his Critics (Rochester, NY: Camden House 2008) p. 335–342 for a brief consideration of the American and German media responses to the Waffen-SS revelation.

The Story Breaks in August 2006

1) 12 August – New York Times [NYT], Arts, Briefly: Steven McElroy: *Nobel-Winning Author reveals he worked for Hitler* (source: http://www.nytimes.com).

2) 14 August – International Herald Tribune: *Nobel Laureate admits serving in elite Nazi unit* (http://www.iht.com).

3) 14 August – National Public Radio [NPR], All things Considered: Emily Harris: *Germans Shocked By Guenter Grass's SS Past* (http://www.npr.prg/templates/story/story.php?/storyId=5646400).

4) 14 August – Time/CNN: Nathan Thornburg: *Günter Grass's Silence* (http://www.time.com).

5) 17 August – NYT: Alan Riding: *Nobelist Is Bedeviled by SS Past* (http://www.nytimes.com).

6) 17 August – NPR, Talk of the Nation: Neal Conan: *Nobel Prize-Winning Novelist Admits Nazi Past.* Interview with Michael Jürgs (http://www.npr.org/templates/story/story.php?storyId=5664512).

Editorial Opinions in August and September 2006

7) 18 August – Newsweek/MSNBC: William Underhill: *Is Gunter Grass a Big Hypocrite* (http://www.msnbc.msn.com)?

8) 18 August – NYT, Editorial: *The Betrayal of Memory* (http://www.nytimes.com).

9) 20 August – NYT: Peter Gay: *The Fictions of Günter Grass* and Daniel Kehlmann: *A Prisoner of the Nobel.* Illustrated by Anthony Russo (http://www.nytimes.com).

10) 22 August – Slate: Christopher Hitchens: *Snake in the Grass* (http://www.slate.com).

11) 27 August – Los Angeles Times (also in The Boston Globe): Jeffrey Fleishman: *A Legend of Words is Toppled by his Own* (http://www.latimes.com, http://www.boston.com).

12) 29 August – NYT: John Vinocur: *Reckoning with Grass's Reckoning of Nazi Past;* 5 September – NYT: Robert Galford: *Günter Grass's Revelation.* Letter to the Editor dated August 29 commenting on Vinocur's article (http://www.nytimes.com).

13) 30 August – Public Broadcasting System (television), Lehrer NewsHour: Jeffrey Brown interviews Peter Schneider, *German Author Reveals*

Former Membership in Nazi SS http://www.pbs.org/newshour/bb/ entertainment/july-dec06/grass_8–30.html).

14) 5 September – NYT, Arts, Briefly: Lawrence Van Gelder: *Günter Grass: ‚Still Standing'* (http://www.nytimes.com).

15) 6 September – NYT: Roger Cohen: *Of Secrets, Ambiguity and Dual Human Nature* (http://www.nytimes.com).

16) 10 September – NYT: Angelika T. L. Byorth: *Facing a German Past.* Letter to the Editor dated September 7 commenting on Galford's letter (item 12 above; http://www.nytimes.com).

17) 18 September – The New Yorker: Ian Baruma: War and Remembrance (http://www.newyorker.com).

Publication Events & Reviews of Peeling the Onion (2007)

18) Spring 2007 – Harcourt, Inc., New York City, New York, the publisher of Michael Henry Heim's translation *Peeling the Onion*, launches pre-publication publicity on its web site (http://harcourtbooks.com).

19) 4 June – The New Yorker, Personal History: Günter Grass: *How I Spent the War. A Recruit in the Waffen S.S.* Edited reprint of passages from *Peeling the Onion* (http://www.newyorker.com). Die Welt published a scathing critique of *How I spent the War* on June 12 (http://www.welt.de).

20) 17 June – The NYT publishes the advertisement of the 92nd Street Y announcing the appearance of Grass there on June 25 with Amos Elon as interviewer and including a reading from *Peeling the Onion.*

21) 20 June – The Village Voice: James Ledbetter: *The War and the Novelist.* Review of *Peeling the Onion* (http://www.villagevoice.com).

22) 24 June – Publication of *Peeling the Onion* by Harcourt, Inc., New York.

23) 24–29 June: Events with Grass in New York City: June 24 – Exhibition opening, reception and book-signing at Steven Kasher Gallery; June 25 – 92nd Street Y: Reading from *Peeling the Onion* and interview by Amos Elon; June 26 – Barnes & Noble bookstore: Reading from *Peeling the Onion* and booksigning; June 27 – New York Public Library: Public interview of Grass by Andrew O'Hagan and also of Norman Mailer; June 28 – Annual Steidl Verlag Artists' Party; June 29 – Goethe-Institut New York: Reception and reading from *Blechtrommel* and Breon Mitchell's forthcoming translation

24) 24 June – The Boston Globe: Richard Eder: *Remembrance of things past.* Review of *Peeling the Onion* (http://www.boston.com).

25) 24 June – Chicago Sun-Times: Roger K. Miller: *Searching for the core.* Review of *Peeling the Onion* (http://www.suntimes.com).

26) 24 June – Los Angeles Times: Natasha Randall: Uncomfortable truths. Review of *Peeling the Onion* (http://www.latimes.com).

27) 27 June – NYT: William Grimes: *Grass's Fact and Fiction, Fighting to a Draw.* Review of *Peeling the Onion* (http://www.nytimes.com).

28) 29 June – NYT, Arts, Briefly: Patricia Cohen: *Norman Mailer and Günter Grass: Remembrance of Things Past.* Report on the June 27 event at the New York Public Library (http://www.nytimes.com)

German media coverage of the events during Grass's days in New York City was very much more detailed than US-American media coverage:

June 26 – Die Welt: Iris Alanyal: *US-Leser nehmen Günter Grass in Schutz.* Report on the event in the 92nd Street Y.

June 27 – FAZ: Jordan Mejias: *Grass in New York. Beim Verlesen der Zwiebel.* Report on the event in the 92nd Street Y.

June 28 – Die Welt: Iris Alanyal: *Norman Mailer verteidigt den ‚Zwiebelhäuter'.* Report on the event in the New York Public Library.

June 29 – FAZ: Jordan Mejias: *Grass trifft Mailer. Der Gipfel der alten Kämpfer.* Report on the event in the New York Public Library.

July 5 – DIE ZEIT: Eva C. Schweitzer: *Full Frontal. Warum die Amerikaner Günter Grass so lieben.* Report on the events in New York City (sources: http://www.faz.net/http://www.welt.de/http://www.zeit.de).

29) 2 July – Slate: Barbara Probst Solomon: *Günter Grass, Reconsidered.* Review of *Peeling the Onion* (http://www.slate.com).

30) 2 July – The New Yorker, The Mail: Rebecca Wolinsky: *War and Memory.* Letter to the Editor on *How I Spent the War* (item 19 above; http://www.newyorker.com).

31) 6 July – NYT, This Weekend in The Times: *In Defense of Günter Grass.* Announcement of John Irving's upcoming book review of *Peeling the Onion* (http://www.nytimes.com).

32) 7 July – The News & Observer (Raleigh, North Carolina): Sven Birkerts: *Gunter Grass peels eyes open.* Review of *Peeling the Onion* (http://www.newsobserver.com).

33) 8 July – NYT, Book Review: John Irving: *A Soldier Once.* Review of *Peeling the Onion* with a cover illustration by Henning Wagenbreth (http://www.nytimes.com/books).

34) 8 July – San Francisco Chronicle: Martin Rubin: *After all the years of adulation, Grass finally reckons with the terrible truth.* Review of *Peeling the Onion* (http://www.sfgate.com).

35) 8 July – The Washington Post: Joel Agee: *The Good German. Nobel Prize-winning author Günter Grass reflects on his Nazi past.* A review of *Peeling the Onion* (http://www.washingtonpost.com).

36) 15 July – Gunter Grass and Norman Mailer interviewed and in conversation with Andrew O'Hagan. Television broadcast of the event in New York City (http://www.booktv.org; an audio recording of the event is available http://www.nypl.org/research.chss/pep/pepdesc. cfim?id=2678).

37) 17 July – The Christian Science Monitor: Heller McAlpin: *Memory's Long Shadow.* A review of *Peeling the Onion* (http://www.csmonitor. com).

38) 5 August – The NYT Book Review, Letters: Barbara Probst Solomon: *Lies of Omission.* Letter to the Editor regarding John Irving's review of *Peeling the Onion* (item 33 above; http://www.nytimes.com/books).

39) 13 August – The Nation: Andreas Huyssen: *I'm not the Man I used to Be.* Review of *Peeling the Onion* (http://www.thenation.com).

40) 16 August – The New York Review of Books: Timothy Garton Ash: *The Road from Danzig.* Review of *Peeling the Onion* (http://nybooks.com).

41) 27 August – Sunday Monitor (Concord, New Hampshire): Richard E. Schade: *The truth underneath.* Review of *Peeling the Onion* (http://www.concordmonitor.com).

42) 17 September – The Weekly Standard: Jeffrey Gedmin: *The Grass File.* Review of *Peeling the Onion* (http://www.weeklystandard.com).

II.

The first hurdle most American commentators faced in the late Summer and early Fall of 2006 was that no single pundit had the time, let alone the linguistic ability, to read and digest Grass's complex memoir *Beim Häuten der Zwiebel.*[2] A translation into English had yet to appear and so they would not have known of the pivotal sentence

„Mein nächster Marschbefehl machte deutlich, wo der Rekrut meines Namens auf einem Truppenübungsplatz der Waffen-SS zum Panzerschüt-

---

2 Günter Grass, Beim Häuten der Zwiebel (Göttingen: Steidl, 2006). Citations are henceforth referenced parenthetically.

zen ausgebildet werden sollte: irgendwo weit weg in den böhmischen Wäldern […]" *(Zwiebel,* 126).

They would not have known of Grass's self-doubt, of his self-analysis („Also Ausreden genug"; *Zwiebel,* 127), of his troubled state:

> „Doch die Last blieb, und niemand konnte sie erleichtern. […] Selbst wenn mir tätige Mitschuld auszureden war, blieb ein bis heute nicht abgetragener Rest, der allzu geläufig Mitverantwortung genannt wird. Damit zu leben ist für die restlichen Jahre gewiß *(Zwiebel,* 127)."

Had they had access to the text, of course, there is no saying whether they would have responded with differentiated dispassion, so sensational was the revelation, which first came to light on 12 August 2006, in the course of an interview for the Frankfurter Allgemeine Zeitung (see Kölbel, 28–36).

Steven McElroy picked up on the story in a note published on August 12 in Arts, Briefly of the NYT, referring to his sources, Agence France Presse and the FAZ (item 1). It is also to the FAZ that the International Herald Tribune – a US newspaper published for an international readership – attributed its information in a posting from Berlin dated Sunday, August 13, and published on the following day – *Nobel Laureate admits serving in elite Nazi unit* (item 2):

> „The admission by Grass, 78, […] came in a newspaper interview on Saturday [August 12] before the September publication of his autobiography […] *Peeling the Onion* in which the author explains how he came to join the SS at age 17."

The contents of the article then refer specifically to a column published by Helmut Böger in Bild am Sonntag [i. e. on August 13]:

> „Grass's confession right before the publication of the autobiography leaves behind a bad taste of book promotion. […]," columnist Böger wrote. „Even after the admission, Grass remains Germany's most important living author. But he has lost his standing as a moral authority. He cannot be castigated for being a member of the SS, but he can be for lying about it for sixty years."

Readers of the Tribune were informed about Grass's revelation and the report also editorialized by taking over the opinions of a columnist from a German national newspaper. In another words, one print-media report fed off another, a dynamic that also manifested itself in the first specifically American radio report by Emily Harris, Berlin correspondent for National Public Radio (NPR). Her three-minute piece broadcast throughout the United States on the afternoon of August 14 as a segment of the news program „All Things Considered"– *Germans Shocked by Guenter Grass's SS Past* (item 3) – opened with the lead:

> „Germany's Nobel prize-winning author Grass has spent his career dis-secting his country's Nazi heritage. So his countrymen are shocked by an interview in which Grass says he served in the Waffen-SS – Adolf Hitler's elite Nazi troop. He says he is making this information public because it weighed on him over the years. But a mystery remains: What did Grass do as a Waffen-SS member? Germans are digging to find out."

It includes an interview snippet from Frank Schirrmacher of the FAZ, the person who interviewed Grass, and also one by Böger of the Bild am Sonntag, and Johanno Strasser, the head of Germany's PEN, spoke. Thus Harris picked up on the print sources, activating them orally for radio and she included a recorded comment by Grass dated to 1999. In an email to me Harris commented on her journalistic method:

> „I [Emily Harris] looked on the Nobel website just to confirm when he'd received a Nobel Prize and by chance found that organization's long video interview with Grass. That provided me with some information about comments Grass had made about history and so forth that seemed interesting to consider in the light of the new information about his past."[3]

American listeners, then, heard authentic voices from Germany, pro and con, to include that of a woman in a Berlin bookstore: „It's hard to see the things he wrote in the same way as before," she said, „but I think we can be arrogant in our judgment. It was different growing up then."

In a sense, Harris's NPR report marked the end of a strictly informative phase in the coverage. With Nathan Thornbough's August 14th Time article *Günter Grass's Silence* (item 4), the American media moved towards a more independent commentary on the Waffen-SS issue. As expected, both the FAZ and Die Welt am Sonntag were paraphrased, details from the memoir's text were aired, and hypotheses were advanced, yet an interpretation sympathetic to Grass closed the nine-paragraph article:

---

3   Email with/from Emily Harris dated 20 August 2006.

„If Grass had not been living with this wretched little skeleton in his closet, he might never have written a word. Like 99 % of his compatriots, he might have just dusted himself off at war's end, said his 20 Hail Marys, and gone about joining the blithely ahistorical postwar boom. Instead, a haunted Grass cranked out a series of brutal novels [...] These unforgettable narratives, along with a good measure of his public hectoring and politicking, helped his entire country stave off collective amnesia for decades. So while his opponents, and even a share of his friends, are piling on him about the lies he told about his past, it's worth considering that those personal lies helped keep alive important national truths."

Guilt as a muse, if you will.

Writing for the NYT of August 17, even Alan Riding's title „Nobelist Is Bedeviled By SS Past" (item 5) signaled an ironic stance in the triple wordplay „Nobelist"/Nobel/novelist/noble. But five days after the FAZ interview, critical voices were cited (Lech Walesa, a CDU spokesperson, Polish politicians), Charlotte Knobloch, president of Germany's Jewish Zentralrat, and the literary critic Hellmuth Karasek: „I hope that finally he [Grass] has the sense to shut his mouth." The NYT article concluded with the accusation that Grass had revealed his long-held secret for the sake of book sales:

„While this explanation may seem farfetched, Mr. Grass's publisher, Gerhard Steidl, has nonetheless brought forward the publication date of *Peeling the Onion* by two weeks."

The reader came away not only better informed as to European public opinion, but likely convinced of the author's venal marketing strategy.

Riding's NYT-article also cited Michael Jürgs, the author of *Bürger Grass*,[4] in passing:

„,I never had the idea of asking him whether he joined the Waffen-SS,' he said. ,Grass told me all about this time [1944/45], and how could I imagine that he had joined them?'"

Coincidentally, Neil Conan's nine-minute telephone interview with Jürgs was broadcast nationally on the very same day on the radio program Talk of the

---

4   Michael Jürgs: Bürger Grass. Biografie eines deutschen Dichters, München: Bertelsmann 2002. The chapter in which Jürgs treats Grass's military exploits is entitled „Als ich die Angst schätzen lernte" (p. 48–78), i.e. the title cites Grass's words and reappears in a variation the Zwiebel chapter-heading as „Wie ich das Fürchten lernte" (Zwiebel, 121).

Nation (item 6). Speaking from his home in Hamburg in excellent English, Jürgs's passionate tone transmitted to millions of American listeners the intensity of German feeling about Grass's revelation as no other media venue was able. Jürgs harped on Grass's fall from the moral high-ground – „You can't judge on the morality of others, if you forget your own." In answer to Conan's question as to whether the author's stature had been reduced in German eyes, the biographer stated unequivocally: „Yes, of course!" Did he feel betrayed by Grass? „Not betrayed, disappointed," replied Jürgs. The NPR reporter was well informed in his questioning, referencing the problematic issues of the return of the Nobel Prize, the controversy surrounding Grass's honorary citizenship of his hometown Gdansk, the issue as to whether the confession was a ploy to increase book sales. As a result, the NPR listeners came to understand the gravity of Grass's failings in varied aspects, albeit only from the perspective of his disappointed biographer.

The very title of William Underhill's article dated August 18 in Newsweek – *Is Gunter Grass a Big Hypocrite?* (item 7) – promised a hard-hitting indictment of Grass, as indeed it was: In the words of Matthias Matussek, a correspondent for the German magazine Der Spiegel:

> „With the help of exclusive interviews in the press and on TV, he [Grass] orchestrates this confession with such skill that Madonna would have a job surpassing it when flogging [i. e. aggressively selling] a new CD."

Furthermore, Grass was defined as being not only manipulative, but also insincere: „What's scandalous is not that a 17-year-old spent a short time with the Waffen-SS or that a prominent writer was too cowardly to own up," editorialized the German weekly DIE ZEIT. „What's scandalous is the pathetic pretence of a general confession with which he attempts to shut down all debate."

Relying on the authority of German media sources, Underhill lent authenticity to the argument of his article, turning, however, to a more conciliatory tone in the closing paragraph:

> „To [the professor of Jewish history in London] Cesarani, the vehemence of the attacks hint at resentment of Grass's preachiness. Grass is a man, he is mortal and quirky. And his occasional fallibility shouldn't undermine the force of his message."

As a result, the answer to the question posed in the article's headline, „Is Gunter Grass a Big Hypocrite?," seemed to be both ‚Yes' and ‚No'. Better yet, let the interested American readers make up their own minds based on the information provided them.

The story was but six days old when the NYT weighed in with a three-paragraph editorial – *The Betrayal of Memory* (item 8), a highly signal event in the response to Grass's revelation. As the national newspaper of record, the commentary on August 18 arguably carried special force in the molding of American public opinion – at least for those who cared. The first two paragraphs documented the controversy, while the third offered analysis:

> „We see two critical questions here. First, does this revelation undermine the sharp criticisms Grass has leveled over the years against Germany and the United States? Grass's personal probity has been seriously damaged, but that does nothing to mitigate the very real crimes of thought and deed he has railed against. The second question is more important. Does this revelation annul or impair Grass's work? To us, his novels have dramatized the problem of conscience in history – and especially the battering of the 20th century – better than the work of almost any other writer. Everything he has written will now be reread with an ironic eye, but the weight of the work will stand undamaged. With this revelation, Günter Grass has become, in a sense, his own final chapter."

Implicitly, the readers were encouraged to „reread" Grass's works, an endorsement of their value above and beyond the passing controversy. The authority of the editorial form of address („we see", „to us") coupled with the dispassionate reasoning and the forceful concluding sentence convinced the American readership of the newspaper's essentially positive assessment of the issues surrounding Grass.

Not surprisingly, the NYT continued its editorial focus on Grass with opinion pieces on Sunday, August 20 (item 9), by the distinguished German-born, Jewish-American exile, Yale University professor emeritus, Peter Gay (born 1923), and by a current Wunderkind of German letters, Daniel Kehlmann (born 1975). The generational span was surely intentional, as was the selection of a leading American academic and public intellectual to balance the perspectives of a bestselling German author and darling of literary critics. Gay's *The Fictions of Günter Grass* were „sober reflections," the SS-revelation „dark news," and his commentary was tinged with almost gleeful irony: „Well, SS-boy really." After all is said and done, Gay is faced with the question „Why did he keep this interlude as a servant of the regime so tight a secret?" He, the scholar of Sigmund Freud, claimed not to be Grass's analyst, only to analyze him at the end:

„But it seems to me that he failed to come forward all these years simply because he was too ashamed. And if I am right, the affair will have a useful consequence: it will be a reminder, more than sixty years later, that this country [Germany] had a great deal to be ashamed of."

Grass's shame was emblematic of Germany's shame. The situation is a parable from which there is much to be learned. Kehlmann's *A Prisoner of the Nobel* (as translated into English by Ross Benjamin) framed a complex argument laced with references to Bertolt Brecht, Vladimir Nabokov, Samuel Beckett, and Jorge Luis Borges:

> „The question of why he [Grass] remained silent for so long about his past is in fact easy to answer: one visit with the Chilean dictator Augusto Pinochet was sufficient for Borges never to receive the [Nobel] prize. Would someone who has served in the SS stand a chance?"

For the novelist Lehmann, Grass's conundrum turned him into the likes of „Henrik Ibsen, the dramatist of living a lie." Like Gay, Lehmann saw Grass as an exemplar of a particularly German condition – „When even the most outspoken German moralist wore the uniform of murderers, one might ask whether there is a single guiltless German in this generation" – but an author whose early novels commented profoundly on guilt:

> „His earlier novels, however, which tell of the deep corruptibility of human beings, of the coexistence of mendacity and greatness and of the infinitely complex nature of quilt, will be with us as long as people read books."

Both Lehmann and Gay praised Grass faintly, allowing the readers of the Sunday NYT to better comprehend the implications of a particularly German, but quintessentialy human problem. Ultimately, however, the sensitive interpretations were trumped by a large cartoon figure of a strident drummer, both Oskar Matzerath and Grass, a figure whose angular body cast shadows in the fearsome form of SS-runes.[5]

Christopher Hitchens's angry essay, *Snake in the Grass* (item 10), turned up the heat on Grass considerably, marking a shift in opinion:

---

5   The editorial cartoon is but one of many linking Grass to the Waffen-SS; see, for example, Cicero. Magazin für politische Kultur (September 2006, http://www.cicero.de), where several cartoons are published.

„The first judgment is that you kept quiet about your past until you could win the Nobel Prize for literature. The second judgment is that you are not as important to German or to literary history as you think you are. The third judgment is that you will be remembered neither as a war criminal nor as an anti-Nazi hero, but more as a bit of a bloody fool".

And John Vinocur's New York Times essay of August 29, *Reckoning With Grass's Reckoning Of Nazi Past* (item 12) marked a shift in coverage, if only because he based his critical comments on a reading of the first four chapters of the memoir's German text. Like Hitchens, he passed judgment on Grass with opinions, however, based neither on hearsay nor on other media sources: „He [Grass] is contrite, but what about the years of lies about being part of a symbol of devastation? We sense regret but do not feel his pain." His reading of Grass's text allowed Vinocur to fault Grass for the lack of detail:

„Mr. Grass talks about his hardened drill instructors back from the east and their ‚cruel wit'. But what about their jokes about Jews, partisans or Gypsies, or the extra schnapps ration for manning machine guns in mass executions? Not a word. […] Mr. Grass also spares the reader any sense of SS ideological training that dehumanized its members and built a psycho-logical machine to carry out, whether by Waffen-SS troops or their black-uniformed counterparts, missions in the service of horror."

The essay was not framed as a book review. It was based on an incomplete reading of Grass's text, yet Vinocur chastised Grass for having been vague, for „uncertain memory", for „sixty years of lying". The American readers were sure to agree with this strident indictment of Grass.

In the only television interview nationally broadcast on the Waffen-SS controversy, *German Author Reveals Former Membership in Nazi SS* (item 13), reporter Jeffrey Brown interviewed the leading German writer Peter Schneider on the Public Broadcasting System Lehrer NewsHour of August 30. The introduction set the scene with video footage of Grass walking, of a fore-grounded Grass with a swastika as a backdrop, of Grass in front of one of his watercolor paintings, of a shot of the dust-jackets of the „Danziger Trilogie", of a cut from Schlöndorff's *Die Blechtrommel,* and of a succession of images of SS soldiers marching in a rally (to include a close-up of Heinrich Himmler) and, finally, with two brief segments depicting the haggard victims of concentration camps –

„What did enrage and sadden many Germans was the revelation that he [Grass] had actually served in the Waffen-S.S., an elite force that, beyond its battlefield duties, was instrumental in the execution of Hitler's plan to exterminate European Jewry."

The visual impact informed the American television viewers, while also linking Grass's person to militaristic Nazism. By the time the viewers saw the articulate, casually dressed Schneider, their minds were likely prepared for an indictment of Grass. Schneider, however, offered a nuanced and not unsympathetic assessment of Grass's predicament:

> „[Schneider:] So we don't understand why he has waited so long. But is there ever the right moment to confess that you have been an S. S. Man? I think there is no such moment. And Gunter Grass probably – and this not out of shame; this was out of calculation – he was always clever, a clever boy, a clever man. And he said, 'OK, if I confess that I was with the S. S., they will always label me as such. [...] I'm branded for the rest.
> [Jeffrey Brown:] ... in spite of this being a very short incident at a very young age.
> [Peter Schneider:] Right. So I pay back to this injustice of the world, and I cover it. I hide it. And I will choose the moment when I talk about it. And he did that."

Whether Schneider's opinions were true or not, the American viewers were likely to have bought into his dispassionate psychologizing. An analysis of the entire television interview argues for the fact that Schneider's low-key manner and thoughtful responses cancelled out the effect of the strident visual images of the introduction.

„Grass in the SS! Not even he could have invented this," wrote Roger Cohen in his NYT-article of September 6 – *Of Secrets, Ambiguity and Dual Human Nature* (item 15). He reviewed the familiar issues and then sought an explanation for Grass's behavior:

> „Perhaps it is this very double-sidedness that is so obsessive in the German story. All those, yes, German Nobel Prize winners, many of them scientists, in the early part of the 20th century, including a converted Jew, Fritz Haber, who was the creator of Zyklon B cyanide gas that would be used in the camps – all that learning and then the fall. [...] We [Cohen] want to link the two sides of the story, the concertos and the camps, the Nobels and the annihilation, and we grapple with the enormity of that task, just as we struggle now with the two-sided story of a great German writer. We want

a resolution, a key of some sort that makes understanding possible. [...]
Forget it. Humanity is double."

Interestingly, Cohen then launched into an interpretation of Grass's *Im
Krebsgang,* evaluating the text in terms of human ambiguity and concluding
with the sentence: „Grass, the great explorer of German ambiguity, was ambi-
guous himself. We can hardly hold that against him." Again, Grass became a
representative, an emblem of what it is to be a German struggling with a personal Vergangenheitsbewältigung. Significantly, he was all but forgiven in the
influential American forum which is the NYT.

With Ian Buruma (born 1951), a professor at Bard College in New York
and the author of numerous books and of an even greater number of reviews,
the meaningful coverage of Grass's Waffen-SS revelation reached an endpoint. *War and Remembrance* (item 17) appeared in the September 18 issue
of The New Yorker and its subtitle announced its corrective intent to much
of the American media coverage: „Shrouded by the Günter Grass controversy is an extraordinary new memoir." An Anglo-Dutch American academic with impeccable linguistic credentials, Buruma first documented the
controversy in detail, but then went on: „Somewhat lost in the scandal is the
fact that Grass has written a memoir of rare literary beauty." Grass's work
was „a meditation on memory – on the tricks it plays and the way it feeds the
imagination of a born storyteller." The text was „filled with striking poetic
imagery" and Buruma termed it a „Bildungsroman", that most German of
forms. The attempt the critic made to square Grass's literary artistry with his
moral failing was framed by the notion that Germans like Grass think tragi-
cally, mythically – to adopt Thomas Mann's perspective. Buruma saw Grass's
admission of service in the Waffen-SS as „a trifle overdramatic. It is almost
as though even Grass's shame had an element of tragic myth, if not hero-
ism." Having subsumed the discussion of the memoir under such categories,
Buruma analyzed Grass's political activism in detail, concluding the article
generously:

> „There are times, certainly, when the writer can use his moral authority to
> good effect: Thomas Mann during the war, Grass after the war. At other
> times, the very things that make a man such as Grass a great novelist – the
> capacity to turn experience into myth, for example – can be obstacles to
> cogent political analysis. Grass' role as a moralist and as a scold came from
> the same imagination that created the fictions. But there are certain aspects
> of the past that should be precisely remembered, as Grass was always the
> first to point out, in anger, and now, one should hope, in sorrow."

It is clear from Buruma's analysis that he had read Grass's text, even if the essay was not strictly a book review. Indeed, it was left to the British to print the first full-dress review of the German-language book in The Times Literary Supplement of September 29, 2006 (see http://www.tls.com). To be sure, Ian Brunskill offered his English-language readers a review of the Waffen-SS controversy, a selective summary of the contents, but most importantly he concluded with a well informed and generally positive assessment of the memoir.

> „*Beim Häuten der Zwiebel* is one of Grass's most accessible and engaging works. [...] Everywhere Grass is eager to point out parallels, to explain how real people, places and events turned into characters, settings and scenes, and how in the process their reality was transformed. He shows just how much of his life went into his work, but he also attempts to show how the young man who lived that life became the man who wrote those early books – and the man, different gain, who writes this one now. It is a story of a life given up to fiction, and it suggests that fiction, for Grass, may always have offered the greater truth."

American readers of the TLS, arguably members of the nation's intelligentsia, would have been authoritatively informed and with this review and that of Ian Buruma that English-language media coverage of the Waffen-SS-issue dissipated.

III.

It was not until the publication of Michael Henry Heim's translation of the memoir, *Peeling the Onion,* in June 2007 (item 22),[6] that the controversy flared up once again. Long before this occurred, however, the publisher's web site advertised the book (item 18):

Synopsis
„In this extraordinary memoir, Nobel Prize-winning author Gunter Grass remembers his early life, from his boyhood in a cramped two-room apartment in Danzig through the late 1950s, when *The Tin Drum* was published.

---

6   Günter Grass: Peeling the Onion. A Memoir, translated by Michael Henry Heim, New York: Harcourt 2007.

During the Second World War, Grass volunteered for the submarine corps at the age of fifteen but was rejected; two years later, in 1944, he was instead drafted into the Waffen-SS. Taken prisoner by American forces as he was recovering from shrapnel wounds, he spent the final weeks of the war in an American POW camp. After the war, Grass resolved to become an artist and moved with his first wife to Paris, where he began to write the novel that would make him famous. Full of the bravado of youth, the rubble of post-war Germany, the thrill of wild love affairs, and the exhilaration of Paris in the early fifties, *Peeling the Onion* – which caused great controversy when it was published in Germany – reveals Grass at his most intimate."

Prior to the publication of *Peeling the Onion,* Harcourt Books (formerly Harcourt, Brace, Javonovich), long the publisher of Grass in the United States under its Helen and Kurt Wolff division, advertised the memoir with a dispassionate synopsis of its contents. Grass is twice linked to *The Tin Drum,* a title with which most American readers would be familiar, and the passing reference to the Waffen-SS is not explicitly associated with the „great controversy" of the closing line. Most readers interested in the memoir likely would be aware of the „controversy", yet the publisher plays it down, opting instead for the all too trite closing formula „[...] reveals Grass at his most intimate". Put otherwise, the Waffen-SS-revelation and the attendant debate is not explicitly used to boost sales of the translation.

Unlike the large drawing of the onion on the cover of Steidl Verlag's *Beim Häuten der Zwiebel,* Grass's own artistic composition, the dust-jacket image on the translation focused on the person. All but obscured by smoke, a younger, perhaps 30-something Grass peered out at the viewer. Did the portrait reference the chapter „Wie ich zum Raucher wurde"? the informed reader might have asked. Or: was Grass here stylized as a chain-smoking European intellectual, as a latter-day Albert Camus or Jean-Paul Sartre? To be sure, Grass's pipe is as much as part of his‚image' as his mustache or glass of red wine, yet the cover's message was far from attractive in the 2007 United States. In a nation which has all but abolished smoking in public, the message of the memoir's cover is revolting at worst, off-putting at best. It does not encourage sales. Be that as it may, the reviews of Heim's English translation now deserve examination in this documentation of the media coverage of Grass's Waffen-SS-admission.

The release of the translation on June 24, 2007 coincided with the visit of Grass to New York City (item 23). The author's public interview with Amos Elon at the 92nd Street Y, a high-profile public venue sponsored by the city's Jewish intellectual elite, assured maximum effect – albeit not in the American media. The Franfurter Allgemeine Zeitung and Die Welt dispatched reporters (item 28), but no mention was made of the event in the local press. Similarly, Grass's appearance with his American contemporary Norman Mailer on June 27 at the New York Public Library (item 23), while totally sold out, received only perfunctory mention in the NYT (item 28), but comprehensive treatment in the German press (item 28). These events and the book-signing scheduled for the Barnes & Noble bookstore in downtown New York City were part of an effective marketing strategy, yet the lack of media coverage illustrates the fact that German cultural events were all but ignored.

Having said as much, however, the lengthy pre-publication excerpt of *Peeling the Onion* in The New Yorker (item 19) and the sixteen book reviews which appeared in print and on the internet between 20 June and 17 September 2007 represented an inordinate degree of US-American media coverage. True, the magazine's article *How I Spent the War. A Recruit in the Waffen-SS* (item 19) egregiously misrepresented the memoir in its wanton editing of Heim's translation – the complex text was reduced to a streamlined narrative of Grass's wartime experiences, yet the various reviewers were by and large judicious in their treatment of the text and its central issues. Rather than examine each and every review individually, I here typify them as a whole, thereby arriving at a summary assessment of the nature of American media coverage.

First, the listing of newspapers in which the reviews appeared documents the truly national scope of the media coverage, from New York City in the East, to Chicago in the Midwest, and to Los Angeles and San Francisco in the Far West. Furthermore, The New York Times and The New York Review of Books are readily available throughout the United States. Additionally, all of the reviews are accessible on the internet, making them available across the globe.

Second, it is apparent that the authors of the reviews had carefully read *Peeling the Onion.* The journalism is not slapdash. It is well-informed both in terms of text and context. The American novelist and long-time admirer of Grass, John Irving, was by far the most well known commentator and his piece appeared as the lead review in the single most prestigious print venue, The Sunday New York Times Book Review (item 33). The well respected cultural historian Timothy Garton Ash (item 40) and two trained Germanisten, Andreas Huyssen (item 39) and Richard E. Schade (item 41), offered their especially well informed evaluation of the memoir.

Third, like the immediate response to the Waffen-SS controversy in 2006 (items 1–17), each reviewer felt bound to inform the readers about the debate, to comment on the issues, interpreting them in this way and that. A selection of passages from several reviews may serve as documentation of the commentary:

James Ledbetter (item 21), for example, opened with the statement: „On some level, I don't really care that Günter Grass – a humanist hero, a brilliant novelist also deeply engaged in socialist politics – served in the Waffen-SS." Sven Birkerts (item 32) suggested that readers just „Google the controversy," since he, Birkerts, was most interested in the memoir as „an intriguing and wide-ranging literary document." John Irving (item 33) wrote at length of the influence Grass had had on his own development as a novelist („Dickens made me want to be a writer – but it was reading *The Tin Drum* at 19 and 20 [years old] that showed me how"[7]) before treating the Waffen-SS-controversy. Irving lashed out at „craven critics – the fatuous Hitchens [item 10] among them" and praised Grass's moral integrity:

> „It is the moral certainty, the holding himself accountable, that makes this memoir resonate so powerfully. First loves, first wife and everything that leads up to the writing of his first novel – they are all captured here – but as always, Grass is best at taking himself to task. ‚Even if an author eventually becomes dependent upon the characters he creates, he must answer for their deeds and misdeeds.'
>
> And when I began to peel the onion by reading the memoir, I was further convinced that my sense of betrayal had overshot its mark. Grass comes down hard and unsentimentally on his inability as a young man to read the signs of his times. [...] Indoctrinated as he was, he saw and looked away. Günter Grass's ‚éducation politique' was slow in taking shape, and his memoir acknowledges it."

Of course, not all reviewers are as generous in their reading of the issue. Joel Agee (item 35) cut Grass but little slack:

> „Not for one moment in reading Grass's account does one get an intimate sense of what it was like to be a passionate Nazi that he admits to have been. He reports behavior that he now finds deplorable [...] but these observations come from a strange distance, as if he were speaking of someone other than himself. [...] Thus for all the older man's talk of guilt and shame, and partly because of it, the image one gets of the juvenile Nazi is that of a hapless Everyman prodded by an Oedipus complex, avid for honor and adventure and wholly unconscious of the evil to which he is being conscripted. Such a character cannot, of course, deliver much in the way of moral intelligence."

---

7   For a comprehensive treatment of Irving's indebtedness to Grass see Iris Heilmann: Günter Grass und John Irving. Eine transatlantische Intertextualitätsstudie, Frankfurt: Peter Lang 1998.

And Barbara Probst Solomon (item 29) went a step further in her arguments:

„My sense is that Grass isn't so haunted by what he actually did [as a soldier in the Waffen-SS] but by the lethal anti-Semitism he grew up with. In quick strokes he admits that he and his family were Nazis, but the mature Grass does not in his look backward reflect on the nature of anti-Semitism."

So convinced of her position was Solomon, that she took John Irving to task in her letter to the editor of the New York Times (item 38):

„Yet Irving merely wonders if Grass's excess feeling of guilt has to do with what happened to the Poles, and is amazingly casual about the import of Grass's lie. But (as I suggested in Slate) Grass's private demons actually may have more to do with his and his family's anti-Semitism, and his acceptance of the murderous Waffen-SS anti-Semitic propaganda that led to the Holocaust. Irving takes as his hero Oskar Matzerath, the stunted drum player in *The Tin Drum* who refuses to grow up. But when Grass in *Peeling the Onion* continues to treat Oskar as though he were alive and the author of the book, the literary conceit becomes an evasion. Those critics, including myself, who have questioned this subterfuge should not have to read in the [New York Times] Book Review that we ought to feel ashamed."

Finally, the exchange of views between Solomon, Irving and Hitchens notwithstanding, the American reviewers of *Peeling the Onion* did not engage in a debate comparable to those in Germany. Martin Kölbel's *Ein Buch, ein Bekenntnis* documents the vociferous, ideologically complex „Auseinandersetzung" in the media between Grass and his critics as well as between the critics themselves. His „Nachwort" (S. 335–55) defines a phenomenon so very unlike the US-American media response as outlined above. In the United States, each commentary and book review stood very much for itself. Even if the debate in Germany was referenced (see especially Ian Buruma [item 17] and Timothy Garton Ash [item 40]), articles did not feed off one other in an ever-spiraling media frenzy. German cultural issues are of interest to the American writers and their readers on an informational level, yet they are hardly crucial in the sense of the existentially critical „Vergangenheitsbewältigung".

IV.

The documentation of the US-American media response to Grass's Waffen-SS revelation and to the memoir itself has likely reached an endpoint. The American fascination with Grass was palpable from the first to the last, a fascination surely informed by the overall obsession Americans have had with the World War II era. Even as I write in Autumn 2007, American television viewers have become entranced by the epic scope of Ken Burns's *The War*, a multi-episode television series treating the sweep of events from the perspective of the common soldier, war seen from below not from above. What Burns has accomplished is analogous to the literary achievement of Grass in *Im Krebsgang*,[8] is comparable to the depiction of war in the controversial memoir. Having said that, however, to reduce *Peeling the Onion* to an autobiographical narrative on the nature of war, does Grass's intentions a disservice. The artwork fronting John Irving's review in the New York Times Book Review is a case in point. A mustachioed Grass, his iconic pipe clamped firmly in his mouth, confronts the viewer. His shirt and suit are brown, his skin a lurid green, colors linking him to Nazi brown-shirts and to the background flames. Dead bodies and weapons clutter the ground. A tank is on fire, a truck destroyed. All around are the smoking ruins of a city. Even though Grass had described a burning Berlin – „there were houses, whole apartment houses, on fire on either side of the embankments; there were flames coming out of windows of the upper stories, and glimpses of dark gorge-like streets and courtyards with trees" *(Onion,* 106) – this was but one image in a memoir detailing his life from 1939 to 1959. Yet, the American media focus on the Waffen-SS revelation, on the war, justifiable though it is, says as much about the United States as it does about Grass and Germany.[9]

---

8   Günter Grass: Im Krebsgang, Göttingen: Steidl 2002.
9   With the exception of my review in a regional newspaper (item 41), no American reviewer discussed the memoir in terms of Grass's education and development as a representational artist, as a painter and sculptor. Arguably, the memoir is first and foremost the ‚portrait of the artist as a young man'. See Richard E. Schade: Layers of Meaning, War, Art: Grass's Beim Häuten der Zwiebel, The German Quarterly 80.3 (2007), p. 279–301.

Maggy Rashid

Günter Grass in der arabischen Presse. Zur Rezeption seiner Werke und zu seinen Äußerungen zu weltpolitischen und kulturellen Fragen

I. Einleitung: Günter Grass, Autor der *Blechtrommel* und Nobelpreisträger

Mit den folgenden Worten leitet der ägyptische Schriftsteller Ragaa' Al-Nakkash seine Gedanken ein, mit denen er das Werk des ägyptischen Nobelpreisträgers Nagib Machfus in seinem Buch *Fi Hob Nagib Machfus* (dt. In Liebe für Nagib Machfus, 2006) beschreibt:

> „In den literarischen Forschungen wiederholen sich oft die Wörter ‚national' und ‚international'. Meistens versuchen die Forscher das Wort ‚international' dem Wort ‚national' gegenüber zu stellen, als ob die beiden widersprüchlich wären [...]. Wenn man aber die Geschichte der verschiedenen Literaturepochen genau betrachtet, stellt man fest, dass ‚international' nicht im Gegensatz zu ‚national' steht. Denn viele der großen Schriftsteller, die die Menschheit kannte, haben hauptsächlich über ihre eigene Wirklichkeit geschrieben; und diese interne Wirklichkeit war der Weg, den sie einschlugen, um die Internationalität zu erreichen."[1]

Von dieser Perspektive aus kann man auch das Interesse der arabischen Denker und Schriftsteller an der Literatur des deutschen Nobelpreisträgers Günter Grass erklären. Bereits in den sechziger Jahren des letzten Jahrhunderts war Günter Grass, der Autor der *Blechtrommel*, in den arabischen Literaturkreisen bekannt, obwohl sich Grass in diesem Werk ausschließlich mit der deutschen Geschichte auseinandersetzte. Mit diesem Werk weitete sich das Interesse des ägyptischen Intellektuellen an der zeitgenössischen deutschen Literatur aus. Bereits im November 1966 beschreibt der palästinensische Literaturkritiker Dr. Mahmoud Al-Samra, ehemaliger Professor an der

---

1   Al-Nakkash, Ragaa': Fi Hob Nagib Machfus. (dt. In der Liebe für Nagib Machfus). Kairo 2006. S. 54. Zitat übersetzt v. d. Autorin.

Jordanischen Universität in Amman, in der ägyptischen Zeitung Al-Arabi
(dt. Der Araber) in seinem Beitrag unter dem Titel *Buch des Monats* Günter
Grass als den bekanntesten deutschen Schriftsteller dieser Zeit, aber auch den
revolutionärsten, der sich für ein neues Deutschland einsetze. Dr. Mahmoud
Al-Samra entdeckt in der Grass'schen Literatur eine Wende in der deutschen
Literatur überhaupt, die sich von der Nachahmungsphase nach dem Zweiten Weltkrieg abwende und einen neuen Weg einschlage. Nach einer aus-
führlichen Beschreibung der Bücher *Die Blechtrommel, Katz und Maus* und
Hundejahre preist der Literaturkritiker mehrere Aspekte in Grass' Danziger
Trilogie, wie den Fluss seiner Ideen, der dem deutschen Autor ohne große
Anstrengung gelinge. In seinen Geschichten integriere Grass auch Widersprüche wie Naivität und List, das Gewöhnliche und das Fremde, die Liebe
und die Strenge, schreibt Dr. Al-Samra. Sein Stil sei reich an Symbolismus
und Anspielungen, fügt er hinzu.

Für viele arabische Denker bildet die *Blechtrommel* den Ausgangspunkt
ihrer Beiträge über den deutschen Schriftsteller. Als Günter Grass Mitte Oktober 1979 Kairo besuchte und im Goethe-Institut einen Vortrag über *Die Lage
der Literatur in den arabischsprachigen Ländern im Osten und Westen* hielt,
wurde er in der ägyptischen Tageszeitung Al-Achbar (dt. Die Nachrichten)
am 17. Oktober 1979 als „Der Autor der *Blechtrommel* und ein zeitgenössischer deutscher Schriftsteller" vorgestellt.

Jahrzehnte später begrüßt der ägyptische Autor Mohamed Kassem die
Preisverleihung an Grass mit einem Beitrag unter der Überschrift *Nobel
1999. Das Geheimnis der Blechtrommel, die den Preis erhielt* – erschienen am
11. November 1999 in der saudischen Zeitung Al-Jazira (dt. Die Insel).

II.   Günter Grass im Jemen

Durch die beiden Besuche des berühmten deutschen Literaten im Jemen
wurde das Interesse der ägyptischen und arabischen Denker auf den deutschen Nobelpreisträger und sein Werk auf eine vollkommen neue Perspektive,
nämlich die des Dialogs zwischen den Kulturen, gelenkt. Auf Einladung des
Jemenitischen Studien- und Forschungszentrums flog Grass im Dezember
2002 für zehn Tage zusammen mit Autoren und Journalisten in den Jemen. Er
nahm an dem deutsch-arabischen Autorentreffen unter der Schirmherrschaft
des jemenitischen Staatspräsidenten teil. Bei seinem zweiten Besuch vom 10.
bis zum 17. Januar 2004 besuchte Grass erneut das deutsch-arabische Treffen,
an dem etwa 40 arabische Schriftsteller beteiligt waren.

Nach dem zweiten Besuch von Grass schreibt der ägyptische Schriftsteller und Historiker Gamal Al-Ghitani am 28. Januar 2004 in der syrischen elektronischen Wochenzeitung Sakafa (dt. Allgemeinwissen) unter der Überschrift *Gamal Al-Ghitani schreibt erneut über Günter Grass in Hadramaut* über die Brücke, die der Künstler Grass beispielsweise mit einer Sendung über den Jemen im ZDF zu bauen versuchte. Er zitiert die Antwort von Grass auf seine Frage, ob er an einer Fernsehsendung über den Jemen beteiligt sei: „Nein, aber ich mache Werbung für den Jemen und mache das deutsche Volk mit diesem zivilisierten Volk bekannt und mit dieser wunderbaren unberührten Natur."[2]

Diese Einstellung Grass' zur jemenitischen Kultur bestätigt der ägyptische Schriftsteller mit dem Hinweis auf dessen Unterstützung für die uralte einfache Baukunst im Jemen. Al-Ghitani berichtet in seinem Artikel ausführlich darüber, wie Grass bei seinem ersten Besuch im südlichen Jemen die Lehmbauten bewundert habe. Mit einer Spende von 10 000 US-Dollar finanzierte der deutsche Künstler die Gründung einer Ausbildungsstätte, die den jüngeren Generationen die tausend Jahre alte Kunst vermitteln soll. Damit wollte Grass diese vor dem Aussterben bewahren. Die jemenitische Regierung bot ihrerseits ein großes Schloss als Schulgelände an. Al-Ghitani lobt die moralische und finanzielle Unterstützung des großen Künstlers, der die jemenitische Kultur liebe.

Der Dialog zwischen den Kulturen steht am 28. Dezember 2002 im Mittelpunkt der in den Arabischen Emiraten angesiedelten Webseite Al-Bahhar (dt. Der Seefahrer), und zwar anlässlich des Mordes an Gar-Allah Omar, dem ehemaligen stellvertretenden Parteivorsitzenden der oppositionellen Jemenitischen Sozialistischen Partei. Im Rahmen des Treffens des arabisch-europäischen Dialogs, das die jemenitische Hauptstadt Sanaa zur Ehrung von Grass organisierte, hatte sich eine Diskussion zwischen dem jemenitischen Politiker Gar-Allah Omar und dem deutschen Ehrengast entwickelt. Die Einheit zwischen Nord- und Süd-Jemen, die im selben Jahr vollzogen wurde, wurde aus der Perspektive beider Gäste verglichen. Der Artikel *Der Mord an dem stellvertretenden Parteivorsitzenden der Jemenitischen Sozialistischen Partei* berichtet über weitere politische Themen, zu denen sich Grass äußerte, wie beispielsweise über seine Kritik an dem damaligen israelischen Premierminister Sharon und dem voraussichtlichen Krieg der Vereinigten Staaten von Amerika gegen den Irak.

Auch der Einsatz von Grass für die Befreiung des jemenitischen Autors Wagdi Al-Ahdal wurde auf der arabischen Webseite Al-Arabeja (dt. Die Ara-

---

2   Gamal Al-Ghitani: Gamal Al-Ghitani schreibt erneut über Günter Grass in Hadramaut, in: Sakafa. Januar 2004. Zitat übersetzt v. d. Autorin.

bische), die in Zusammenarbeit mit der Bibliothek der Arabischen Liga veröffentlicht wird, erwähnt. Dies wurde in Zusammenhang mit dem Aufent-
halt des ehemaligen deutschen Bundeskanzlers Gerhard Schröder im Jemen
im März 2005 erwähnt. Aus Sanaa berichtet der jemenitische Autor Ezzat
Moustafa in seinem Artikel *Die jemenitische und die deutsche Perspektive sind
erstaunlicherweise identisch* – veröffentlicht am 3. März 2005 – über Schröders
Bitte an den Präsidenten Ali Abdullah Saleh, den jemenitischen Journalisten
Abd Al-Kerim Al-Khiwani aus dem Gefängnis zu entlassen.

Hierbei betont Ezzat Moustafa, dass dies nicht die erste deutsche Stellungnahme zu der Freiheitsproblematik im Jemen sei. Er berichtet ausführlich über
einen ähnlichen Versuch von Grass im Jahr 2002. Bevor er vom Präsidenten
des Jemen mit einem Orden ausgezeichnet wurde, sprach er ihm gegenüber
seine Bitte aus, den jemenitischen Schriftsteller Wagdi Al-Ahdal nicht mehr
wegen seiner Schilderungen der sozialen Wirklichkeit im Jemen zu verfolgen.

III. Günter Grass und die Weltpolitik

Auch durch sein Interesse an der weltpolitischen Lage und seine Äußerungen
zu aktuellen brennenden Fragen ist Günter Grass in den arabischen Zeitungen bzw. auf den arabischen Webseiten präsent, da er sämtliche Probleme
aus einem ähnlichen Blickwinkel betrachtet, wie die arabische Politik es tut.
Bereits Anfang der siebziger Jahre des letzten Jahrhunderts interessierte den
ägyptischen Leser der Standpunkt von Grass zur Politik Amerikas und Israels.
Am 30. März 1972 steht eine Kurzmeldung aus New York mit der Überschrift
Der Gipfel des Faschismus taucht auf, in Amerika und Israel in der Al-Ahram-
Zeitung (dt. Die Pyramiden). Die Meldung berichtet kurz über ein Interview
mit Grass in der amerikanischen Zeitschrift Intellectual Digest, in dem er den
Fall Amerikas in Vietnam mit der Lage Deutschlands unter Hitlers Macht ver-
gleicht. Auch auf seine Meinung bezüglich der Politik Israels wird verwiesen:
In Israel existiere ein jüdischer Überlegenheitskomplex, aber auch der Traum,
ein großes Israel zu gründen. Diese bezeichnet Grass – laut der Meldung – als
„Beispiel einer faschistischen Neigung".

In der ägyptischen Tageszeitung Al-Ahram Al-Dawly (dt. Al-Ahram inter-
national) wird am 1. November 2001 über seine Stellungnahme zur Misere der
Palästinenser berichtet, und zwar anlässlich einer heftigen Debatte mit dem
damaligen Präsidenten des Zentralrats der Juden in Deutschland, Paul Spiegel.
Erwähnt wird auch Grass' Meinung, die er bei einem Interview für Spiegel
Online über die gegenwärtige internationale Krise äußerte. Dabei zitiert die

Zeitung seine Schilderung sämtlicher Beispiele von Ungerechtigkeiten und
des Imperialismus, unter denen die Völker der Dritten Welt litten, wie beispielsweise das palästinensische Volk. Der Artikel *Verabredung zur Diskussion: Deutsche Debatten* kritisiert die Abwesenheit der arabischen Denker, die
in Deutschland leben, bei solchen Diskussionen.

Auch die Kritik von Grass am Krieg gegen den Terror in Afghanistan
spricht Al-Ahram Al-Dawly an: in einem Artikel mit der Überschrift *Der
deutsche Schriftsteller Günter Grass: Der Westen übt die Politik der Doppelmoral aus* – veröffentlicht am 9. Januar 2002. Der Artikel hebt Grass' Vorwurf der Doppelmoral der westlichen Länder hervor. Er erwähnt das von ihm
angeführte Beispiel: Die Welt habe sich über 5 000 ermordete Amerikaner in
New York und Washington aufgeregt; gleichzeitig habe sich der Westen nicht
von den Blutbädern in Ruanda rühren lassen, denen 800 000 Afrikaner zum
Opfer gefallen sind. Das Leben amerikanischer Bürger werde offensichtlich
von den westlichen Ländern höher bewertet als das von afrikanischen, was
erschreckend sei.

Kurze Zeit später wird Günter Grass als eine bedeutende deutsche Persönlichkeit von mehreren arabischen Denkern hoch gepriesen, die sich eindeutig gegen den Krieg im Irak einsetzen. Auf der islamischen Webseite www.
islamonline.net listet der ägyptische Autor und Forscher Ossama Al-Kaffash
in seinem Beitrag *Anti-Kriegs-Bewegung [...] immer mehr Persönlichkeiten
gegen den Krieg* vom 15. März 2003 eine Reihe von Prominenten aus kulturellen und politischen Kreisen aus aller Welt auf, die sich gegen die Vorherrschaft und den Hochmut der Bush-Regierung aussprachen, unter ihnen der
englische Autor David Hare und Günter Grass. Al-Kaffash zitiert weite Teile
eines Beitrags des deutschen Nobelpreisträgers für die deutsche Nachrichten-
agentur dpa, in dem er die heuchlerische Irak-Politik der USA und ihrer Ver-
bündeten kritisiert. Al-Kaffash geht schließlich auf die Frage von Grass ein,
ob dieser Krieg tatsächlich für die Demokratisierung dieser Länder geführt
werde. Es gehe der amerikanischen Großmacht nur ums Öl. Die Lügen, die
diese Weltmacht einfädele, erzielten nur eines, nämlich die Welt irrezuführen.

Auf der palästinensischen Webseite Felestin Lelhewar (dt. Palästina zur
Diskussion) kritisiert der ägyptische Schriftsteller und Denker Fahmi Huedi
am 18. Februar 2003 kurz vor dem Ausbruch des USA-Irak-Krieges unter der
Überschrift *Sollen wir sagen: der westliche Irak? Das Seltsame in der Szene und
die „zugespitzten" Fragen* die diesbezügliche Stellungnahme der arabischen
Denker. In diesem Zusammenhang erwähnt Huedi einen Zeitungsartikel des
damaligen Abgeordneten im Landtag von Nordrhein-Westfalen, Jamal Karsli
(FDP), der arabischer Herkunft ist. Beide, sowohl der ägyptische Schriftsteller als auch der arabische Abgeordnete, finden es beschämend, dass alle

Kirchen gemeinsam ihre ablehnende Haltung dem Krieg gegenüber bekannt gaben, während die islamischen Institutionen weder einzeln noch gemeinsam ähnlich Stellung genommen hätten. Schließlich betont Huedi die Bemerkung von Karsli, dass der deutsche Schriftsteller Grass mutig genug sei, den amerikanischen Präsidenten George W. Bush als eine den Weltfrieden zerstörende Persönlichkeit zu bezeichnen. Und er stellt schließlich die rhetorische Frage, ob in den Kreisen der arabischen Schriftsteller eine ähnliche Position zu finden sei.

Als „Anti-Kriegspersönlichkeit" wird Günter Grass auch auf der islamischen Webseite Mofakeret Al-Islam (dt. Notizbuch des Islam) zitiert. Am 31. März 2006 berichtet diese Webseite über den 72. Internationalen Schriftstellerkongress in Berlin, an dem etwa 450 Schriftsteller aus aller Welt teilnahmen. Hier wird Grass' Vortrag, in dem er eine deutliche Haltung gegen den Krieg im Irak und die amerikanische Politik vertrat, besonders hervorgehoben. Unter der Überschrift *Ein deutscher Schriftsteller und Nobelpreisträger greift die amerikanische Politik an* wird Grass' Kritik an Europa dargelegt. Europa profitiere finanziell von der Unterdrückung, den Hungersnöten und Kriegen in den Ländern der Dritten Welt. Zitiert werden auch Grass' Fragen bezüglich des Krieges, beispielsweise, wer diesen Krieg gewollt habe und welches seine wahren Gründe seien.

Aus einer ähnlichen Perspektive berichtet die ägyptische Zeitschrift Al-Izaa wal televesion (dt. Funk und Fernsehen) über diesen Kongress bzw. über die pazifistische Haltung des deutschen Schriftstellers. Der Beitrag *Autoren aus aller Welt bringen ihre Wut über die amerikanische Politik zum Ausdruck* – erschienen am 10. Juni 2006 – wird mit dem Untertitel „Günter Grass: Amerika erfindet Terror um Kriege zu führen" näher erläutert. Hier wird wiederum der Vortrag des Nobelpreisträgers besonders betont, insbesondere seine Worte, mit denen er die amerikanische Politik bloßzustellen versucht und den USA eine gefährliche Politik vorwirft, indem sie mit nuklearen Waffen und ihrer militärischen Überlegenheit drohten. Außerdem geht der Beitrag auf Grass' Kritik an dem ehemaligen britischen Ministerpräsidenten Tony Blair ein. Die Zeitschrift Al-Izaa wal televesion erwähnt dabei den von Grass angeführten Vergleich von Bush und Blair mit Missionaren und Priestern, die früher die alten Kämpfer im Namen der Religion begleiteten und dabei den Gebrauch von Gewehren und Mord zuließen.

Weniger Interesse rief Günter Grass' Standpunkt zur deutschen Einheit im Jahr 1989 hervor. Dies ist das Thema eines Artikels in der Al-Ahram-Zeitung vom 3. Januar 1993 mit dem Titel *Die hohle Trommel*. Darin geht der ägyptische Denker Mohamed Issa Al-Sharkawy auf Grass' Bedenken bezüglich eines starken Deutschlands mitten in Europa ein.

Vier Jahre später greift Al-Sharkawy das Thema wieder auf, ausgehend von Grass' damals noch relativ neu erschienenem Roman *Ein weites Feld*. In seinem Artikel *Ein einsamer Mann [...] im Turm der Geschichte* – erschienen im August 1997 in der Al-Ahram-Zeitung – bewundert Al-Sharkawy den deutschen Schriftsteller, der seine Meinung zur Wiedervereinigung der beiden deutschen Staaten offen äußere, ohne sich durch heftige Angriffe abschrecken zu lassen.

IV. Günter Grass und der Islam

Auch die Einstellung des größten zeitgenössischen deutschen Schriftstellers zum Islam und den Moslems genießt in den Kreisen der arabischen Denker ein hohes Ansehen. In diesem Zusammenhang wird Günter Grass in arabischen Intellektuellenkreisen als der Urheber „der mutigsten Ideen überhaupt" bezeichnet. Anlass dafür ist sein Vorschlag während einer Diskussionsveranstaltung um Lübecks Bewerbung als Kulturhauptstadt 2010, eine Kirche in eine Moschee umzuwandeln. Grass meinte, dies würde die Chancen der Stadt Lübeck erhöhen. Diese Anregung fand bei den arabischen Denkern große Resonanz.

In der ägyptischen Zeitschrift Achbar Al-Adab (dt. Literatur-Nachrichten) z. B. kommentiert der Übersetzer Alaá Azmi am 24. April 2004 in seinem Beitrag *Ein Priester plädiert dafür, Grass' Haus in eine Moschee umzuwandeln* die Anregung von Grass und die heftigen Reaktionen einiger Konservativer darauf. Alaá Azmi stellt die Argumente der Gegner Grass' dar, die ihm vorwarfen, er könne nicht zwischen der Rede über den Weltfrieden und der Rede über das Ozonloch, die Verwüstung und die Globalisierung unterscheiden. Azmi meint, die Vorwürfe hätten alle Grenzen überschritten und er nennt Grass einen großen Schriftsteller und das lebende Gewissen der deutschen Linken.

Eine positive Stellungnahme zum Islam und den Moslems wird weiterhin aus einer politischen Perspektive in einem Interview deutlich, das der ägyptische Journalist Abd Al-Azim Gauad mit Grass in Dresden führte und das am 19. November 2006 in der Al-Ahram-Zeitung unter der Überschrift veröffentlicht wurde: *Günter Grass [...], die Stimme des europäischen Gewissen, zu Al-Ahram: Der Krieg Amerikas gegen den Terror ist ein Fehler gegenüber der Dritten Welt. Ein Vortrag des Nobelpreisträgers, um den Dialog zwischen dem Norden und dem Süden wiederzubeleben.* In diesem Interview äußert sich Grass zu drei Schwerpunkten: seiner Beziehung zu Willy Brandt, dem Krieg gegen den Terror und dem Islam. Der ägyptische Korrespondent fragt Grass:

„Wenn Sie Moslem wären und gesehen hätten, wie die USA 80 Vetos im Sicherheitsrat in Anspruch nahmen, um Israel vor internationalem Recht in Schutz zu nehmen, oder wenn Sie gesehen hätten, wie die hohen Verantwortlichen im mächtigsten Land der Welt uns öffentlich belogen haben, obwohl sie genau wissen, dass sie lügen, um Israels Verbrechen in Schutz zu nehmen, wie würden Sie sich den USA gegenüber fühlen […]?"

Was Israel und den Konflikt im Nahen Osten anbetrifft, äußert Grass, er würde bei jeder Gelegenheit für den Rückzug der israelischen Besatzung aus allen palästinensischen Gebieten plädieren, aber mit einer arabisch-islamischen Garantie für den Frieden und die Sicherheit des israelischen Staates. Abd Al-Azim Hammad weist darauf hin, dass der politisch engagierte Schriftsteller in seinen Äußerungen bezüglich dieser Thematik zurückhaltend gewesen sei, und zwar aus zweierlei Gründen: Erstens habe er das Interview einer arabischen Zeitung gegeben. Zweitens habe sich Grass kurz vor dem Interview mit dem damaligen Vorsitzenden des Zentralrats der Juden in Deutschland, Paul Spiegel, auseinandergesetzt. Um dies zu belegen, erwähnt Hammad die Äußerungen Grass' zum arabisch-israelischen Konflikt in einem Interview, das nicht in der deutschen, sondern nur in der englischen Ausgabe der Frankfurter Allgemeinen Zeitung vom 2. November 2006 veröffentlicht wurde. In diesem Interview habe Grass sich zu den Vorwürfen Spiegels geäußert, er habe das Existenzrecht Israels in Frage gestellt, schreibt Hammad. Grass habe hier schärfer und vorwurfsvoller formuliert. Er beschreibe die Politik Israels als kriminell, ebenso wie das Handeln des ehemaligen israelischen Ministerpräsidenten.

Günter Grass war aus einem weiteren politischen Anlass in der arabischen Presse präsent. Bekanntlich lösten die Mohammed-Karikaturen in der dänischen Zeitung Jyllands Posten im September 2005 Monate später eine enorme Empörung in den arabisch-islamischen Ländern auf allen Ebenen aus. In der arabischen Presse wurde Günter Grass in diesem Zusammenhang als eine der bedeutendsten europäischen Persönlichkeiten genannt, die auf der Seite der Araber bzw. Moslems stünden. Die ägyptische Literaturzeitschrift Achbar Al-Adab und die Al-Ahram-Zeitung gehen auf das Interview von Grass für die deutsche Zeitung Die Welt am 10. Februar 2006 ein. In diesem Interview nennt Grass die Mohammed-Karikaturen „eine bewusste und geplante Provokation". In der Achbar Al-Adab erscheint am 26. Februar 2006 die Übersetzung des Interviews unter der Überschrift *Günter Grass: Die Zeitung, die den Propheten beleidigte, ähnelt den Nazi-Zeitungen*. Und in der Al-Ahram-Zeitung wird am 20. Februar 2006 das Interview unter der Überschrift *Krieg der Zeitungen von van Gogh … bis Jyllands Posten* hoch gepriesen als eine der einsichtsvollen Meinungen, die gegen die heftigen Strömungen stehe.

V. Günter Grass und seine jüngsten Werke *Im Krebsgang* und *Beim Häuten der Zwiebel*

Im Lichte seiner politischen Einstellung zum Islam und seiner antiamerikanischen Haltung wurden auch Grass' zuletzt erschienenen Werke *Im Krebsgang* und *Beim Häuten der Zwiebel* in den arabischen Zeitungen und auf den arabischen Webseiten aufgenommen. Aus Riad schreibt der saudische Übersetzer Abbas Al-Modhesh in der syrischen Zeitschrift Sakafa in seinem Artikel *Im Krebsgang: Der jüngste Roman des deutschen Schriftstellers Günter Grass* am 30. August 2004, dieser Roman habe eine neue Einstellung zur deutschen Geschichte bewirkt. Den wahren Gewinn dieses Romans sieht Al-Modhesh darin, dass die Deutschen sich seit Ende des Zweiten Weltkrieges eine neue Einstellung zur Nazi-Vergangenheit erwarben. Aus diesem Grund bezeichnet er den Roman als einen Belehrungsroman, der die Fälschung historischer Tatsachen widerlege.

Ähnlich behandelt der ägyptische Denker Mohamed Issa Al-Sharkawy in seinem Beitrag *Der Blechtrommler [...] und die neue Empire* am 3. Mai 2003 in Al-Ahram den damals neu erschienenen Roman *Im Krebsgang*. Er stellt die im Roman geschilderte erschreckende Misere der Deutschen kurz vor dem Ende des Zweiten Weltkrieges dar. Al-Sharkawy lobt Grass' Versuch, die historische Wahrheit, dass auch Deutsche Opfer des Zweiten Weltkrieges waren, ans Licht zu bringen. Die Alliierten hätten es durch ihren Einfluss in den Medien lange Zeit geschafft, das Schuldgefühl der Deutschen in der ehemaligen BRD immer wieder anzufachen – als ob sie alle Hitler ewige Treue geschworen hätten, erklärt der ägyptische Denker. Das deutsche Volk sei aber davon genesen. Dies zeige es, indem es sich gegen Amerikas Krieg gegen den Irak äußere und die Vorherrschaft Amerikas ablehne, fügt Al-Sharkawy hinzu. In diesem Zusammenhang wird Grass als der „Blechtrommler" genannt, den der amerikanische Drang nach Imperialismus und seine Sorge über den weiteren Lauf der Zivilisation dazu anregten, aktiv Stellung zu beziehen.

Aus einem entsprechenden Blickwinkel betrachtet Dr. Anwar Abd Al-Malek, einer der bedeutendsten ägyptischen Sozialwissenschaftler, die historischen Tatsachen, die Grass *Im Krebsgang* aufzuklären versuche. In einer Reihe von Artikeln, die sämtliche Höhepunkte der Menschheitsgeschichte behandeln, geht Abd Al-Malek in der zehnten Folge dieser Reihe mit der Überschrift *Gesellschaft der internationalen Bündnisse* vom Januar 2007, erschienen in der Al-Ahram-Zeitung, auf den Krieg im Irak ein. Der Sozialwissenschaftler hebt den Beitrag des deutschen Schriftstellers dabei hervor, Akte der Nachkriegszeit in seinem Roman zu entblößen. Die Bombardierungen und im weiteren den Verkauf deutscher Industriestädte nach Ende des Zweiten Weltkrieges vergleicht Dr. Anwar Abd Al-Malek mit dem Überfall auf den Irak und die Vernichtung seines Kulturerbes.

Auch sein jüngstes Werk *Beim Häuten der Zwiebel* wird in der arabischen Presse aus einer politisch geprägten Sicht rezipiert. Für die Wucht der in den deutschen Medien ausgebrochenen Debatte über dieses Buch haben die arabischen Schriftsteller und Denker überhaupt kein Verständnis. Nicht nur das Buch, sondern auch seine Rezeption in Deutschland werden aus politischer Sicht zur Diskussion gestellt. *Wer ist jetzt der Nazi?* ist die Überschrift eines Artikels des ägyptischen Dichters Ahmed Abd Al-Mooty Hegazi in der Al-Ahram-Zeitung vom 13. September 2006. So wie Günter Grass bei seinem Besuch im Jemen die Kultur dieses Landes mit dem Bau einer Ausbildungsstätte unterstützt habe, so sollten die arabischen Schriftsteller dieses Mal ihn unterstützen, schreibt Hegazi. Auf seine in der Überschrift gestellte Frage antwortet er mit der rhetorischen Frage, ob Günter Grass, der einen Fehler eingestand, den er als 17-jähriger Pubertierender begangen habe, als Nazi zu bezeichnen sei, oder ob es nicht vielmehr David Ben Gurion, Olmert und ihresgleichen seien.

Diese Einstellung entspricht dem solidarischen Standpunkt mehrerer arabischer Intellektueller, die die gleiche Meinung vertreten. Bei der Internationalen Buchmesse im Jemen, die im September 2006 in der jemenitischen Hauptstadt Sanaa stattfand, erklärten sich 46 arabische Künstler, Schriftsteller und Intellektuelle in einem sechs Punkte umfassenden Aufruf mit Grass solidarisch. Dieser wurde in mehreren arabischen Zeitungen, wie beispielsweise der in Qatar erscheinenden Zeitung Al-Raja (dt. Die Fahne), am 12. September 2006, veröffentlicht:

„Wir, arabische Dichter und Autoren, die die unterschiedlichen Reaktionen auf die Geständnisse des deutschen Schriftstellers Günter Grass, was seine Mitgliedschaft als 17-jähriger Junge in der Waffen-SS anbelangt, verfolgten, richten uns mit dem Folgenden an alle Intellektuellen der Welt:
Erstens: Günter Grass war sechs Jahre alt, als die Nazis in seinem Land an die Macht kamen. Günter Grass war dazu verurteilt, in dieser unheimlichen Atmosphäre zu leben, die der Nazismus schaffte, bis der Krieg zu Ende war. Damals war er 18 Jahre alt. Wie können wir einen Pubertierenden, der der Nazi-Propaganda unterlag, für sein Verhalten zur Verantwortung ziehen, das im Grunde ein Zwang und keine Wahl war?
Zweitens: Die Mitgliedschaft von Günter Grass in der Waffen-SS während seiner Jugend ist eine Wahrheit, die kein anderer außer Günter Grass selber enthüllte. In seinem Bekenntnis unterlag er keinem äußerlichen

Druck; er war auch nicht stolz auf das, was er getan hatte; seine Tat begründete er auch nicht. Umso mehr bereute er diese und gab sein Geständnis ab, um sein Gewissen zu entlasten, das ihm nicht erlaubte, seine Vergangenheit weiter zu verbergen. Er war ehrlich zu sich selber und besaß eine moralische Tapferkeit, die unsere Wertschätzung und unseren Respekt verdient.

Drittens: Wir schließen uns den Autoren an, die in dieser Kampagne, der Grass jetzt begegnet, eine unmoralische politische Verschwörung sehen. Diese will mit der Debatte über die Verbrechen der Nazis gegen die Juden von den Verbrechen der Israelis, die heute in Palästina und im Libanon begangen werden, ablenken.

Viertens: Die Nazis begingen ihre Verbrechen nicht nur gegen die Juden, sondern gegen die Menschheit überhaupt. Auch die Araber sind Opfer des Nazismus, der den Zionisten die widerrechtliche Annektion Palästinas ermöglichte und die Vertreibung der arabischen Bevölkerung begründete.

Fünftens: Wenn wir heute erneut den Zionismus kritisieren, dann ist nicht Günter Grass zu kritisieren, der sich zu seinem Fehler bekannte, sondern die neuen Nazis, die die Palästinenser und Libanesen umbringen, sie in Gefangenenlager sperren und ihre Länder zerstören, um die sie Trennungsmauern bauen.

Sechstens: Wir rufen das Weltgewissen dazu auf, sich klar auf die Seite des Rechts zu stellen. Die listige politische Propaganda soll es nicht beeinflussen. Wir rufen es auch dazu auf, uns bei unserem Kampf gegen diejenigen, die seit 50 Jahren einen Vernichtungskrieg gegen uns führen und der ganzen Welt mit Vernichtung drohen, beizustehen."[3]

Dieser Solidaritätsaufruf der arabischen Schriftsteller und Dichter reflektiert meiner Ansicht nach den Status, den Günter Grass durch seinen Einsatz für die Wahrheit, nicht nur auf der nationalen, sondern auch auf der internationalen Ebene gewonnen hat. So wie er sich dadurch Feinde machte, gelang es ihm gleichzeitig, durch sein Verständnis für andere Kulturen Freunde zu gewinnen.

Eine kurze Geschichte, die auf der Webseite der Deutschen Botschaft im Jemen steht, möchte ich noch anführen:

„Auf dem Silberbasar in Sanaa taucht nach langer Zeit wieder Günter Grass mit seiner Pfeife auf. Er scheint entspannt zu sein, als er in der Tür eines der Läden steht. Einer seiner Begleiter, der draußen steht, fragt: ,Verhandeln Sie

---

3   46 Künstler, Schriftsteller und Intellektuelle, in: Al-Raja. September 2006. Zitat übersetzt v. d. Autorin.

noch über den Preis?' Grass unterbricht ihn und sagt: ‚Die Verhandlungen habe ich schon entschieden. Wir trinken Tee. Denn wir sind eigentlich alte Freunde.'"

Zeitungen, Zeitschriften und Webseiten

Dr. Anwar Abd Al-Malek: Gesellschaft der internationalen Bündnisse, in: Al-Ahram, Januar 2007

Gamal Al-Ghitani: Gamal Al-Ghitani schreibt erneut über Günter Grass in Hadramaut, in: Sakafa. Januar 2004

Ossama Al-Kaffash: Anti-Krieg-Bewegung [...] immer mehr Persönlichkeiten gegen den Krieg, in: www.islamonline.net, März 2003

Abbas Al-Modhesh: Im Krebsgang: Der jüngste Roman des deutschen Schriftstellers Günter Grass, in: Sakafa. August 2004

Dr. Mahmoud Al-Samra: Buch des Monats, in: Al-Arabi. November 1966

Mohamed Issa Al-Sharkawy: Die hohle Trommel, Januar 1993

Mohamed Issa Al-Sharkawy: Ein einsamer Mann [...] im Turm der Geschichte, in: Al-Ahram, August 1997

Mohamed Issa Al-Sharkawy: Der Blechtrommler [...] und die neue Empirie, in: Al-Ahram, Mai 2003

Alaá Azmi: Ein Priester plädiert dafür, Grass' Haus in eine Moschee umzuwandeln, in: Achbar Al-Adab, April 2004

Abd Al-Azim Gauad: Günter Grass [...], die Stimme des europäischen Gewissens, zu Al-Ahram: Der Krieg Amerikas gegen den Terror ist ein Fehler gegenüber der Dritten Welt. Ein Vortrag des Nobelpreisträgers, um den Dialog zwischen dem Norden und dem Süden wiederzubeleben, November 2006

Ahmed Abd Al-Mooty Hegazi: Wer ist jetzt der Nazi?, in: Al-Ahram, September 2006

Fahmi Huedi: Sollen wir sagen der westliche Irak? Das Seltsame in der Szene und die „zugespitzten Fragen", in: Felestin Lelhewar, Februar 2003

Mohamed Kassem: Nobel 1999. Das Geheimnis der Blechtrommel, die den Preis erhielt, in: Al-Jazira, November 1999

Ezzat Moustafa: Die jemenitische und die deutsche Perspektive sind erstaunlicherweise identisch, in: Al-Arabeja, März 2005

o. A.: Der Gipfel des Faschismus taucht auf, in Amerika und Israel, in: Al-Ahram, März 1972

o. A.: Der Schriftsteller der „Blechtrommel" und ein zeitgenössischer deutscher Schriftsteller, in: Al-Achbar, Oktober 1979

o. A.: Verabredung zur Diskussion: Deutsche Debatten, in: Al-Ahram Al-Dawly, November 2001

o. A.: Der deutsche Schriftsteller Günter Grass: Der Westen übt die Politik der Doppelmoral aus, in: Al-Ahram Al-Dawly, Januar 2002

o. A.: Der Mord an dem stellvertretenden Parteivorsitzenden der Jemenitischen Sozialistischen Partei, in: Al-Bahhar, Dezember 2002

o. A.: Günter Grass: Die Zeitung, die den Propheten beleidigte, ähnelt den Nazi-Zeitungen, in: Achbar Al-Adab, Februar 2006

o. A.: Krieg der Zeitungen von van Gogh [...] bis Jylland Posten, in: Achbar Al-Adab, Februar 2006

o. A.: Ein deutscher Schriftsteller und Nobelpreisträger greift die amerikanische Politik an, in: Mofakeret Al-Islam, März 2006

o. A.: Autoren aus aller Welt geben ihre Wut über die amerikanische Politik bekannt. Günter Grass: Amerika erfindet Terror um Kriege zu führen, in: Al-Izaa wal television, Juni 2006

46 Künstler, Schriftsteller und Intellektuelle: Al-Raja, September 2006

Literatur

Ragaa' Al-Nakkash: Fi Hob Nagib Machfus, Kairo 2006

Irmy Schweiger

Günter Grass in China –
Von der Kulturrevolution
bis zur Wirtschaftswunderwelt.
Lektüren eines Nobelpreisträgers

Die Chinareise 1979

Günter Grass war einer der ersten deutschsprachigen Schriftsteller, der nach den politischen, wirtschaftlichen, aber vor allem gesellschaftlichen und menschlichen Verwerfungen der so genannten Großen Proletarischen Kulturrevolution (1966–76) in die Volksrepublik China reiste.[1] Auf Einladung des Goethe-Instituts machte er sich – mit der berühmten Leberwurst im Gepäck, der „groben" vom Metzger aus Wewelsfleth,[2] die der deutsche Botschafter Erwin Wickert[3] bestellt hatte – auf in das Reich der Mitte. Dieses befand sich gewissermaßen noch im Zustand einer gerade überstandenen kulturellen Wüstenei, so dass der chinesische Hunger weniger deutschen Leberwürsten, als vielmehr der Wissenschaft, Kunst und Literatur galt. Doch es schien – um in der kulinaristischen Metaphorik zu bleiben –, als habe man das kultivierte Essen verlernt bzw. die Speisen schienen zwar köstlich, doch waren sie allzu neu und unbekannt und lagen deshalb nicht selten als schwere Kost im Magen. Sei's drum: Gierig und mitunter wahllos verschlang man Riesenportionen. Und während man auf der einen Seite genüsslich den Geschmack am verloren Geglaubten wieder fand und sich die lange vermissten Köstlichkeiten auf der Zunge zergehen ließ, wurde auf der anderen Seite so manches unverdaut wieder von sich gegeben. Unstillbare Wissbegier, teilweise Befremdung, aber auch ungläubiges Staunen und vorsichtige Zurückhaltung beherrschten die Atmosphäre, als Günter Grass im Herbst 1979 als Repräsentant der deutschen Kunst- und Literaturschaffenden ins postmaoistische China reiste.

---

1   Zuvor waren Max Frisch und Klaus Mehnert 1975 in der Delegation des damaligen Bundeskanzlers Helmut Schmidt in die VR China gereist.
2   Dieser Leberwurst hat Grass in den *Kopfgeburten* ein literarisches Denkmal gesetzt.
3   Erwin Wickert war von 1976 bis 1980 deutscher Botschafter in der VR China. Verarbeitet und festgehalten hat er diese Zeit in zahlreichen Sachbüchern und Memoirenbänden, am bekanntesten ist vermutlich: China von innen gesehen, Stuttgart 1982.

君特.格拉斯 lautet der Name des großen Dichters im Chinesischen. Und es ist auch nur der Klang entscheidend: *Junte Gelasi*.[4] Man hat sich – wie üblich bei ausländischen Namen – der lautmalerischen Nachahmung bedient. Die zweite Möglichkeit der Übersetzung, nämlich eine sinnhafte Übertragung, würde in diesem Falle auf eine Umschreibung hinauslaufen, beispielsweise „der deutsche Nobelpreisträger und Autor der *Blechtrommel*". Mit dieser Auskunft ruft man nicht nur in Germanistenkreisen, sondern auch darüber hinaus augenblicklich verstehendes Erkennen hervor. Günter Grass ist in China nicht nur das Interpretationsgeschäft der Hardcore-Germanisten, sondern hat inzwischen, dank einer äußerst regen Übersetzungs- und Rezensionstätigkeit sowie der Verfilmung der *Blechtrommel,* einen festen Platz im chinesischen Deutschlandbild. Nicht zuletzt seine mediale Präsenz erklärt auch die große Enttäuschung darüber, dass Günter Grass der Einladung der internationalen chinesischen Buchmesse, die im Herbst 2007 in Beijing stattfand und Deutschland als Gastland präsentierte, nicht Folge leistete.[5] Überhaupt wurde dort über den „Mangel an Übersetzungen für den deutsch-chinesischen Austausch"[6] geklagt. Dies jedoch ist ein weites Feld und soll an anderer Stelle beackert werden.

Erste Übersetzungen von Günter Grass ins Chinesische

Übersetzungen sind eine der Grundvoraussetzungen für eine fremdkulturelle Rezeption, wenngleich sie diese nicht nur ermöglichen, sondern, durch ihre Auswahl und immanente Interpretation, auch steuern und lenken.[7] Bis in die frühen 1960er Jahre hatten die DDR-Autoren absolute Priorität: Die Volksrepublik hatte in der Deutschlandfrage die Haltung der Sowjetunion eingenommen und betrachtete die DDR als die legitime Vertreterin des geteilten Deutschlands.[8] Auch das 1959 erschienene Standardwerk *Kurze Geschichte*

---

4   So die Umschrift in Pinyin.
5   Deutschland – ein Ort lebhafter kultureller Blüte [德国 – 一场生动的文化秀], in: Zhonghua dushubao, 5. September 2007; Die chinesische Buchmesse eröffnet – mit einer, ‚verspätet eintreffenden' Autobiographie von Günter Grass [图书展览会开幕在即 君特格拉斯自传«迟到»], in: Beiguowang, 1. September 2007.
6   Barrieren der Übersetzung im deutsch-chinesischen Literaturaustausch [中德文学交流 存在翻译障碍], in: China Youth Daily, 3. September 2007.
7   Mit dem Ziel der verstärkten Vermittlung ausländischer Literatur wurde 1978 das Shanghai Translation Publishing House [上海译文出版社] gegründet.
8   1954 reiste der chinesische Außenminister Zhou Enlai in die DDR, und der dortige Ministerpräsident, Otto Grotewohl, schloss beim Gegenbesuch 1955 einen Vertrag ab über die Zusammenarbeit und Freundschaft der beiden Länder. Die Unterstützung der

der deutschen Literatur, welches bis Anfang der 1980er Jahre den Leitfaden
in den chinesischen Germanistikabteilungen darstellte, setzte seine Akzente
neben Aufklärung, Klassik und dem kritischen Realismus auf die Literatur
der DDR.[9] Übersetzt wurden u. a. Johannes R. Becher, Bertolt Brecht, Willi
Bredel, Stephan Hermlin, Stefan Heym, Ludwig Renn, Anna Seghers, Erwin
Strittmatter und Friedrich Wolf. In den frühen 1980er Jahren traten Werke
von Heinrich Böll,[10] Elias Canetti, Friedrich Dürrenmatt, Günter Eich, Hermann Hesse, Max von der Grün, Siegfried Lenz, Heinrich und Thomas Mann,
Erich Kästner und vor allem Franz Kafka und Stefan Zweig in den Vordergrund. Es war der Besuch von Günter Grass selbst, der chinesische Übersetzer und Literaturwissenschaftler dazu herausforderte, sich mit seinem Werk
zu beschäftigen.[11] Zhang Yushu, Germanist, Vizepräsident des chinesischen
Germanistenverbandes und Herausgeber des deutsch-chinesischen Literatur-
magazins Die Literaturstraße,[12] erinnert sich an die Zeit kurz nach der Kulturrevolution: „Noch am Anfang der 80er Jahre wussten wir nicht einmal, wer
Grass ist."[13] Ye Tingfang, Präsident des chinesischen Germanistenverbandes,
fasst die chinesische Befindlichkeit nach der ersten Begegnung mit Grass folgendermaßen zusammen:

> „Zum Beispiel war uns eigentlich die Darstellungsmethode des bedeu-
> tenden Romans *Die Blechtrommel* fremd, weil sie so grotesk schien. Im
> Jahre 1979 wurde Grass von der Deutschen Botschaft zu einem Besuch in
> Peking eingeladen und ist mehrmals mit chinesischen Germanisten zusam-
> mengekommen. Nachdem wir über diesen Roman gesprochen hatten,
> interessierten wir uns für dieses Werk sehr, da man nun begriff, dass die

---

DDR beim sozialistischen Aufbau der jungen Republik fand auch in Form von DDR-
Lektoren, die an chinesischen Hochschulen unterrichteten, statt.

9 Das Buch wurde vom Volksliteraturverlag (人民文学出版社) herausgegeben von einem
   Verfasserteam der Beijing Universität, darunter Feng Zhi, Tian Dewang, Zhang Yushu,
   Sun Fengcheng, Si Shu und Du Wentang. Vgl. Zhang Yi: Rezeptionsgeschichte der
   deutschsprachigen Literatur in China von den Anfängen bis zur Gegenwart, Peter Lang
   2007, S. 176.

10 Heinrich Böll war der erste sehr erfolgreiche Autor der BRD im postmaoistischen China.
   1977 wurde *Die verlorene Ehre der Katharina Blum* übersetzt, wenn auch nicht öffentlich verkauft, sondern nur privilegierten Kadern zugänglich gemacht. Sein früher Erfolg
   erklärt sich vor allem dadurch, dass man ihn als vehementen Kritiker der kapitalistischen
   Gesellschaft las.

11 Grass hat bei diesem Besuch u. a. die Universität Beijing besucht und aus seinem Buch
   Der Butt gelesen.

12 Literaturstraße. Chinesisch-deutsches Jahrbuch für Sprache, Literatur und Kultur, hg.
   seit 2000 beim Volksverlag in Beijing.

13 Barrieren der Übersetzung im deutsch-chinesischen Literaturaustausch [中德文学交流
   存在翻译障碍], in: China Youth Daily, 3. September 2007.

Groteske, die der Autor beim Schaffen seines Romans benutzte, gerade als
ein wunderbares Ausdrucksmittel gilt. Dieser Roman erweist sich würdig,
als ein Meisterwerk des ‚neuen Barock' bezeichnet zu werden."[14]

1979 erschien in der Beijinger Zeitschrift mit dem Titel Informationen über
ausländische Literatur ein erstes *Interview mit Günter Grass*. Im Jahr darauf
erschienen ein kurzer, jedoch äußerst sorgfältig ausgesuchter Auszug aus dem
Butt[15] in der Zeitschrift Ausländische Kunst und Literatur (Waiguo wenyi)[16]
sowie die Kurzgeschichte *Die Linkshänder*.[17] Dass in den folgenden Jahren
immerhin ein paar wenige Gedichte[18] übersetzt und veröffentlicht wurden, hat
zunächst mit dem Stellenwert von Lyrik als solcher im chinesischen Kontext
zu tun. Noch immer galt und gilt die Poesie als höchste literarische Form,
während Roman und Drama seit jeher der literarischen Abweichung bezichtigt wurden. Doch kam erschwerend hinzu, dass die Grass'schen Gedichte
„Werkstücke" (Hugo Dittberner) darstellen, die einen assoziativ spielerischen
Umgang mit dem Material der Umgebung eingehen und dieses zu absurdisti-
schen oder grotesk verschobenen Bildern mixen – literarische Verfahren, die
in China bis dahin unbekannt waren.[19] Oder aber es waren Bestandsaufnah-
men, die an einen konkreten, mitunter politischen und historischen Kontext
geknüpft waren und sich damit im Hinblick auf Übertragbarkeit als sperrig
erwiesen. Erst 1987 wurde Günter Grass eine Sondernummer der zweimonat-
lich erscheinenden Zeitschrift Weltliteratur (Shijie wenxue) gewidmet,[20] in der
neben seiner Novelle *Katz und Maus* eine Reihe von weiteren Texten von und

---

14 Ye Tingfang: Wissenschaftskommunikation der Literaturwissenschaften zwischen
    China und Europa seit den 80er Jahren, in: TRANS, Nr. 4, Juni 1998 (http://www.inst.
    at/trans/4Nr/ye.htm). Der Autor forscht am Institut für ausländische Literatur an der
    Chinesischen Akademie der Sozialwissenschaften.
15 Aus dem *Butt* hatte Günter Grass bei seinem Chinabesuch vorgelesen.
16 Waiguo wenyi, Nr. 1, Shanghai 1980, übers. von Pan Zaiping.
17 Shijie wenxue, Nr. 3, Beijing 1980, übers. von Hu Qiding.
18 In Ohnmacht gefallen (Gedichte, 1967), übers. von Yuan Zhiying, in: P.E.N.-Samm-
    lung, Yiwen chubanshe (Translation Publishing House), Shanghai 1984; Berliner Kurze
    Geschichte (Gedichte), übers. von Han Yu, in: Nach der Überschwemmung, Renmin
    chubanshe, (Volksliteraturverlag), Beijing 1986.
19 Vgl. Hans Ludwig Arnold: Günter Grass. Ausgehend vom Labesweg 13, Achte Vorle-
    sung, 23. Juni 2003, Universität Göttingen.
20 Shijie wenxue, Nr. 6, Beijing 1987. Die Rolle von Zeitschriften ist für die Rezeption
    deutschsprachiger Literatur nicht zu unterschätzen. Die Zeitschrift Weltliteratur erschien
    1953–59 unter dem Titel „Übersetzung". Bis zu ihrem Verbot 1965 wurden darin über
    vierzig deutschsprachige Schriftsteller vorgestellt. Seit 1977 wird sie wieder neu und alle
    zwei Monate herausgegeben. Der thematische Schwerpunkt liegt nun auf der deutschen
    Literatur nach 1945. Vgl. Cai Hongjun: Weltliteratur und chinesische Übersetzungen
    deutschsprachiger Literatur, in: Ding Na (Hg.): Neue Forschungen chinesischer Germa-
    nisten in Deutschland, Peter Lang 1992, S. 47 ff.

über Grass erschienen.[21] Auch *Katz und Maus* erschien 1987 „gereinigt" von den einschlägigen „Onanieszenen" und anderen in den 1980er Jahren noch als Ausweis „bürgerlicher Dekadenz" geltenden Textstellen, die immerhin mit dem schwerwiegenden Vorwurf der „geistigen Verschmutzung" geahndet werden konnten. Hier gilt es, sich kurz vor Augen zu halten, dass moderne westliche Literatur bis in die späten 1970er Jahre oftmals nur für den Giftschrank übersetzt wurde, da es der „giftigen Unkräuter" bedurfte, um eine Zielscheibe für die vernichtende revolutionäre Massenkritik zu haben – das berühmteste Beispiel ist vermutlich die Übersetzung von Kafka in den 1960er Jahren für den „internen Gebrauch". Dass Grass nach seinem Chinabesuch nahezu acht Jahre warten musste, bis seine Texte auch ins Chinesische übersetzt wurden, erklären chinesische Übersetzer unisono mit seiner „schwer ins Chinesische übersetzbaren Sprache und seinen freizügigen Beschreibungen von Sex".[22]

Rezeptionskontexte in den 1980er Jahren: Ästhetik-Fieber – Wurzelsuche – Chinas Weg in die Welt

Wie nun hat man sich den chinesischen Kontext vorzustellen, in den die Texte von Grass hineingestellt wurden? Welche Faktoren standen einer einschlägigen Rezeption möglicherweise im Wege, welche beförderten und beflügelten sie?

Die Tatsache, dass reihenweise westliche Ästhetiktheorien fieberhaft ins Chinesische übertragen und in akademischen Fachzeitschriften, Monographien und Sammelbänden publiziert wurden, ließ die Fachwelt ein „Ästhetik-Fieber"[23] diagnostizieren, das in den 1980er Jahren in China regelrecht grassierte und damit den Boden für die Akzeptanz moderner westlicher Lite-

---

21 Die Sonderausgabe über Günter Grass (Nr. 6/1987) enthielt neben seiner Novelle *Katz und Maus* (übers. von Cai Hongjun und Shi Yanzhi) auch *Versuch über die Danziger Trilogie von Günter Grass* (Ye Tingfang), *Günter Grass über Literatur, Interview mit Günter Grass* (E. Rudolph), *Günter Grass – Kurzbiographie* (Cai Hongjun), *Günter Grass als Graphiker* (Cai Hongjun) und einige Graphiken des Schriftstellers. Grass hat dafür eine Art Geleitwort für die chinesische Leserschaft verfasst. Der Umschlag ist eine Collage eines Bildes von Günter Grass und seinen Motiven Aal, Butt, Feder, Fischgräte, Hahn, Pilz sowie seinem Autogramm entworfen von Gao Meng (dem damaligen Chefredakteur von Weltliteratur); in Nr. 5/2001 wurde diese Montage noch einmal von derselben Zeitschrift benutzt.

22 Cai Hongjun: Weltliteratur und chinesische Übersetzungen deutschsprachiger Literatur, in: Na Ding (Hg.): Neue Forschungen chinesischer Germanisten in Deutschland, Peter Lang 1992, S. 47–58.

23 Eine Reihe *Ästhetik in Übersetzung* wurde von 1982 bis 1991 u. a. von der Chinese Social Sciences Press veröffentlicht.

ratur bereitete.[24] Kunst und Literatur waren wieder in die Hände der „literati" zurückgekehrt, die sich nunmehr in großem Stile, wenn auch unsystematisch, mit westlichen Theorien zu Ästhetik und Formalismus auseinandersetzten. Die so genannte Krise des Realismus führte zu einer Suche nach neuen ästhetischen Formen. In der westlichen Moderne fanden sie den legitimatorischen Schlüssel für die Autonomie von Autor und Kunstwerk. Hier lag die Betonung auf dem Individuellen, der subjektiven Wahrnehmung und dem unabhängigen künstlerischen Ausdruck. Hier ging es um eine Literatur, die nicht länger im Dienste der Politik stand und nicht mehr einer traditionellen Ästhetik, vor allem einer sowjetisch inspirierten Literaturtheorie von Rationalität, Typikalität und gesellschaftlicher Relevanz, verpflichtet war.[25]

Zwar war man dem Westen und der westlichen ästhetischen Moderne zugetan, doch als spirituelle Heimat war diese denkbar schlecht geeignet. In dieser Hinsicht sah man sich in geistig-kultureller Verwandtschaft zu den Ländern Lateinamerikas. Inspiriert und angespornt durch die international erfolgreichen lateinamerikanischen Autoren, allen voran Gabriel Garcia Márquez,[26] machten sich auch chinesische Schriftsteller auf die Suche nach ihren kulturellen Wurzeln, nach einer authentischen chinesischen Kultur, in deren Angesicht die Verfehlungen und Irrungen der Kulturrevolution umso deutlicher hervortreten würden. Die verloren geglaubte traditionelle Kultur sollte rehabilitiert und als neuer Wert wieder etabliert werden und damit das jahrzehntelange Primat der Gesellschaft ablösen. Die sprichwörtliche Wurzelsuche-Literatur 寻根文学 (xungen wenxue) zusammen mit der so genannten Reflexions-Literatur 反思文学 (fansi wenxue) der 1980er Jahre dokumentieren diese Rückwärtsgewandtheit zum Ursprünglichen, Authentischen respektive zur unmittelbaren Vergangenheit.[27] Günter Grass wurde in direkter ästhetischer

---

24 Übersetzt wurden u. a. die Werke von Benedetto Croce, George Santayana, Clive Bell, Robin C. Collingwood, John Dewey, Susan K. Langer, Martin Heidegger, Mikel Dufrenne, Herbert Marcuse, Hans Robert Jauß, Max Dessoir, Thomas Munro etc. Vgl. dazu Zhou Xiaoyi: The Ideological Function of Western Aesthetics in 1980s China, in: Literary Research/Recherche littéraire (Spring-Summer/printemps-été, 2001), S. 112 ff.

25 Die offizielle Literaturtheorie, die in China seit den 1940er Jahren vor allem von Lukács und sowjetischer Literaturtheorie dominiert war, betonte historische Gesetzmäßigkeit, das Typische der Charaktere, die kognitive Funktion von Kunst im Gegensatz zum Autobiographischen, dem Individuum und der subjektiven Wahrnehmung.

26 Neben Márquez wurden Mario Vargas Llosa, Alejo Carpentier, Eduardo Mendoza, Octavio Paz ins Chinesische übersetzt. Der Boom erklärt sich vor allem aus der Verleihung des Nobelpreises für Literatur an Márquez 1982.

27 Die „Literatur der Wurzelsuche" wurde Mitte der 1980er Jahre vor allem durch zwei Artikel maßgeblich initiiert: Han Shaogong: Wenxue de gen (Die Wurzeln der Literatur), in: Zuojia, Nr. 4/1985, und Zheng Wanglong: Wo de gen (Meine Wurzeln), in: Shanghai wenxue, Nr. 5/1985. Weitere bekannte Vertreter dieser literarischen Richtung sind die Autoren Ah Cheng, Zheng Yi, Mo Yan, Zhaxi Dawa, Wang Zhengqi; im Bereich des

Nachbarschaft zu lateinamerikanischen Autoren angesiedelt. *Die Blechtrommel*, 1990 erstmals ins Chinesische übersetzt und im Shanghaier Translation Publishing House veröffentlicht, galt als das deutsche Pendant zu *Hundert Jahre Einsamkeit*.[28] Die erste Auflage der *Blechtrommel* war in Windeseile vergriffen, was vor allem der Schlöndorff'schen Verfilmung,[29] mehr noch der Oscar-Auszeichnung zu verdanken war. Inoffiziell kursierte der Film bereits Anfang der 1980er Jahre (v. a. in Akademikerkreisen), offiziell war er bis in die 1990er Jahre nur für Kader mit besonderer Befugnis freigegeben und bis heute gibt es keine öffentliche Kinovorführung. Ebenfalls 1990 erschienen zwölf Gedichte von Günter Grass in der Pekinger Zeitschrift Ausländische Literatur (übers. von Cai Hongjun) und ein Jahr später *Katz und Maus* als ungekürzte Einzelausgabe im Lijiang Publishing House. 1996 hatte Lijiang beim Steidl Verlag die Lizenz für die „Danziger Trilogie" erworben, so dass bis zum Frühjahr 1999 *Die Blechtrommel* (übers. von Hu Qiding), *Katz und Maus* (übers. von Cai Hongjun und Shi Yanzhi) und *Hundejahre* (übers. von Diao Chengjun) als Einzelausgaben erscheinen konnten. Da der Verlag, nachdem die erste Auflage der *Blechtrommel* (1990) vergriffen war, keine Devisen zur Verfügung hatte, musste er bis 1996 warten, um die Lizenz für die Danziger Trilogie erwerben zu können.[30]

Günter Grass stand in den 1980er Jahren in zweierlei Hinsicht, wenn auch indirekt, im Zentrum des Interesses: Zum einen wurde er als deutsche Variante des lateinamerikanischen Nobelpreisträgers Márquez gelesen, der 1982 den Nobelpreis für Literatur erhalten hatte, was in China zu anhaltenden Debatten führte,[31] zum anderen hatte er die Vorlage für einen Oscar-gekrönten Film geschaffen. Damit wurde er unverzüglich zum Objekt der Begierde, denn der einsetzende Kulturalismus der 1980er Jahre, zu verstehen als Gegenreaktion auf die langjährige Ideologisierung und Politisierung, war verknüpft mit einem pragmatischen Modernisierungsprogramm à la Deng Xiaoping und dem Diktum des „zou xiang shijie" 走向世界 (Towards the World – Chinas Weg in

---

Films sind bekanntgeworden Chen Kaige, Wu Tianming, Zhang Yimou und Teng Wenji; vgl. Irmy Schweiger: Chinesische Stadt-Landschaften. Die kulturelle Produktion von ‚Stadt' in der chinesischen Literaturkritik und Literatur des ausgehenden 20. Jahrhunderts, Hamburg 2005, S. 58.

28 Die Blechtrommel, übers. von Hu Qiding, Shanghai Translation Publishing House 1990.

29 Der von Volker Schlöndorff 1979 gedrehte Film wurde 1980 als erster deutscher Film in der Kategorie Bester fremdsprachiger Film mit einem Oscar ausgezeichnet.

30 Informationen von Cai Hongjun.

31 Diese Auszeichnung wurde in China als Beweis dafür gesehen, dass auch Autoren aus Entwicklungsländern einen Nobelpreis erringen konnten, ohne sich einem westlichen ästhetischen und thematischen Standard anzupassen, sondern im Gegenteil auf die eigenen kulturellen Ressourcen und Traditionen zu bauen.

die Welt).[32] Jedem Literatur- und Kunstschaffenden, der auch nur in die Nähe internationaler Auszeichnungen gelangt war, wurde in Literatur- und Akademikerkreisen äußerst systematische Aufmerksamkeit und Beobachtung zuteil, denn nun ging es um nicht mehr und nicht weniger als um die Reintegration Chinas in eine globalisierte Welt. Es wird demnach kaum verwundern, dass Grass in dieser ersten Rezeptionsphase fast ausschließlich unter Autoren und Literaturwissenschaftlern kursierte, die sich wieder in die Lage versetzt sahen, gemäß der traditionellen Literaturauffassung, „mittels Literatur den rechten Weg zu weisen" (文以载道).

Rezeptionskontexte der 1990er Jahre bis in die Gegenwart: Nobelpreis – Kommerz – Autor als moralische Instanz

Die Verleihung des Nobelpreises an Günter Grass im Jahre 1999 ließ die latente Grass-Begeisterung der 1980er Jahre um die Jahrtausendwende zu einer manifesten Grass-Euphorie anwachsen. Der einsetzende Medien-Hype – die Preisvergabe an Günter Grass bedeutete gleichzeitig eine Absage an die chinesischen Autoren – machte Grass zum meistübersetzten und bekanntesten deutschen Nachkriegsautor in der VR China.[33] Seine mittlerweile zahlreich im Chinesischen vorliegenden Übersetzungen standen nunmehr direkt im Zentrum der akademischen Diskussion und des medialen Interesses. Am Wirbel um die Bücher von Grass lässt sich die Wirkweise und Effizienz einer in den 1990er Jahren einsetzenden radikalen Kommerzialisierung der Literaturbranche beeindruckend nachvollziehen. Nicht nur waren sämtliche Bücher sofort vergriffen und wurden nachgedruckt, auch die Übersetzer – allen voran Cai

---

32 Vgl. hierzu bes. Kapitel 2 „High Culture Fever. The Cultural Discussion in the Mid-1980s and the Politics of Methodologies", in: Wang Jing: High Culture Fever. Politics, Aesthetics, and Ideology in Deng's China, Berkeley: University of California Press 1996.

33 Cai Hongjun: Günter Grass und der Nobelpreis zum Jahrhundertende (君特•格拉斯与世纪末诺贝尔文学奖), 1990, unter http://www.1.hongen.com/edu/shfz/ywxz/sj010104. htm. Z. B. Li Changke: An die Geschichte erinnern und vor der Gegenwart warnen. Eine kritische Betrachtung von Günter Grass' ‚Blechtrommel' (提示历史，警示现实。 评军特格拉斯的小说 «铁皮鼓»), in: Ausländische Literatur, Nr. 4, Spring 2001, S. 51 ff.; Feng Weiping: „Der Butt" – eine Novelle des Neuen Historismus? («比目鱼», 一部新历史主义小说), in: Journal of PLA University of Foreign Languages, Vol. 28, Nr. 1, Januar 2005, S. 93 ff.; Feng Yalin: Kritik, Erbe und das Spiel mit den Signifikanten. Zur Ausdrucksform und Bedeutung christlicher Thematik im Frühwerk des Gegenwartsautors Günter Grass (批判继承与能指游戏。论当军特格拉斯作品中基督教题材的表现手法及意义), in: Kritik ausländischer Literatur Nr. 2, 2003, S. 53 ff.

Hongjun – fanden ein offenes Ohr bei den Verlagen. *Mein Jahrhundert* (übers. von Cai Hongjun) startete im Jahr 2000 mit einer sensationellen Auflage von 20 000 Exemplaren im Shanghai Publishing House. Wenige Jahre später (2005) lag eine 10-bändige Werkauswahl im selben Verlag vor. Die Taschenbuchversion folgte kurz darauf. Die Übersetzer arbeiteten fieberhaft und oftmals in Teams an den Übersetzungen. Grass besetzte nunmehr einen prominenten Platz im Kanon der fremdsprachigen Literatur, für chinesische Germanistikstudierende war er zur Pflichtlektüre geworden, wobei selten ganze Bücher, sondern in der Regel Ausschnitte vor allem aus der „Danziger Trilogie" gelesen werden. Doch nicht nur das Fachpublikum interessiert sich für Grass. So werden nicht nur die runden Geburtstage des Autors,[34] sondern beispielsweise auch die Frage, ob mit „Lübeck 05" der Glanz der Gruppe 47 wieder erreicht werden könne,[35] zum Anlass genommen, über ihn zu berichten.

Dass auch der Wirbel um den Nobelpreis noch zu übertrumpfen ist, zeigte die Grass-Rezeption in Zusammenhang mit dem viel zitierten „Geständnis-Event", dessen mediale Wogen schier ungebremst bis nach China schwappten. Dabei ging es keineswegs um den bislang in China noch nicht erschienenen Roman *Beim Häuten der Zwiebel,* sondern ausschließlich um die Person Günter Grass.[36] Zum Roman ist zu sagen, dass für dessen deutsch-chinesischen Transfer eine Summe im Spiel ist, die bislang noch nie für ein deutschsprachiges Buch bezahlt wurde. Es handelt sich um mehr als das Zehnfache der üblichen für deutschsprachige Bücher bezahlten Beträge.[37] Was die mediale Aufmerksamkeit angeht, so wurde und wird bis heute quer durch alle mit Literatur befassten Medien jeder Ausschlag der deutschen Diskussion um das Grass'sche „Bekenntnis" seismographisch nachvollzogen. Da werden die Positionen von Peter Handke[38] und Charlotte Knobloch ebenso zitiert wie das erste FAZ-Interview,[39] die Stimmen von Schriftstellerkollegen, politischen Weggefährten, ausländischen Zeitungen und des deutschen Buchhan-

---

34 Die chinesische Rezeption der Nummer eins deutscher Gegenwartsliteratur – zum 75. Geburtstag von Günther Grass" (德国当代首席文学家的中国缘－写在格拉斯75岁生日), in: Wenxue yishu, 17. Oktober 2002.

35 Z. B. Wang Bingbing: Kann Lübeck 05 den Glanz der Gruppe 47 wiedererlangen? (卢卑克05能否重铸47社的辉煌?), in: Wenxuebao 12, Januar 2006.

36 An der Übersetzung arbeiten derzeit drei Übersetzer gleichzeitig, dennoch konnte die Übersetzung nicht mehr rechtzeitig zur Chinesischen Buchmesse mit dem Gastland Deutschland fertig gestellt werden.

37 Telefonische Auskunft von Cai Hongjun am 25. September 2007.

38 Z. B. Kang Kai: Die Kritik hält an, aber Günter Grass behält einen festen Stand (批评在继续但君特格拉斯站稳了脚跟), in: Zhonghua dushubao, 20. September 2006.

39 Z. B. You Di: Grass zeigt seine Flecken der Nazizeit. Zu späte Reue oder ein verzeihlicher Fehler? (君特格拉斯自曝纳粹污点. 这是迟到的忏悔还是可原谅的过错?), in: Xin shiji zhoukan, 29. August 2006.

dels. Erstaunlich ist dabei nicht nur die Fülle der Berichterstattung, sondern auch die – für die deutsche Seite geradezu beschämende – Detailfreude und Kenntnis dieser doch so deutschen Diskussion. Man muss sich schon eingestehen, dass ein auch nur annähernd vergleichbares Wissen oder eine ähnliche Aufmerksamkeit im umgekehrten Falle nicht nur nicht denkbar wären, sondern dass sich der deutsche Medienblick auf China allzu oft im Tummeln auf negativ konnotierten Allgemeinplätzen erschöpft.

Was nun das späte Geständnis von Günter Grass angeht, so ist die chinesische Einschätzung hier eindeutig, ja einstimmig: und zwar in absoluter Verteidigung von Grass. War Grass bislang ein geachteter und geschätzter Autor, so wird ihm nunmehr uneingeschränkte Bewunderung und allerhöchstes Lob zuteil. Und dies nicht nur hinsichtlich seines Status als einer der bedeutendsten Gegenwartsschriftsteller oder seines hochehrwürdigen Alters wegen. Im Vordergrund steht die unumwundene Bewunderung für seinen Mut, die Wahrheit auszusprechen. Welche Tragweite diese Wahrheit bzw. das Verschweigen derselben im deutschen Kontext hat und haben könnte, bleibt in der Diskussion gänzlich ausgespart.

An diesem Punkt lässt sich ein qualitativer Umschlag in der Grass-Rezeption festmachen – Grass schlägt gewissermaßen zurück, ein unmittelbarer Bezug zum Eigenen wird erstmals diagnostiziert. In einem Artikel, der sich mit Günter Grass und Heinrich Böll als Missionaren der Reflexion der Nachkriegszeit befasst, heißt es:

> „[…] es ist schwer, hier nicht unsere eigene Vergangenheit zu assoziieren.
> […] Chinesen behaupten gerne, dass man die Vergangenheit ruhen lassen
> solle, die Sache ist nur, wenn man den Weg der Rückschau und reflektie
> renden Aufarbeitung der Vergangenheit nicht durchschreitet, so wird sich
> diese umso weniger im Nebel des Vergessens auflösen […]"[40]

Implizit wird im Reden und Schreiben über Grass die Abwesenheit einer vergleichbaren Vergangenheitsaufarbeitung in China bzw. die Überlagerung derselben durch Kommerz und Wirtschaftswunder manifest. Grass wird mit Nachdruck als moralische Instanz, als Gewissen und Gedächtnis der Nation etabliert. Damit verschiebt sich die Lesart, der Schwerpunkt der Rezeption: zur Auseinandersetzung mit der formal-ästhetischen Gestaltung tritt eine

---

40 Yin Zhihong: Missionare der Reflexion im Nachkriegsdeutschland – eine Annäherung
    an Heinrich Böll und Günter Grass (德国战后文学反思的使徒—走近伯尔、格拉斯), in:
    Nanjing Daxue xuebao Nr. 6/2004, S. 99 ff; Feng Yalin: durch Rückgriffe Zukunft herstellen. Ökologische Aspekte in Günter Grass' Die Rättin. Erinnerung als konstituierender
    und reflektierender Prozess, in: Zeitschrift für Germanistik Nr. 2/2006, S. 280 ff.

stärker inhaltlich-thematische Beschäftigung mit den Grass'schen Werken. Da in der VR China die traumatischen Ereignisse des 20. Jahrhunderts noch immer weitgehend tabuisiert werden, scheint es, als ob die Auseinandersetzung mit den Grass'schen Werken eigentlich auf eine Stellvertreterdiskussion hinweist. So wird Grass eine enorme aufklärerische Bedeutung im Zusammenhang mit dem deutschen Vergangenheitsdiskurs zugeschrieben und seine Texte werden als Beispiele für die kultur- und identitätsstiftende Signifikanz von individueller und kollektiver Erinnerung und der Schaffung eines kulturellen Gedächtnisses angeführt. Darüber hinaus formuliert die Literaturkritik eine unverblümte Aufforderung an die chinesischen Autoren, der offiziellen Geschichte oder Masternarrative von der siegreichen Revolution, die menschlichen Geschichten des 20. Jahrhunderts einzuschreiben, den Katastrophen ein Gesicht zu geben.

Damit sind wir vorerst am Ende der unterschiedlichen Rezeptionsphasen angelangt und man könnte mit einigem Recht behaupten, gegenwärtig stehe Grass im chinesischen Diskurs als Paradebeispiel für den „aufrechten konfuzianischen Literaten-Beamten", der seine traditionelle Aufgabe, den Herrscher zu ermahnen und das Volk zu erziehen – trotz widriger Umstände und von persönlichen Interessen absehend –, geradezu mit Perfektion erfüllt. Ein amerikanischer Sinologe hat einmal behauptet, dass die Provinzialität und Grundproblematik chinesischer Literatur darauf zurückzuführen sei, dass ihre Autoren an einer „obsession with China" litten. Meines Erachtens ist es jedoch genau diese obsessive Haltung gegenüber dem eigenen Land und der eigenen Geschichte, die in China einen Wiedererkennungseffekt provoziert und Günter Grass zum bedeutendsten deutschen Nachkriegsautor in der VR China macht.

Dass es in der Bundesrepublik – von ihrer Gründungsphase abgesehen – nicht an philosophischen, historischen und vor allem an literarischen Anstrengungen gefehlt hat, das „Schweigen über so viele Untaten" (Brecht) zu durchbrechen, ist in der VR China, auch das beweist die Grass-Euphorie, noch nicht ins allgemeine Bewusstsein vorgedrungen. Anders gesagt: Man rühmt eine Wahrheitsliebe, die persönliche Hemmungen überwindet. Ein gesellschaftliches Tabu war hierfür in Deutschland anno 2007 keineswegs mehr zu brechen.

Dieter Stolz

Günter Grass:
Ein weites Feld und kein Ende...

Kommen wir gleich zur Sache, der Fisch beginnt vom Kopf her zu stinken: Seine Bücher sind seit Jahren „langweilig", „ekelhafte Altmännerliteratur". Sein Besserwisser-Gehabe als Möchtegern-Politiker ist seit Jahrzehnten eine „Zumutung", „realitätsferne Schwarzmalerei". Und auch seine „Selbstmitleid auf Arroganz reimende" Schamlosigkeit in der jüngsten Autobiographie-Debatte spricht Bände – und zwar gegen ihn, den „unerträglichen Günter Grass", „die SSPD-Kreatur". Doch damit noch nicht genug: Der „selbstgerechte" alte „Mann, der seinen Mund nicht halten kann", ist eine „Schande für das Schriftstellertum". Grass spiegelt im Grunde das wider, „was die Amerikaner derzeit durch den Irak-Krieg erfahren: den Verlust der moralischen Meinungsführerschaft und zugleich die Unfähigkeit, diesen Verlust zu akzeptieren". Mit anderen Worten, die „alte brammelnde Stinkepfeife" gleicht einem auf Zelluloid bereits verewigten Hund, „der noch ein paar Schritte weiterläuft, nachdem ihn ein Auto tödlich getroffen hat, nicht begreifend, dass dies keinen Sinn mehr hat".

Ende der problemlos zu verlängernden Zitatcollage, zuletzt zitierte ich DIE ZEIT vom 7. Juli 2007, die Autorin heißt Eva C. Schweitzer. Ja, es ist traurig, aber wahr, doch auf dieses „Niveau" muss man sich schon einlassen, wenn es um die Grass-Rezeption geht: Elke Heidenreich oder Wiglaf Droste, Peter Handke oder Henryk M. Broder, die taz oder das jüdische Wochenmagazin tacheles, Der Spiegel oder die Fernsehsendung Lesen! – erschreckende, natürlich unterschiedlich motivierte Beispiele zuhauf, Beispiele, die nach verständlichen, aber hin und wieder überzogenen Medienschelten des Medienprofis besonders zahlreich aus dem Boden sprießen; Beispiele, von denen im Rahmen dieser Tagung dementsprechend noch mehrfach zu sprechen sein wird. Aber natürlich auch von Gegenbeispielen, für die einleitend Ulrich Greiners aufschlussreicher ZEIT-Artikel *Dichter am Leser* vom 29. März 2007 anzitiert werden soll: „Der Verdrängungswettbewerb auf dem Markt der Medien verführt diese dazu, nicht allein auf Qualität und Ausdauer zu vertrauen, sondern Sensationen zu produzieren und sich selbst marktschreierisch anzupreisen." Fortsetzung folgt.

Berührungsängste wären da völlig unangebracht. Sehen wir den Tatsachen ins Auge: Günter Grass polarisiert vom Beginn seiner steilen Karriere an. Und so wird eine jahrzehntealte Geschichte in Zeitgeistvariationen immer wieder neu aufgelegt, das medial inszenierte Grass-Symptom und kein Ende: Für die einen ist der unbequeme Querdenker längst ein „rotes Tuch": Pornograph, Nihilist, vaterlandsloser Geselle; andere stecken ihn kurzerhand in die aschgraue Kutte des unfehlbaren Moralpredigers: Praeceptor Germaniae, Kassandra und Gewissen der Nation in Personalunion.

Gestreute Respektlosigkeiten hin, gezielte BILD-Kampagnen her: Die Tatsache, dass es sich bei Günter Grass um einen der bedeutendsten deutschsprachigen Schriftsteller der Nachkriegszeit handelt, scheint demgegenüber hin und wieder in Vergessenheit zu geraten. Über mögliche Hintergründe für die Überlebensfähigkeit von Stereotypen und die sie prägenden Einflüsse lässt sich aus wechselnden Perspektiven unendlich lange streiten. Fest steht, mit dem anhaltend produktiven Wortkünstler und seinen literarischen, von Zwischentönen und Widersprüchen lebenden Werken haben die Feuilleton-Polarisierungen in der Regel nur wenig zu tun. Angemessen differenzierende Würdigungen der poetischen Weltentwürfe des Literaturnobelpreisträgers stehen dementsprechend auf einem ganz anderen Blatt.

Auch was nun folgt, ist lediglich als Einführung in die komplexe Thematik unseres Kongresses gedacht, ein vielleicht durchaus exemplarisches Beispiel, darüber wäre zu diskutieren. Mein Vortrag gliedert sich in drei Abschnitte – ganz lebensnah: Vorspiel, Höhepunkt, Nachwehen – und steht unter dem berühmt-berüchtigten Lichtenberg-Motto: „Wenn ein Buch und ein Kopf zusammenstoßen und es klingt hohl, ist das allemal im Buch?"

1. Das Vorspiel

Ich beginne mit einer kurzen Chronik der vor mehr als zehn Jahren hohe Medienwellen schlagenden Ereignisse, die allerdings auch heute im Hinblick auf sehr viel existentiellere Probleme der Menschheit nicht übertrieben dramatisiert werden sollten.

Akt 1, Frühjahr 1995: Der Steidl-Verlag verschickt ein aufwendiges Werbeheft zum ‚neuen Grass' mit Hintergrundinformationen, Fotos und einer längeren Leseprobe an potentielle Multiplikatoren. Am 25. April ist es dann soweit, der Autor liest erstmals öffentlich aus dem *weiten Feld* und zwar – man höre und staune – auf Einladung von Marcel Reich-Ranicki im Literaturforum des Jüdischen Gemeindehauses in Frankfurt am Main. Die Veranstaltung scheint ein großer Erfolg für alle Beteiligten gewesen zu sein. In der Berliner Morgenpost jedenfalls stand am nächsten Tag Folgendes:

„Für die erste Lesung aus seinem bisher unveröffentlichten neuen Roman *Ein weites Feld* erntete Günter Grass [...] minutenlangen Applaus vom Publikum. [...] Als Grass nach knapp anderthalb Stunden zwei der 47 (sic) Kapitel vorgetragen hatte, schien nicht nur Reich-Ranicki überzeugt" (Roland Siegloff).

Standing ovations. Der ebenso renommierte wie gefürchtete Kritiker war nach dieser Veranstaltung also nicht der einzige Zuhörer, der offen Begeisterung zeigte.

Auch Martin Lüdke schrieb am 5. Mai in DIE WOCHE einen Text über seine Eindrücke unter dem bezeichnenden Titel „Der Meister ist wieder da!":

„Was immer nun die beiden Herren in Frankfurt zusammengeführt haben mag, auf alle Fälle lobten sie sich ausgewogen, einander vorsichtig belauernd. [...] Soweit das, zugegeben, amüsante Vorspiel. Dann wurde es urplötzlich ernst und ganz ruhig im Saal. Grass begann zu lesen. Schon mit den ersten Worten war klar: Er geht aufs Ganze. [...] Alle Bedenken waren schäbig und klein geworden, gleich nachdem Grass die allerersten Sätze, den Beginn des vierten Kapitels, ‚Wie von Liebermanns Hand’, gelesen hatte. [...] Die Bilder des Paternosters, in dem der Aktenbote Fonti (sic) im Haus der Ministerien auftaucht, wieder verschwindet, mal mit den Füßen vorweg, dann mit dem Kopf voran, allein oder mit Tallhover zusammen [...] – solche Episoden werden in die Literaturgeschichte eingehen. Nicht [...] die Jüngeren und die Jungen haben den großen deutschen Roman über Wende und Mauerfall geschrieben, sondern, wenn die Zeichen nicht trügen, er, unser Altmeister, Günter Grass. Was ihm im ‚Butt’ misslang, was ihm in der ‚Rättin’ gründlich danebenging, die Allegorie der Geschichte, hier, in diesem ‚weiten Feld’, könnte sie endlich gelungen sein."

Kurze Zeit später kam eine oft nachgedruckte dpa-Meldung in Umlauf, die mit dem Satz „Grass las ein Jahrhundertwerk" überschrieben war; eine griffige Formulierung, die von anderen Medien dankbar aufgegriffen wurde. Plötzlich sprach alle Welt vom noch unbekannten „Jahrhundertroman". Die verständlicherweise halbherzigen Einsprüche des Grass-Verlags in Göttingen, der sich über diese kostenlose Werbekampagne gefreut haben wird, wurden in der Öffentlichkeit kaum noch registriert.

Steidl versandte nun, Anfang Juni, ca. 5 000 Leseexemplare vorab an Rezensenten und Buchhändler. Dann wurde es still. Über den Rest des Sommerlochtheaters mit dem Titel „Warten auf den Super-Grass" sei auch hier der Mantel des Schweigens ausgebreitet. Für alle an Details Interessierten möchte ich nur

kurz auf die ausführliche Dokumentation von Oskar Negt zum „Fall Fonty"
(Steidl Verlag 1996) verweisen.

Alles ging seinen Gang. Die Medienmaschinerie entwickelte – geölt mit
Vorabdrucken und Exklusivinterviews – eine bemerkenswerte Eigendynamik.
Die Erregung der Gemüter und die ohnehin hohe Erwartungshaltung stieg
durch das ungewöhnlich lange Vorspiel ins Unermessliche: Endlich kommt
er, der lang ersehnte „Wenderoman". Wir nähern uns also dem nächsten Akt
dieser allzu deutschen Posse.

2. Der Höhepunkt

Natürlich hatten sich bei all dem Medienrummel inzwischen auch die Kritiker des Buches formiert und ihre Spielplätze untereinander aufgeteilt. Viele
warteten bereits ungeduldig auf den Startschuss, denn jeder möchte am Ende
der Erste gewesen sein. Dieser Schuss fiel dann auch bereits eine Woche vor
dem geplanten Erstverkaufstag, also nicht erst – wie ursprünglich geplant – an
Goethes Geburtstag; Kulturindustrie, mir graut vor dir.

Soweit erscheint demnach alles als der ganz alltägliche Wahnsinn des Literaturbetriebs im Marketing-Zeitalter, denn der Konkurrenzdruck wächst.
Doch jetzt kommt's, die pikante Besonderheit. Was nun beginnt, wurde
von Herbert Riehl-Heyse bereits in der Süddeutschen Zeitung vom 7. September 1995 treffend als „Feldzug der Tontaubenschützen" bezeichnet. Es
handelt sich dabei um die Kunst, einen bedeutenden Schriftsteller und sein
neues Werk zunächst in den Dichterhimmel zu katapultieren, um beide dann
anschließend besonders wirkungsvoll „abschießen" zu können. Parallelen
zur aktuellen Oberflächen-Debatte über sein komplexes Erinnerungsbuch
Beim Häuten der Zwiebel und den damit verknüpften Dekonstruktionsver-
such einer vermeintlichen Moralinstanz sind vorstellbar. Es ist demnach kein
Zufall, dass auf vielen Titelseiten im Lande der Dichter und Denker bis heute
explizit von Todesurteilen, Hinrichtungsversuchen und Vernichtungswettbe-
werben die Rede ist. Da kann die ausländische Presse nur staunen. Doch bei
uns gehören solche Begriffe tatsächlich schon lange zum üblichen Umgangs-
ton, q. e. d.:

> „In der Tat: Gern und oft beschuldigt man die Kritiker literarischer Morde.
> Doch sollte man sich hüten, für Mörder jene zu halten, zu deren Pflichten
> es gehört, Totenscheine auszustellen." (Marcel Reich-Ranicki: *Die Anwälte
> der Literatur*)

Über die Wahl von Metaphern lässt sich streiten, nachzulesen ist: Insbesondere R.-R. fällt nun über den von ihm selbst im Vorfeld lancierten Roman unseres „Dichterfürsten" her. Er, der sich gerne als Anwalt der Literatur aufspielt, lässt nunmehr keine einzige gute Seite auf dem Schlachtfeld zurück. Dieses Buch, *Ein weites Feld*, ist s. E. „ganz und gar missraten", obwohl auch er zuvor immerhin zwei Kapitel der „grässlichen" Prosa euphorisch gefeiert hatte. Irritierend genug, doch das war bekanntlich nicht das erste Fehlurteil unseres Literaturpapstes, der selbst *Die Blechtrommel* zunächst nicht mochte – ach, Grass und Reich-Ranicki, Szenen einer von Hassliebe geprägten Beziehung über Jahrzehnte hinweg, da hilft kein Scheidungsanwalt, ein Kapitel für sich.

Zurück: Einige Rezensenten folgen, sicher ermutigt vom spektakulär inszenierten Spiegel-Verriss, dem „Ersten Kritiker der Nation" nach. Aber nicht alle Kritiker scheinen ihr Handwerkszeug zu beherrschen oder es ausnahmsweise nicht nutzen zu wollen: Alte Rechnungen werden beglichen, neue Machtkämpfe zwischen den Generationen sind zu erahnen, und unverkennbar ist schon auf den ersten Blick zweierlei: 1. Die Diskussion des Romans bietet einen willkommenen Anlass, das weite Feld geschichts- und erinnerungspolitischer Grundsatzprobleme zu beackern. Schließlich geht es um den adäquaten Umgang mit der Vergangenheit in Nachwendezeiten, um die Identität des wiedervereinigten Landes und nicht zuletzt um damit verbundene, ganz reale Interessen, auch wirtschaftliche. 2. Nicht nur ästhetische und politische Bewertungsmaßstäbe gehen demzufolge oft kunterbunt durcheinander: Wie war das noch, um nur einen beliebten Kurzschluss zu nennen, mit den Unterschieden zwischen Erzählerrede, fiktiven Dialogen bzw. einem Statement des Autors?

Überzeugende Kritikerurteile, die dem vielschichtigen Roman halbwegs gerecht werden können, bleiben demzufolge zunächst Mangelware. Ausnahmen bestätigen den Gesamteindruck. Doch wen wundert's, denn das Feuilleton ist und bleibt eben ein sehr schnelles Geschäft; die Vor- und Nachteile des von gesamtgesellschaftlichen Rahmenbedingungen abhängigen Metiers sind hinlänglich bekannt. Bei allem Respekt, da lobe ich mir doch die gute alte Philologie:

„Philologie nämlich ist jene ehrwürdige Kunst, welche von ihrem Verehrer vor Allem Eins heischt, bei Seite gehen, sich Zeit lassen, still werden, langsam werden –, als eine Goldschmiedekunst [...] des W o r t e s, die lauter feine vorsichtige Arbeit abzuthun hat und Nichts erreicht, wenn sie es nicht lento erreicht. Gerade damit aber ist sie heute nöthiger als je, gerade dadurch [...] bezaubert sie uns am stärksten, mitten in einem Zeitalter der ‚Arbeit', will sagen: der Hast, der unanständigen und schwitzenden Eilfertigkeit, das mit Allem gleich ,fertig werden' will, auch mit jedem alten und neuen Buche: – sie selbst wird nicht so leicht irgend womit fertig, sie lehrt *gut* lesen, das heisst langsam, tief-, rück- und vorsichtig, mit Hintergedanken, mit offen gelassenen Thüren, mit zarten Fingern und Augen lesen...'' (Friedrich Nietzsche: *Morgenröthe*)

Aber lassen wir das und wenden uns schnell – mit schwitzender Eilfertigkeit – wieder den von Populismus, Vermarktungsstrategien und Selbstinszenierungen geprägten Realitäten zu: Ich habe vor diesem abstoßenden Presseschlacht-Hintergrund kurz überlegt, ob und in welcher Form ich noch etwas ausführlicher auf die symptomatische Titelgeschichte des deutschen Nachrichtenmagazins Der Spiegel vom 21. August 1995 eingehen soll. Ich habe mich dann aber dagegen entschieden. Erwähnen möchte ich lediglich zwei Punkte: Nein, ich habe bei der Titelbildkollage nicht an Bücherverbrennungen im Dritten Reich oder an den Mordaufruf gegen Salman Rushdie gedacht (allerdings auch nicht an die Moses-Darstellung Michelangelos, auf die das Ganze zurückgehen soll); ich fand sie einfach nur gedanken- und geschmacklos. Ja, die eigentliche Unverschämtheit dieser als Freundschaftsbrief getarnten Abrechnung lag für mich vor allem in der Tonlage des Textes begründet, die bereits in der anmaßenden Anrede anklingt.

Zu steigern war dieser Angriff unter die Gürtellinie eigentlich nur noch durch den Fernsehauftritt des ehemaligen ZDF-Entertainers, der im Grunde jeder Beschreibung spottet. Joachim Scholl hat es in einer kurzen Glosse mit realsatirischen Zügen *(Grass-TV,* in: Zitty, Heft 18, 2005) dennoch versucht, darum gebe ich ihm das Wort:

> „...das Spiegel-Erlebnis nochmal live, geile Sache das! Mit Bier und Chips also vor die Glotze. Anfangs war's lahm, der Alte schien nicht in Form. Hing grämlich im Sessel, ließ matt die Flosse über die Lehne gleiten. War ihm womöglich seit Montag ein bisschen journalistischer Anstand gedämmert, die inszenierte Schlammschlacht gar peinlich, sein widerliches Getue mit ,Mein lieber Günter' etc.? Nachdem sich die Knappen Hellmuth Karasek und Karl Corino schon mal aufgepumpt hatten, vom Boss mit grimmigem Nicken akklamiert, war es schließlich Sigrid Löffler, die den Opa wieder flott machte. Die Wienerin wollte nicht so einfach mittun im Konzert der Verhöhnung, grantelte etwas gegen die Großmannssucht der Kritiker. War das so abgesprochen? Denn jetzt kam ,es'. Das spuckte, geiferte, zappelte und schrie bis knapp vor den Infarkt. Hochrot das Köpfchen, Stimme am Überschnappen, alle Pegel auf rot. Scheißbuch! ,Von der ersten bis zur letzten Zeile!' Nahezu orgasmisch dann der Ausfall gegen die IG Medien, die

ihr Mitglied Grass zu verteidigen gewagt hatten, so ein perfider Angriff gegen die ,Krrrritik'. Ein bisschen postkoitale Depression dann noch, als Schleimbeutel Hellmuth das ominöse Titelblatt aus der Tasche zaubert ,wir haben Sie ja noch gefragt, nicht wahr?' Oh, oh, wie war das aber mit der Auskunft gegenüber der dpa, er hätte damit ,nichts zu tun'? Macht nix ,soll mir recht sein, wenn viele Leute das wegen dem Titelbild kaufen'. Prima Konter, toll, Marcel."

Ein witziges Beispiel für den kurzlebigen Journalismus der „Neuen Munterkeit", das Literarische Quartett als armseliges Requiem auf die traditionsreiche deutsche Literaturkritik. So oder so: Im Kampf der Medien um Marktanteile und Einschaltquoten scheint inzwischen fast jedes Mittel recht zu sein. Qualitätsansprüche werden geopfert, die letzten Hemmungen verschwinden, ambivalente Gefühle bleiben zurück.

3. Die Nachwehen

Es kam alles, wie es wohl oder übel kommen musste. Günter Grass reagiert auf das turbulente, selbstverständlich auch durch ihn selbst angeheizte Medienspektakel zunächst erstaunlich gelassen, zeigt sich dann aber doch verletzt und teilt seinerseits aus: Er spricht allgemein vom „Kritikerunflat" (z. B. im Stern vom 31. August 1995) und im besonderen vom „aufgeputschten Altstalinisten". Der Herausforderer kontert am selben Tag auf seine unverwechselbare Art. Nachdem Reich-Ranicki Grass bereits in die Nähe des Nazi-Propagandaministers gerückt hatte, steht nun über einem Interview des Kritikers mit der BUNTEN (die Boulevardpresse hat bezeichnenderweise massiv in die Debatte eingegriffen): „Bei einem Spaziergang mit seiner lieben netten Frau im Salzburger Land fragte BUNTE Reich-Ranicki, warum er Grass den Kopf abhackt." Die Zwischenüberschrift bringt es dann auf den Punkt: „Vielleicht hat das Desaster von Grass mit Impotenz zu tun."

So viel also zum zeitgenössischen Umgang mit Büchern und Autoren, zum immer wieder aktuellen Fall Grass und zur Streitkultur im Lande der Richter und Henker. Aber man muss als mündiger Zuschauer ja nicht alles glauben, man muss auch nicht jeden Unsinn mitmachen. Und zum Glück waren diese Entgleisungen ja auch schon Exkurse zum vorerst letzten Akt auf dieser Schmuddelbühne.

Nun konnte/könnte die wissenschaftliche, im besten Fall interdisziplinär ausgerichtete Aufarbeitung beginnen. Es galt/gilt, die außerliterarischen

Subtexte der Kontroversen freizulegen und ihren medialen Kontext zu reflektieren. Und zwar mit Hilfe von Fragen im Spannungsfeld von Politologie, Soziologie, Kultur- und Kommunikationswissenschaft, Fragen, die auch im Rahmen unserer grenzüberschreitend konzipierten Tagung gestellt werden müssen: Welche Rolle spielt die Tatsache, dass Günter Grass sich seit Jahrzehnten als kritischer Intellektueller in politische Debatten einmischt, für die Rezeption seiner literarischen Werke?

Gilt es, bestimmte Phasen zu unterscheiden – etwa parallel zu gesellschaftlichen Transformationsprozessen oder Kämpfen um mediale Meinungshoheit?

Gibt es spezifische Rezeptionsmuster im In- und Ausland – Stichworte: Denkmalsturz oder Kampagnenjournalismus?

Wenn ja, wie sind sie motiviert, worin unterscheiden sie sich?

Und wie weit geht die Selbstreflexion des Medienbetriebs und die des Dichters?

Zur Erinnerung, was war hier eigentlich sechs Jahre nach der so genannten Wende passiert: Ein deutscher Autor, längst eine öffentliche Person von internationaler Reputation, hat ein neues Buch auf den Markt gebracht. Einen zweifellos schwierigen, hohe Ansprüche stellenden, aber keineswegs „unlesbaren" Roman (so die indiskutable Bewertung von Iris Radisch in DIE ZEIT), einen pikaresken Berlin-Roman, über den die Rezipienten geteilter Meinung waren. Einige Berufskritiker haben auf diese „Gegengeschichte" besonders kritisch reagiert; andere, auffallend viele in den neuen Bundesländern, dagegen sehr positiv. Im Prinzip geschah also nichts Neues. Erwähnt werden soll hier nur noch, dass Günter Grass bereits 16 Monate zuvor, eine (auch aus seiner Sicht) „etwas hochtrabende" Preisrede mit dem Titel „Über das Sekundäre aus primärer Sicht" gehalten hat, die als Katalysator gewirkt haben könnte:

> „Ich bin Kritik gewohnt, sie überrascht mich nur selten. Weder war sie besonders hilfreich noch hat sie nachhaltigen Schaden angerichtet. Und da es mir als Schriftsteller nicht an Selbstbewusstsein mangelt, fällt es mir auch nicht schwer, den Autor als Arbeitgeber zu begreifen: ohne ihn gäbe es die Kritiker nicht, ohne sein vorliegendes Werk müssten sie sich selbst zerfleischen; arbeitslose Sozialfälle wären sie ohne den Schriftsteller, der sie in Lohn und Brot hält, indem er ihnen wiederholt Gelegenheit bietet, an den Früchten seiner Arbeit zu partizipieren, er nährt sie."

Dennoch, so der Arbeitgeber weiter, falle ihm eine seit Jahren immer deutlicher werdende Tendenz auf, nach der

„sich das Sekundäre vor das Primäre geschoben hat. Mehr noch: Die permanente Selbstfeier des Sekundären bestimmt nicht nur den Zeitgeist, sie verkörpert ihn. Das Sekundäre erlaubt sich, als Original aufzutreten. Nicht das neu erschienene Buch ist Ereignis, sondern der sekundäre Reflex."

So macht man sich nicht nur Freunde, denn wie man in den Blätter-Wald ruft, so schallt es heraus. Doch der glücklicherweise erneut alle „Hinrichtungsversuche" überlebende Autor und sein Verlag trösten sich mit der Einsicht, dass ein Buch letztlich nicht von der Kritik getragen wird, sondern von den Lesern. Zahlreiche Leserbriefe und die Verkaufszahlen machen Grass immer wieder Mut. *Ein weites Feld* wurde trotz allem – vielleicht sogar gerade aufgrund der vorangegangenen Debatte – ein Bestseller. Man muss also nicht gleich einstimmen in das Lamento vom Ende der Literatur, vom Aussterben der Kritikerzunft und vom letzten Seufzer der Lesekultur, das sieht auch der betroffene Autor so:

„Mit bedauerndem Tremolo wird der Sieg der neuen Medien verkündet. Schon ist der lesende Mensch durch den visuell konsumierenden abgelöst. [...] Und wo bleibt die Kritik? Ich meine die hergebrachte, die noch altmodisch vom Buch zehrt. Sie beginnt sich gemeinzumachen mit den Zulieferern aus zweiter Hand. Schon hat sie akzeptiert, dass das Schaugeschäft die Tendenz bestimmt. Der einzelne Entertainer, der sich als Quartett aufspielt, der literarische Stammtisch gibt den Ton an. Wer mag noch lesen bei so viel Fernbedienung. Schalten wir ab. [...] Denn wer liest, der lässt sich auf ein primäres Erlebnis ein. Ein Erlebnis ohnegleichen. Nichts kann den Vorgang des Lesens ersetzen. In einer Welt der Surrogate verhält sich der Leser einzigartig. Nichts drängt sich telegen schwatzhaft zwischen ihn und das Buch. Er imaginiert, was ihm abstrakt als Satzspiegel vorliegt. Er ist mit dem Buch allein. [...] Er sorgt dafür, dass der Faden nicht abreißt."

In diesem Sinne, das Schöne am Lesen ist das Lesen. Und am Ende meiner kurzen Einführung steht demnach – bei aller Begeisterung für luzide Rezeptionsanalysen, auf die wir alle uns hier in Bremen freuen können – nicht ganz zufällig ein Plädoyer für die intensive Auseinandersetzung mit dem Primären; ein Plädoyer für das genaue, das lustvolle Lesen der literarischen Werke von Günter Grass. Es lohnt sich, immer wieder! Aber seien Sie gewarnt, denn dieser Autor mutet seinen Lesern tatsächlich sehr viel zu, politisch und ästhetisch. Mit abschließenden Worten, Günter Grass mag keine Fischstäbchen; er liebt den ganzen Fisch, mit Kopf, Schwanz und Gräten und das ist, so würde man in Berlin sagen, auch gut so.

Quellen- und Literaturverzeichnis, eine Auswahl:

Der hier dokumentierte Eröffnungsvortrag zum Kongress „MedienGrass"
stellt eine überarbeitete Fassung meines gleichnamigen Beitrags zum Sammelband „Günter Grass. Ein weites Feld/Toute une histoire", hg. von Philippe
Wellnitz, Presses Universitaires de Strasbourg 2001, S. 11–36, dar. Dort finden
sich weiterführende Sekundärliteratur- und die hier ausgesparten Zitatnach-
weise.

Für die einleitende Zitatcollage zur aktuellen Grass-Diskussion (vgl. dazu
auch die von Martin Kölbel herausgegebene Dokumentation *Ein Buch, ein
Bekenntnis. Die Debatte um Günter Grass'* Beim Häuten der Zwiebel, Steidl
Verlag 2007) wurden folgende Artikel genutzt:

Henryk M. Broder: Neues von Grass: Der Dichter und die Henker, in: Spiegel
online, 2. April 2007.

Wiglaf Droste: steidl, ein literaturstadl, in: taz, 1. Dezember 2006.

Eckhard Fuhr: Eine Dreiecks-Erregung. Nur ein Medienrauschen oder doch ein
kulturelles Beben?, in: WELT am SONNTAG, 1. April 2007.

Robert B. Goldmann: Der unerträgliche Günter Grass, in: tacheles. Das jüdische
Wochenmagazin, 6. Juli 2007.

Ulrich Greiner: Dichter am Leser. Günter Grass beschimpft die Medien, das
Publikum applaudiert. Warum es sich lohnt, genau hinzuhören, in: DIE ZEIT,
29. März 2007.

Elke Heidenreich: Nie wieder ekelhafte Altmännerliteratur. Ein Gespräch mit
Christine Eichel, in: Cicero. Magazin für politische Kultur, 25. April 2007.

Günter Kunert: Doppelte Schande. Taifun im Fingerhut: Peter Handke attackiert
Günter Grass, in: DIE ZEIT, 21. September 2006.

Eva C. Schweitzer: Full frontal. Warum die Amerikaner Günter Grass so lieben,
in: DIE ZEIT, 5. Juli 2007.

Christof Siemes: Der verschlafene Skandal, in: DIE ZEIT, 24. August 2006.

Gunther Nickel

Kein Einzelfall.
Die medialen Kampagnen gegen Günter Grass, Martin Walser und Peter Handke

I.

Martin Walser, Günter Grass und Peter Handke standen in den letzten Jahren im Mittelpunkt von Skandalen, die eines gemeinsam haben: Medien, die vorgeben Qualitätsjournalismus zu bieten, unterrichteten ihre Leser tendenziös und kümmerten sich nicht um elementare journalistische Sorgfaltspflichten. Solche Vorgänge sind indes nichts Neues. Karl Kraus beklagte schon 1902 eine „Verwüstung des Staates durch die Pressmafia".[1] Und die Pressekritik in Gustav Freytags 1854 veröffentlichter Komödie *Die Journalisten* erlaubt wohl den Schluss, dass es bereits Mitte des 19. Jahrhunderts um die Seriosität der Medien nicht immer zum Besten bestellt war. Nimmt man noch hinzu, dass Jacob Michael Reinhold Lenz in seinem Stück *Pandämonium Germanicum* (1775) eine Szene mit dem Titel „Die Journalisten" überschrieben hat und dort in einer Regieanweisung das nicht ganz leicht zu inszenierende Kunststück verlangt, die Vertreter der Presse sollten sich bei der Verfolgung Goethes in Schmeißfliegen verwandeln, so zeigt sich, dass es offenbar schon im ausgehenden 18. Jahrhundert Anlass zur Kritik am Gebaren von Journalisten gab. Den Schlussvers eines häufig zitierten Gedichts von Goethe aus dem Jahr 1774 – „Schlagt ihn tot, den Hund! Es ist ein Rezensent!" – muss man daher eigentlich gar nicht noch bemühen.

Auch Günter Grass beklagt seit geraumer Zeit den Siegeszug des Sekundären in Form einer „feuilletonistischen Aufbereitung, die sich Kritik" nenne.[2] So berechtigt diese Klage in vielen Fällen sein mag, so sehr muss auch betont werden, dass Kritik als Ferment für ein kulturelles Leben unverzichtbar bleibt, will sie sich vom Ideal einer räsonierenden Öffentlichkeit nicht restlos verabschieden. Bücher sind nicht schon dadurch in der Welt, dass ein Verlag sie druckt, sondern erst dann, wenn sie gelesen und diskutiert werden. Das Feuilleton leistet dazu einen wichtigen Beitrag, und seine Macher orientieren sich

1   Karl Kraus: Die Journaille, in: Die Fackel, Jg. 3, 1902, Nr. 99, S. 1.
2   Günter Grass: Blindstellen auf der Spur, in: Essener Unikate, H. 8, 1996, S. 11 ff, hier: S. 12.

selbstverständlich an den Bedürfnissen und Wünschen der Leser statt an den
Interessen der Autoren. Schließlich ist Literaturkritik kein Buchmarketing,
auch wenn sie zuweilen Marketingeffekte mit sich bringt. Grass hat sich solche
Wirkungen von Beginn seiner Schriftstellerkarriere an immer wieder zunutze
gemacht,[3] vor allem dann, wenn seine Anliegen nicht genuin literarische, sondern politische waren. Jeremiaden über verhängnisvolle Machenschaften der
Medien wirken daher besonders aus seinem Mund ein wenig wohlfeil.

Im Folgenden kann das Wechselspiel zwischen Autoren und den Medien
jedoch genauso vernachlässigt werden wie die Frage nach der literarischen
Qualität der Texte. In allen drei Fällen haben die Autoren zwar den Versuch
gemacht, das Medium Zeitung zur Verbreitung ihres Anliegens zu nutzen, im
Mittelpunkt der medialen Auseinandersetzung stand dann jedoch ihre Integrität, die ihnen in Form von Kampagnen mit unlauteren Mitteln abgesprochen
wurde. Von den strukturellen Gründen für solche Phänomene wird am Ende
dieses Beitrags die Rede sein. Zunächst aber seien die wesentlichen Momente
der Skandale um Walser, Grass und Handke kurz rekapituliert. In allen drei
Fällen steht die Berichterstattung einer Zeitung, der Frankfurter Allgemeinen
Zeitung (FAZ), im Zentrum. Für diese Fokussierung spricht die herausgeho-
bene Rolle dieses Blatts in allen drei Debatten. Eine stärkere Kontextualisie-
rung durch den Blick auch auf die Reaktionen anderer Organe wäre zweifellos wünschenswert, war aber im Rahmen der Umfangsvorgaben beim besten
Willen nicht zu leisten.[4]

II.

Am 29. Mai 2002 veröffentlichte der für das Feuilleton zuständige Herausgeber der FAZ einen Offenen Brief, in dem er begründete, warum er Martin Walsers Roman *Tod eines Kritikers* in seiner Zeitung nicht vorabdrucken
werde.

> „Ihr Roman ist eine Exekution", schrieb er. „Eine Abrechnung – lassen wir
> das Versteckspiel mit den fiktiven Namen gleich von Anfang an beiseite! –
> mit Marcel Reich-Ranicki. Es geht um die Ermordung des Starkritikers."

---

3   Vgl. dazu den Beitrag von Rebecca Braun in diesem Band.
4   Eine nützliche Übersicht über die in Rede stehenden Debatten findet sich im Internet
     unter http://www.perlentaucher.de/artikel/421.html (Walser), http://www.perlentaucher.
     de/artikel/2916.html (Grass), http://www.perlentaucher.de/artikel/3135.html (Handke).

Tatsächlich geht es in diesem Roman keineswegs um die Ermordung eines Kritikers; der einzige Mensch, der in diesem Buch ums Leben kommt – der Verleger Ludwig Pilgrim – stirbt an Altersschwäche.[5] Es handelt sich vielmehr um einen Mord*verdacht*, der aufkommt, nachdem der Starkritiker, der bei Walser André Ehrl-König heißt, plötzlich spurlos verschwunden ist, und darum, wie dieser Verdacht, der sich am Ende als falsch herausstellt, von den Medien sofort aufgegriffen, verbreitet und kommentiert wird. Nachdem von Schirrmacher der Unterschied zwischen einem Mord und einem Mordverdacht großzügig kassiert war, scherten sich auch viele andere Journalisten nicht mehr um ihn, und die Medienmaschine kam ganz so ins Rollen, wie Walsers Roman es darstellt. „Mordversuch um jeden Preis" war etwa ein Kommentar von Hellmuth Karasek überschrieben, der am 31. Mai 2002 im Berliner Tagesspiegel erschien. Als „Friedensnobelpreisträger" wurde Walser da im Eifer des Gefechts bezeichnet, was ja noch ganz lustig war. Aber der Spaß hörte auf, als es von Walser hieß, er stehe „seit seiner berühmt-berüchtigten Paulskirchen-Rede unter dem Generalverdacht [...], einem unterschwelligen und stammtischnahen Antisemitismus Vorschub zu leisten". Auch hier ist also von einem Verdacht die Rede, von dem in Karaseks Beitrag aber nicht klar wird, wer ihn ausgesprochen hat, ob er triftig ist oder nicht, und wenn er triftig sein sollte, aus welchen Gründen er das wäre. Mit der Untersuchung, ob der Verdacht berechtigt ist oder nicht, hielt Karasek sich gar nicht weiter auf, weil er ja nun ohnehin neue Nahrung erhielt, wenn nicht gar Bestätigung. Denn antisemitisch, das hatte Frank Schirrmacher schon in seinem Offenen Brief hervorgehoben, sei der neue Walser-Roman ganz eindeutig. Es gehe nicht um die Ermordung des Kritikers als Kritiker, sondern – so Schirrmacher – „um den Mord an einem Juden". Auch diese Feststellung entspricht nicht den Tatsachen. In Walsers Roman ist lediglich von einem Artikel in einer Zeitung die Rede, die bei ihm ebenfalls „Frankfurter Allgemeine Zeitung" heißt, in dem man lesen könne, es sei „allgemein bekannt, dass André Ehrl-König zu seinen Vorfahren auch Juden zähle, darunter auch Opfer des Holocaust".[6] Ob stimmt, was solcherart kolportiert wird, bleibt genauso offen wie die Frage, ob der angebliche Mörder, Hans Lach, den Satz „Ab heute nacht null Uhr wird zurückgeschlagen"[7] wirklich gesagt hat, denn auch der steht nur in dem im Konjunktiv rekapitulierten Bericht der fiktiven „FAZ". Später erfährt man sogar noch, dass der in nächster Nähe Lachs stehende Professor Silberfuchs, genannt Silbenfuchs, die fragliche Äußerung nicht gehört habe.[8] Dessen unge-

---

5   Martin Walser: Tod eines Kritikers, Frankfurt/Main: Suhrkamp 2002, S. 175.
6   Ebd., S. 10.
7   Ebd.
8   Ebd., S. 47.

achtet kann man diesen Satz „jeden Tag überall lesen und abends aus allen Kanälen hören".[9]

In dem Roman heißt es wörtlich: „Wenn Ehrl-König ermordet worden wäre, weil er Jude gewesen sei, hätten die anderen Recht. Aber es sei ja noch nicht einmal sicher, ob Ehrl-König Jude gewesen sei."[10] Auch andere biographische Daten des Kritikers bleiben unklar: Vier Städte reklamieren, in ihnen sei Ehrl-König geboren worden, und seine runden Geburtstage werden daher „immer fünfmal gefeiert. In Brüssel, in Bonn, in Berlin und, stellvertretend für das ehemalige Breslau, in Wien und im Fernsehen".[11] Kaum etwas in seiner Biographie steht fest, sie besteht zum größten Teil aus einem „Strauß von Gerüchten".[12] Zu zeigen, wie dieser „Gerüchtedschungel"[13] funktioniert, darauf zielt der Roman. Wie konnte also Frank Schirrmacher trotzdem behaupten, er handle vom Mord an einem Juden? Er konnte es, indem er Unbestimmtheit zum perfiden Versteckspiel erklärte und sich weigerte, Gerede und dessen medialen Abklatsch als den eigentlichen Gegenstand dieses Romans anzuerkennen. Dabei zeigt Walser von der ersten bis zur letzten Seite, wie Gerüchte, Mutmaßungen, Unterstellungen und Interpretationen medial aufgegriffen, zugerichtet und verbreitet werden, bis sich am Ende das Ganze doch nur als ein Spuk erweist, der sich in ein Nichts auflöst.

Dass ausgerechnet in der sogenannten Abstammungsfrage Unklarheit herrscht, ist nicht Zeugnis einer Walserschen Hinterlist. Schon in seiner Friedenspreis-Rede thematisierte er (und hat in den anschließenden Reaktionen auf sie erleben müssen), wie sehr die Medien sich begierig auf Vorgänge stürzen, die sich mit „unserer Schande" befassen, wie Walser den versuchten Genozid an den europäischen Juden nennt.[14] Nicht von ungefähr heißt es daher in seinem Roman, als die vermeintliche oder tatsächliche jüdische Herkunft Ehrl-Königs die Runde macht: „Erst jetzt hatten die Medien ihr Saisonthema gefunden."[15]

Wie sehr Walser mit der Darstellung gerade dieses Mechanismus ins Schwarze getroffen hat, bewies dann die Kampagne, die gegen ihn und seinen Roman geführt wurde, auf das Schönste, wobei die Nachlässigkeiten, die manche Debattenteilnehmer sich gestatteten, frappierend sind. Da wurde etwa der Verleger Pilgrim kurzerhand mit dem Verleger Unseld identifiziert, obwohl

---

9 Ebd., S. 144.
10 Ebd., S. 145.
11 Ebd., S. 92 f.
12 Ebd., S. 98.
13 Ebd., S. 101 f.
14 Martin Walser: Erfahrungen beim Verfassen einer Sonntagsrede, Frankfurt/Main: Suhrkamp 1998, S. 18.
15 Walser: Tod eines Kritikers, a. a. O., S. 145.

Siegfried Unseld unter seinem richtigen Namen im Roman auftaucht.[16] Jan Philipp Reemtsma, den die FAZ nicht ohne Geschick in der Rekrutierung ihres Personals mit der Rezension beauftragte, entdeckte sogar eine auffällige Nase, übersah aber, dass sie dem Schriftsteller Hans Lach und nicht dem Kritiker André Ehrl-König gehört.[17]

Immerhin konnte man, als Reemtsmas Kritik erschien, die Vorwürfe endlich überprüfen, denn inzwischen war der Roman erschienen. Bis dahin aber wurde in der FAZ das Skandalon dieses Buches immer wieder aufs Neue beschworen. Schon am 1. Juni erklärte etwa Hubert Spiegel:

> „Ein Buch, das den zweiundachtzigjährigen Holocaust-Überlebenden Marcel Reich-Ranicki und seine Frau hasserfüllt karikiert, muss wissen, dass es mit den Stereotypen antisemitischer Klischees argumentiert."

An diesem Satz stimmt gleich viererlei nicht: Erstens kann ein Buch nichts wissen, das können nur Menschen; zweitens wird in Karikaturen nie argumentiert; drittens wird mir nichts, dir nichts Hass als treibendes Motiv unterstellt, ohne dass auch nur die geringste Möglichkeit bestünde, ein solches Motiv am Text des Romans zweifelsfrei dingfest zu machen; viertens ist eine karikierende Darstellung Reich-Ranickis nicht notwendig antisemitisch. Nichts anderes aber behauptete Spiegel.

Die hier mit sprachlicher und argumentativer Schlampigkeit einhergehenden Unterstellungen sind charakteristisch für die gesamte FAZ-Berichterstattung im Fall Walser. Der Versuch, ausgewogen zu informieren, wurde von dieser Zeitung zu keinem Zeitpunkt unternommen. Noch die unbestreitbare Tatsache der Veröffentlichung des Romans im Suhrkamp Verlag wollte Spiegel ins Zwielicht setzen, nachdem die FAZ schon zuvor eifrig das Problem erörtert hatte, ob ein Roman wie der Walsersche überhaupt bei Suhrkamp erscheinen dürfe. Man kann das Anmaßung nennen, auch Kesseltreiberei. Ein seriöser Journalismus ist es jedenfalls nicht.[18]

---

16 Ebd., S. 49. Bereits auf S. 32 heißt es, die Lyrikbände von Pilgrims Ehefrau seien „nicht bei ihrem Mann erschienen [...], sondern bei Suhrkamp".

17 Vgl. ebd., S. 55, 118, 139. Im übrigen wird auch von Lachs Freundin Olga Redlich gesagt, sie habe eine Nase, „die darauf bestand, gesehen zu werden" (ebd., S. 169).

18 Matthias N. Lorenz hat sich in einer Dissertation um den Nachweis antisemitischer Motive in Walsers Gesamtwerk bemüht – mit z. T. hanebüchenen hermeneutischen Mitteln (vgl. dazu die Rezensionen von Dieter Borchmeyer in der Süddeutschen Zeitung vom 23. August 2005 und Ulrich Greiner in der Wochenzeitung DIE ZEIT vom 1. September 2005). Doch selbst Lorenz kam nicht umhin festzustellen, „dass eine Argumentation, wie sie vor allem Frank Schirrmacher geführt hat, einer genauen Romananalyse nicht standhält" („Auschwitz drängt uns auf einen Fleck". Judendarstellung und Auschwitzdiskurs bei Martin Walser, Stuttgart, Weimar: Metzler 2005, S. 14). Vgl. auch die Beiträge

III.

Auch bei der Debatte um Günter Grass' autobiographische Aufzeichnungen *Beim Häuten der Zwiebel*, die Martin Kölbel inzwischen dokumentiert hat,[19] spielt die FAZ die entscheidende Rolle. Im Unterschied zu der Auseinandersetzung um Walsers Roman *Tod eines Kritikers* herrschte zwischen Grass und der FAZ zunächst jedoch Einvernehmen. Beim FAZ-Interview, das die Debatte auslöste, galten gleich mehrere Fragen von Frank Schirrmacher und Hubert Spiegel der Waffen-SS, der Grass 1944/45 angehört hat. Grass sagte dazu unter anderem: „Mein Schweigen über all die Jahre zählt zu den Gründen, warum ich dieses Buch geschrieben habe. Das musste raus, endlich."[20] Das war sehr leichtfertig formuliert. Denn sofort erklärte die FAZ zu einem „Geständnis", was bis auf ein Detail längst bekannt war.[21] Dieses Detail, dass Grass nicht irgendeiner Einheit angehörte, sondern Rekrut der Waffen-SS war, bagatellisiert Kölbel im Nachwort zu seiner Dokumentation[22] und hat damit zugleich Recht und nicht Recht. Recht hat er, weil die Waffen-SS gegen Kriegsende längst keine Elitetruppe mehr war. In den letzten Kriegsmonaten hat sie, wie Grass im FAZ-Interview sachlich richtig ausführte, „genommen, was sie kriegen konnte". Das verschwieg auch die FAZ nicht, darauf wies zu Beginn der Auseinandersetzung auch Gustav Seibt in der Süddeutschen Zeitung hin:

„Am Ende des Krieges hatte die Waffen-SS den Charakter einer besonderen Parteitruppe weitgehend verloren. Manche Wehrmachtseinheiten wurden geschlossen der Waffen-SS eingegliedert. Junge Wehrpflichtige wie Grass wurden – ohne ihr Zutun – zu dieser Truppe einberufen"[23] – und zwar in großer Zahl.

---

in Dieter Borchmeyer und Helmuth Kiesel (Hrsg.): Der Ernstfall. Martin Walsers „Tod eines Kritikers", Hamburg: Hoffmann und Campe 2003. Vgl. des weiteren: Torsten Gellner: Ein antisemitischer Affektsturm? Walser, Schirrmacher, Reich-Ranicki und der „Tod eines Kritikers", Marburg: Tectum 2004; Frank Hinkerohe: Martin Walsers Roman „Tod eines Kritikers" in der Diskussion der deutschen Literaturkritik, Duisburg: WiKu-Verlag Verlag für Wissenschaft und Kultur 2006.

19 Ein Buch, ein Bekenntnis. Die Debatte um Günter Grass' „Beim Häuten der Zwiebel", hrsg. von Martin Kölbel, Göttingen: Steidl 2007.

20 Ebd., S. 29.

21 Vgl. u. a. Günter Grass: Rede an einen jungen Wähler, der sich versucht fühlt, die NPD zu wählen. In: Ders.: Werke, Bd. 14, hrsg. von Volker Neuhaus und Daniela Hermes, Göttingen: Steidl 1997, S. 182 ff.

22 Vgl. Kölbel a. a. O., S. 336.

23 Ebd., S. 40.

Worin bestand also das Problem? Letztlich vor allem in der auch unter Journalisten verbreiteten historischen Unkenntnis der NS-Geschichte. Und diese ist, wie Martin Walser klarsichtig kommentierte, die Folge einer Vergangenheitsbewältigung, die nicht auf Verständnis von Entwicklungen und Zusammenhängen, sondern lediglich auf plakative Gesten aus ist.[24] Der Historiker Bernd Wegner, Verfasser der maßgeblichen Monographie über die Waffen-SS und ihrer Geschichte,[25] nahm zur Debatte um Grass und seine vermeintliche „Selbstoffenbarung" in einem Interview mit der Wochenzeitung DIE ZEIT Stellung:

> „[…] wir in unserer öffentlichen Wahrnehmung haben selbst meines Erachtens wesentlich dazu [zur Aufregung um Grass] beigetragen, indem wir eine kategorische Verkürzung der historischen Erfahrung auf eine Opfer-Täter-Dichotomie vorgenommen haben. Der Begriff Waffen-SS genügte zur Stigmatisierung."[26]

Frank Schirrmacher wusste das natürlich. Und anstatt, wie es einer Qualitätszeitung angestanden hätte, durch seine Berichterstattung einen Beitrag zur Differenzierung und damit zur Aufklärung zu leisten, nutzte er die zu erwartenden Reflexe beim Stichwort Waffen-SS, um sich und seine Zeitung wieder einmal effektvoll ins Gespräch zu bringen. Im Mittelpunkt der Debatte, an der sich die FAZ munter beteiligte, stand alsbald nur noch die Frage, ob Grass durch den späten Zeitpunkt seines sogenannten Geständnisses die Öffentlichkeit nicht Jahrzehnte lang getäuscht und damit seine Position als moralische Instanz erschlichen habe. Diese Auseinandersetzung kreiste aber um eine Chimäre, weil alles, was an Grass' soldatischer Vergangenheit wesentlich ist, von ihm nie verschwiegen wurde. Grass habe, referierte sogar Schirrmacher in seinem ersten Artikel, den sogenannten Holocaust bis zu den Nürnberger Prozessen für eine Erfindung der Alliierten gehalten, erst dann seien ihm die Augen aufgegangen. Doch obwohl dies längst bekannt sei, müsse man nach dem „Geständnis" „das Schaffen des oft genialen Mannes einer behutsamen Revision" unterziehen. Warum aber sollte man das tun, wenn die Waffen-SS doch in der Zeit, in der Grass ihr angehörte, gar keine Elitekampftruppe mehr war und er sich keiner Verbrechen schuldig gemacht hat? Der kausale Nexus von Schirrmachers Argumentation besteht bei näherem Hinsehen in nichts als Augenwischerei.

---

24 Vgl. ebd., S. 153.
25 Hitlers Politische Soldaten. Die Waffen-SS 1933–1945, 8. Aufl., Paderborn: Schöningh 2007.
26 Kölbel a. a. O., S. 115.

War es zunächst nur die terminologische Akzentuierung (aus einer – in Form
von Rezensionsexemplaren bereits verbreiteten – Passage in Grass' Autobiographie wurde ein „Geständnis", aus einem Rekruten ein „Mitglied"), die den
Skandal erst zum Skandal machte, so ließ die FAZ sich in ihrer Berichterstattung schon bald nicht mehr von dem ihr bekannten Faktum der Rekrutierung
irritieren. „Erst kürzlich", vermeldete sie wahrheitswidrig am 29. September
2006, „erklärte er [Grass] der Öffentlichkeit in einem Interview mit dieser Zeitung, dass er als Siebzehnjähriger freiwillig Mitglied der Waffen-SS wurde."

Die Erfahrung der eigenen politischen Verführbarkeit war für Grass das
entscheidende Motiv seines politischen Engagements nach dem Zweiten Weltkrieg. Er beteiligte sich allerdings selbst, wie man ihm vorgeworfen hat, an
einer Form der Vergangenheitsbewältigung, die diese Vergangenheit – mit
durchaus hehren moralischen Absichten – so weit ihrer Komplexität beraubte,
dass sie dem Verstehen immer mehr entzogen wurde, obwohl, wie der Phi-
losoph Hermann Lübbe einmal in anderem Zusammenhang bemerkte, der
Nationalsozialismus „doch nicht deswegen ein Problem [ist], weil im moralischen Urteil über ihn Unsicherheit herrschte. Das Problem ist vielmehr, ihn
bei aller Evidenz des moralischen Urteils über ihn verständlich zu machen."[27]
Diese Aufgabe konnte, wie die Debatte um das vermeintliche Geständnis von
Günter Grass wieder einmal gezeigt hat, immer noch nicht gelöst werden,
jedenfalls nicht soweit, dass die vorhandenen Lösungsangebote einen nen-
nenswerten Einfluss auf den medialen Umgang mit ihm gehabt hätten.

Warum Grass freilich selbst aus seiner Rekrutierung zur Waffen-SS ein
schwer auf ihm lastendes Geheimnis seines Lebens gemacht hat, das nun
endlich „raus müsse", ist das eigentliche Rätsel dieses Skandals. Wer, medien-
erfahren wie Grass, sich auf ein geschichtspolitisch derart brisantes Terrain
begibt (oder ziehen lässt), sollte nach all den Vergangenheitsbewältigungsde-
batten der letzten Jahrzehnte wissen was er tut, und nicht glauben, dass mit
der FAZ gut Kirschenessen ist, wenn sie in die Lage versetzt wird, ihre Dis-
kursmacht zu demonstrieren. Und selbstverständlich bleibt es ein Problem,
dass Grass 1969/70 in Briefen, die die FAZ am 29. September 2006 zwar unter
Verstoß gegen das Urheberrecht veröffentlichte, die aber gleichwohl in Köl-
bels Dokumentation nicht hätten fehlen sollen, vom damaligen Bundeswirt-
schaftsminister Karl Schiller etwas gefordert hat, was er selbst zu tun unter-
ließ, nämlich alle Karten schon beizeiten auf den Tisch zu legen.

---

27 Hermann Lübbe: Der Triumph der Gesinnung über die Urteilskraft, Berlin: Siedler
     1987, S. 73.

IV.

Nachdem die Jury für den Heinrich-Heine-Preis der Stadt Düsseldorf sich im Mai 2006 dazu entschlossen hatte, Peter Handke auszuzeichnen, war der Literaturchef der FAZ aufgebracht. Die Entscheidung, schrieb Hubert Spiegel, sei „unerhört" und „verstörend in ihrer blinden Lust an der Provokation". Die „Schamlosigkeit, mit der Handke die serbischen Verbrechen beschönigt und die ethnischen Säuberungen geleugnet" habe, verbiete es, ihm einen nach Heinrich Heine benannten Literaturpreis zu verleihen.[28] In Wahrheit hat Peter Handke mit keinem Wort serbische Verbrechen beschönigt, niemals, wie er in einer Erklärung zu versichern genötigt war, „eins der Massaker in den Jugoslawienkriegen 1991–95 geleugnet, oder abgeschwächt, oder verharmlost, oder gar gebilligt".[29]

Es gibt sechs Bücher von Handke, die sich mit dem Zerfall Jugoslawiens, seinen Ursachen und seinen Folgen, befassen: *Abschied des Träumers vom neunten Land* (1991), *Eine winterliche Reise zu den Flüssen Donau, Save, Morawa und Drina* (1996), *Sommerlicher Nachtrag zu einer winterlichen Reise* (1996), *Die Fahrt im Einbaum oder Das Stück zum Film vom Krieg* (1999) und *Unter Tränen fragend* (1999), *Die Tablas von Daimiel. Ein Umwegzeugenbericht zum Prozess gegen Slobodan Milosevic*[30].

Wie bald bekannt wurde, kannten einige Juroren diese Bücher nicht.[31] Und auch zahlreiche Journalisten, die sich über seine Ansichten echauffierten, hatten sich allem Anschein nach nicht die Mühe einer Lektüre gemacht. Schließlich hatte Handke Milošević im Gefängnis besucht, war sogar zu seiner Beerdigung gereist. Konnten denn da noch Zweifel an seiner abwegigen Haltung bestehen? Was auf dem Gebiet des ehemaligen Jugoslawiens an Greueltaten von Serben verübt wurde, hatte doch jeder im Fernsehen gesehen oder darüber in den Zeitungen gelesen – oder nicht?

Affekte, die Berichte über den jugoslawischen Bürgerkrieg hervorgerufen haben, waren auch Handke vertraut. Er selbst, so berichtet er, sei empört gewesen über die Nachrichten von Massakern bosnischer Serben, empfand sie als „Feinde des Menschengeschlechts", fragte sich,

---

28 Hubert Spiegel: Heine wird verhöhnt. Blinde Provokation: Düsseldorfs Ehrung für Peter Handke, in: Frankfurter Allgemeine Zeitung, 27. Mai 2006.

29 Peter Handke: Was ich nicht sagte. Eine Entgegnung auf die Kritik am Heine-Preis, in: Frankfurter Allgemeine Zeitung, 30. Mai 2006.

30 Zuerst erschienen in der Zeitschrift „Literaturen", Nr. 7/8, Juli/August 2005, S. 84 ff.

31 Vgl. Sigrid Löffler und Jean-Pierre Lefèbvre: Warum wir aus der Jury des Heinrich-Heine-Preises austreten, in: Süddeutsche Zeitung, 2. Juni 2006.

„wieso denn nicht endlich einer von uns hier, oder, besser noch, einer von dort, einer aus dem Serbenvolk persönlich, den für so etwas Verantwortlichen, d. h., den bosnischen Serbenhäuptling Radovan Karadzic, vor dem Krieg angeblich Verfasser von Kinderreimen!, vom Leben zum Tode bringe, ein anderer Stauffenberg oder Georg Elsner!?"[32]

Doch als er Ungereimtheiten in der Berichterstattung bemerkte, fragte er sich auch, ob wirklich alles stimme, was da gemeldet werde,[33] und woher die vielen Kommentatoren eigentlich wüssten, was sie, oft mit großer Geste, kommentieren. Aus unmittelbarer Anschauung? Keineswegs. Die meisten Journalisten hatten ihr Wissen nur aus den Medien und Agenturberichten. Sarkastisch kommentierte Lothar Baier in der Wochenzeitung Freitag vom 2. Februar 1996:

„Literaten, die wahrscheinlich immer wieder im Lexikon nachschauen müssen, um sich den Unterschied zwischen Slowenien und Slawonien zu vergegenwärtigen, plustern sich auf einmal als top-informierte Geostrategen auf […]."

Und die Journalisten vor Ort? Die hätten, berichtete man Handke, als er vor Ort nachfragte, „alles schon im voraus gewusst".[34] Den Mechanismus, den er hier ausmachte, kennen wir bereits aus Martin Walsers Roman *Tod eines Kritikers*, bezogen auf die Kriegsberichterstattung ist er auch schon wiederholt Gegenstand literarischer Darstellungen geworden, zum Beispiel in Nicolas Borns Roman *Die Fälschung* (1979) und Norbert Gstreins Roman *Das Handwerk des Tötens* (2001): Neben Nachrichten werden in propagandistischer Absicht Gerüchte gestreut, die sich dann nach dem Prinzip des Spiels „Stille Post" verselbständigen. Am Ende ist in vielen Fällen niemand mehr in der Lage, Fakten von Fiktionen seriös zu unterscheiden. Trotzdem wird von Journalisten immer wieder so getan, als sei dies doch möglich. Im Fall der Berichterstattung über die Kriege im ehemaligen Jugoslawien machte sie dabei noch nicht einmal nachdenklich, dass die Republiken Kroatien und Bosnien-Herzegowina sowie die parlamentarische Opposition im Kosovo für die Verbreitung ihrer Ansichten eine Werbeagentur in den USA beschäftigten, die „Ruder Finn Global Public Affairs" in Washington.[35]

---

32 Peter Handke: Winterliche Reise zu den Flüssen Donau, Save, Morawa und Drina oder Gerechtigkeit für Serbien. Frankfurt am Main: Suhrkamp 1996, S. 37f.
33 Vgl. vor allem ebd., S. 30ff.
34 Ebd., S. 96.
35 Vgl. Jacques Merlino: „Da haben wir voll ins Schwarze getroffen". Die PR-Firma Ruder Finn. In: Klaus Bittermann (Hrsg.): Serbien muß sterbien. Wahrheit und Lüge im jugo-

Die Publizistin Mira Beham beschrieb die Situation, die sich alsbald einstellte, folgendermaßen:

„1. Jede Provokation, jede Handlung oder jedes Verbrechen, deren Verursacher unklar ist, wird – oft auch gegen eindeutige Stellungnahmen der UN – automatisch den Serben zugeschrieben. 2. Die angeblich von serbischer Seite hervorgerufenen Ereignisse haben Schlagzeilen- und Sensationswert. Spätere Dementis oder Richtigstellungen erscheinen nur in Nebensätzen oder klein gedruckt, wenn überhaupt. 3. Durch die eindeutigen Schuldzuweisungen wird der Handlungsdruck gegen nur eine Seite des Konflikts verstärkt. Es gibt keine Forderungen nach der Bestrafung der Handlungen oder Verbrechen, die die andere Seite begangen hat, was nur eine Ermutigung bedeutet, die Gewaltakte fortzusetzen, und zur weiteren Eskalation des Krieges führt.“[36]

Der Fernsehjournalist Martin Lettmayer, ein Mitarbeiter von Stern-TV, versuchte Berichte von Massenvergewaltigungen zu verifizieren – und stieß auf „schlampige Recherche, Informationen vom Hörensagen, aus dritter Hand, kühne Hochrechnungen, psychologische Spekulationen. Nichts Erhärtetes. Man schrieb voneinander ab.“ Heidrun Graupner von der Süddeutschen Zeitung und die ZDF-Moderatorin Maria von Welser berichteten vom schrecklichen Schicksal einer Frau, die in Manjaca in einem Stadion vergewaltigt worden sei. „Ich weiß nicht, so Lettmayer, „ob Frau Welser […] oder Frau Graupner […] in Manjaca waren. Ich war dort und habe vieles gesehen, nur kein Stadion.“[37]
Als Handke, der Ähnliches erfuhr wie Beham und Lettmayer, „Gerechtigkeit für Serbien“ forderte, ging es ihm nicht darum, Verbrechen der Serben zu leugnen oder schönzureden. Zum Massaker von Srebrenica im Juli 1995

---

slawischen Bürgerkrieg, Berlin: Edition Tiamat 1999, S. 153 ff. Aus der umfangreichen Literatur, die eine kritische Auseinandersetzung mit der „Verurteilungseinhelligkeit" (Walser: Tod eines Kritikers, a. a. O, S. 145) gestattet, seien noch folgende Titel hervorgehoben: Laura Silber und Allan Little, The Death of Yugoslavia, 2., überarb. Auflage, New York: Penguin 1996; Heinz Loquai: Der Kosovo-Konflikt. Wege in einen vermeidbaren Krieg. Die Zeit von Ende November 1997 bis März 1999, Baden-Baden: Nomos 2000; Hannes Hofbauer: Balkankrieg. Zehn Jahre Zerstörung Jugoslawiens, Wien: Promedia 2001; Kurt Köpruner: Reisen in das Land der Kriege. Erlebnisse eines Fremden in Jugoslawien, überarb. und aktualis. Neuauflage, mit einem Vorwort von Peter Glotz, München: Diederichs 2003.

36 Mira Beham: Die Medien als Brandstifter, in: Bittermann: Serbien muß sterbien, a. a. O., S. 118 ff., hier: S. 119.

37 Martin Lettmayer: Da wurde einfach geglaubt, ohne nachzufragen, in: ebd., S. 37 ff, hier: S. 48.

äußerte er sich eindeutig: „Es ist eine grausige Geschichte, was die Serben da gemacht haben [...]. Es ist fürchterlich, eine ewige Schande."[38] Wogegen Handke sich allerdings wandte, war das Verschweigen oder Herunterspielen von zahllosen Übergriffen, die es auch gegen Serben gab.

Handke kritisierte aber nicht nur die Einseitigkeit der Berichterstattung in den Medien, sondern formulierte eine politische Kritik: Die übereilte Anerkennung der Autonomie Sloweniens und Kroatiens durch die Europäische Union habe den Konflikten überhaupt erst jene Schärfe verliehen, dass sie völlig außer Kontrolle geraten konnten. Die Parteinahme für separatistische Bewegungen sei darüber hinaus aus Miloševićs Sicht ein Eingriff in die inneren Angelegenheiten Jugoslawiens gewesen, die er als Regierungschef selbstverständlich nicht widerspruchslos habe tolerieren können.

„Serbien", erläuterte Handke dazu im Gespräch mit Redakteuren der Neuen Zürcher Zeitung, „war das einzige Land, das mit dem Zerfall Jugoslawiens nur verlieren konnte. Es war das Land, das in fast allen anderen Republiken große Minderheiten besaß. In Kroatien leben eine Million Serben, in Bosnien waren es über dreißig Prozent. Deswegen war Milošević bis zuletzt gegen den Zerfall Jugoslawiens – im Gegensatz zu den Kroaten und Slowenen."

Im selben Interview sagte er auch:

„Ich habe keine Meinung zu Milošević. Keine. Ich kann ihn weder gut noch schlecht finden. Ich möchte ihn nicht mit Hitler oder Ceausescu oder Saddam Hussein vergleichen, ich finde das falsch. Milošević als den großen Bösewicht der Kriege auf dem Balkan hinzustellen, verkürzt die Sache."[39]

Seine Teilnahme an Milošević Beerdigung wollte er dementsprechend nicht als einen Akt der Solidarisierung verstanden wissen, denn er kenne die Wahrheit nicht.[40] Die FAZ sah sich am 20. März 2006 dennoch zu einem Kommentar

---

38 Martin Meyer und Andreas Breitenstein: Interview mit Peter Handke, in: Neue Zürcher Zeitung, 17./18. Juni 2006.

39 Ebd.

40 Wörtlich sagte er: „Le monde, le prétendu monde, sait tout sur Slobodan Milošević. Le prétendu monde sait la vérité. C'est pour ça que le prétendu monde est absent aujourd'hui, et pas seulement aujourd'hui, et pas seulement ici [...]. Je ne sais pas la vérité. Mais je regarde. J'entends. Je sens. Je me rappelle. Je questionne. C'est pour ça que je suis présent aujourd'hui." (Zit. nach: Le Monde, 4. Mai 2006; dt.: „Die Welt, die vermeintliche Welt, weiß alles über Slobodan Milošević. Die vermeintliche Welt kennt die Wahrheit. Eben deshalb ist die vermeintliche Welt heute nicht anwesend, und nicht

veranlasst, indem sie Handke unter der Überschrift „Opferbeschimpfung" als einen „Sänger des Regimes" bezeichnete. Martin Mosebach erinnerte daraufhin in der ZEIT daran, dass „die letzte Ehre, die man einem Toten erweist, niemals der Rechtfertigung bedarf, sondern einer jener axiomatischen Akte ist, die das Fundament der Humanität bilden". Dies scheine jedoch „bei gewissen Verteidigern der Menschenrechte nicht mehr verstanden werden zu können". Im übrigen sei es für einen Schriftsteller

> „geradezu die Pflicht, den Fall von der anderen Seite zu betrachten und bis zur Unvernunft auf seinem Recht, den Staatsverbrecher Milošević verstehen zu wollen, zu beharren. Epik ist Vielstimmigkeit, kein Unisono. Der reine Bösewicht ist im Roman eine Schwäche. Handke rettet geradezu die Ehre seiner Zunft, wenn er – von seinem Trotz und seiner Provokationslust gewiss kräftig unterstützt – als Künstler seine Stimme für den Verfemten erhebt, grundsätzlich sozusagen, einfach weil die Einhelligkeit der Verurteilung stets ein schales Gefühl hinterlässt."[41]

Möglicherweise war es illusionär, angesichts der Ethnisierung der Konflikte in Folge der Wirtschaftskrise nach dem Tod Titos und dem Zerfall der Sowjetunion, den Vielvölkerstaat Jugoslawien erhalten zu wollen, wie Handke es für wünschenswert hielt. Aber darüber, ob das eine politische Alternative hätte sein können, muss man genauso öffentlich nachdenken dürfen wie über manche andere Fragen, die Handke aufgeworfen hat. Infam war es deshalb, als Wolfram Schütte nach der Veröffentlichung von Handkes Text *Gerechtigkeit für Serbien* in der Süddeutschen Zeitung vom 5./6. und 13./14. Januar 1996 fragte: „Musste Peter Handke dorthin reisen [...]?", um dann gleich selbst zu antworten: „Ja, er musste. Damit wir wissen, dass die Verteidigung der Poesie der Einfalt auch über Leichen zu gehen gewillt ist."[42] Man kann der Ansicht sein, Handke unterschätze das serbische Großmachtstreben, habe die wahren Absichten der Politik Miloševićs verkannt und dessen Verantwortlichkeit falsch bewertet. Es gibt jedoch nicht eine einzige Bemerkung von ihm, mit der er das Morden irgendeiner Seite gerechtfertigt hat. Dennoch wurde dies wieder und wieder kolportiert. Noch im Bericht der FAZ über die Tagung „MedienGrass" anlässlich Grass' 80. Geburtstag, in dem der vorliegende Beitrag abschätzig

---

nur heute und hier. Ich kenne die Wahrheit nicht. Aber ich schaue. Ich begreife. Ich empfinde. Ich erinnere mich. Ich frage. Eben deshalb bin ich heute hier.)
41 Vom Recht, Verbrecher verstehen zu wollen, in: DIE ZEIT, 8. Juni 2006.
42 Frankfurter Rundschau, 17. Januar 1996.

kommentiert wird, heißt es, dass Handke, „„niemals serbische Verbrechen verharmlost habe', wird der Gutwilligste nicht behaupten können".[43]

V.

Martin Walser, Günter Grass und Peter Handke waren Opfer von Kampagnen, die bei Walser und Grass systematisch zu einem Zeitpunkt inszeniert
wurden, als ihre skandalisierten Bücher noch gar nicht veröffentlicht waren.
Journalisten wie Frank Schirrmacher und Hubert Spiegel adaptierten Elemente des Boulevardjournalismus, gerierten sich gleichwohl als Richter von
hoher moralischer Warte, verkündeten aber nur höchst zweifelhafte Urteile,
und die Medien, für die sie tätig waren und immer noch sind, verloren dabei
zumindest für den Moment eine Eigenschaft, die Qualitätsjournalismus aus-
zeichnen sollte: die des Vermittlers von Informationen zur Urteilsbildung des
Lesers.
    Solche Phänomene sind, wie gesagt, nichts Neues. Aber sie ereignen sich
doch unter anderen Bedingungen und aus anderen Gründen als etwa um
1900, als eine Zeitung wie der Scherl'sche „Tag" mit einem Theaterkritiker
wie Alfred Kerr ihre Marktanteile vergrößern wollte.[44] Dieser Markt war seit
der Reichsgründung kräftig expandiert und versprach weiteres Wachstum.
Heute dagegen kämpfen die Zeitungen mit der Konkurrenz des Internets,
wohin nicht nur die gut bezahlten Stelleninserate in großem Umfang abge-
wandert sind, sondern auch viele, vor allem junge Leser. Skandaljournalismus
dient in diesem Kontext als Maßnahme gegen den schwindenden Einfluss von
Journalisten, und er fungiert zugleich als Marketinginstrument, das die Auf-
merksamkeitsquote wenigstens hin und wieder ein wenig nach oben bugsiert,
auch wenn sie dann immer noch mit keiner Fernsehshow in der „prime time"
mithalten kann. Eine Feuilletonrundschau wie sie perlentaucher.de im Internet täglich kostenlos anbietet, leistet zum Glück kompensatorisch, was eine
Zeitung wie die FAZ in ihren Kampagnen verweigert. Sie spiegelt zwar nicht
das ganze, aber doch ein breites Meinungsspektrum wider.
    Walser und Grass haben die gegen sie gerichteten Kampagnen ökonomisch
nicht geschadet. Das mag beide nicht trösten, vor allem Walser nicht, wenn
er durch Spaliere tapferer Antifaschisten laufen muss, die ihn als Antise-

---

43 Wolfgang Schneider: Zopfgeburten. Günter Grass als Medienfigur: eine Bremer Tagung,
    in: Frankfurter Allgemeine Zeitung, 2. Oktober 2007.
44 Vgl. dazu Siegfried Jacobsohn: Der Fall Kerr, in: Ders.: Gesammelte Werke, Bd. 2., Göt-
    tingen: Wallstein 2005, S. 119 ff.

miten anpöbeln. Handke hat dagegen viele Leser verloren und ist moralisch gebrandmarkt. Die mediale Kampagne gegen ihn hat es vermocht, eine pejorative Urteilsbildung weithin und zu Unrecht durchzusetzen.[45]

45 Bemerkenswert ist daher, was Thomas Steinfeld am 21. Dezember 2007 in der Süddeutschen Zeitung berichtete: „Vor kurzem, Anfang Dezember, am Tag seines 65. Geburtstages, errang Peter Handke einen juristischen Erfolg. Ein Pariser Gericht stellte fest, die Berichterstattung des ‚Nouvelle Observateur‘, des größten politischen Magazins in Frankreich, zu Peter Handkes Engagement für Serbien während der balkanischen Krieg[e] sei irreführend und böswillig gewesen. Im Besonderen bezog sich dieses Urteil auf einen Satz der Journalistin Ruth Valentini: Nachdem Peter Handke im Frühjahr 2006 an der Beerdigung von Slobodan Milošević teilgenommen und dort eine Rede gehalten hatte, hatte die ihn bezichtigt, das Massaker von Srebrenica und andere Kriegsverbrechen gebilligt zu haben. Als Wiedergutmachung für diese Unwahrheit hatte Peter Handke die symbolische Summe von einem Euro verlangt. Ihn wird er jetzt bekommen. Aber so groß die Aufregung auch war in der französischen Presse nach dieser Beerdigung, nach dem Skandal um den Düsseldorfer Heinrich-Heine-Preis und nach der darauf folgenden Absetzung eines Theaterstücks von Peter Handke an der Comédie Française – die Niederlage des ‚Nouvelle Observateur‘ wurde nicht einmal gemeldet, geschweige denn kommentiert, in keiner französischen Zeitung. Und das, obwohl die Nachricht auch über die französischen Nachrichtenagenturen gegangen war.“

Florian Reinartz

Grass im Internet –
eine „öffentliche Diskussion"?

„Matern: Was soll das alles? Warum stehe ich hier an Stelle des Johannes Gutenberg? Warum heißt dieses öffentliche Verhör: Öffentliche Diskussion. Warum dynamisch, wenn ich, dem dynamische Schrittweise angemessen wäre, zwischen Säulen stillhalten muß. [...]
Diskutant: Wir informieren uns, indem wir diskutieren.
Diskutant: In jeder Demokratie hat die öffentliche Diskussion ihren legitimen Platz."[1]

Wenn es um Diskussion über einen Autor und die Rezeption seiner Werke geht, so stehen Kritikern und Rezipienten, Laien wie Experten, in der modernen Informationsgesellschaft eine ganze Reihe von Medien mit jeweils spezifischen Mediengattungen zur Verfügung. Vom Radiointerview mit dem Autor über Meinungsumfragen in Zeitungen bis hin zu Fernsehdiskussionsrunden unter Experten reichen die Möglichkeiten, mit oder über den Autor und dessen Werk und Wirken zu diskutieren. Das Medienarchiv Günter Grass Stiftung Bremen fokussiert die Mediendokumente des öffentlichen Rundfunks und Fernsehens – wie auch die Tagung „MedienGrass" und die zugehörige Ausstellung zeigen –, sieht sich aber zunehmend auch ganz neuen medialen Formen der Rezeption des Nobelpreisträgers Günter Grass gegenüber.

Das World-Wide-Web übernimmt seit Anfang der 1990er Jahre eine zunehmend tragende Rolle der Informationsvermittlung und des Meinungsaustausches. Geht es um das Diskutieren, Austauschen und Informieren der Internetnutzer untereinander, so werden Internetforen sehr rege genutzt, und daher scheint es kaum verwunderlich, dass Grass auch für die Diskussionen um *Beim Häuten der Zwiebel* und die Debatte zur Waffen-SS-Zugehörigkeit konstatieren müsste: „Dann wurde der Ausgangsort meiner Story plötzlich im Internet aktuell."[2]

---

1   Günter Grass: Hundejahre, in: Werkausgabe, hg. von Volker Neuhaus und Daniela Hermes, Bd. 5, Göttingen: Steidl 1997, S. 646.
2   Günter Grass: Im Krebsgang, Göttingen: Steidl 2002, S. 8.

Nahezu jede überregionale Tages- oder Wochenzeitung sowie zahlreiche
Rundfunk- und Fernsehsender richten im August 2006 die Möglichkeit sogenannter Threads zum Thema „Grass und die Waffen-SS" ein, innerhalb derer
die Internetnutzer ihre Meinungen veröffentlichen und zur Diskussion stellen
können.[3] Kaum zu überblicken ist die Zahl der Threads zu diesem Thema auf
kulturell orientierten Internetplattformen, News-Groups und Blogs, die von
Privatleuten und kleineren Institutionen betrieben werden.[4] Günter Grass ist
also längst im Internet angekommen.

Während eine Buchrezension im Medium Internet noch sehr den Formen und Regeln ihres analogen Vorgängers in einer Zeitung oder Zeitschrift
gehorcht, tritt mit der Onlinediskussion auf einem Forum eine neue, sehr
eigene Gattung der Rezeption und Kritik auf, die einer genaueren Betrachtung
bedarf. Kennzeichnend für diese Form ist zunächst der eher meinungsabbil-
dende Charakter dieser Gattung des Mediums Internet. Doch wie diskutieren
Internetnutzer über Werk und Wirken eines deutschen Literaturnobelpreisträgers; und welchen Einfluss haben Sender und Institutionen, die einen solchen
virtuellen Raum zur Diskussion öffnen? Welchen Einfluss haben technische
Aspekte auf Form, Inhalt und Verlauf der Diskussion? Und welche Art der
Information wird unter der Annahme der „öffentlichen Diskussion", wonach
diskutieren gleichbedeutend sei mit informieren, dargeboten?

Die Zusammenhänge von Diskussion und Information einerseits, sowie von
Diskussion und demokratischem Verständnis andererseits, sind Grundlage für
den virtuellen Meinungs- und Erfahrungsaustausch auf einem Internetforum.
Letzterer, also der zwischen Demokratie und Diskussion, kann trotz Zensur
bzw. sogenannter Moderation von Forenbeiträgen, die zweifellos an einigen
Stellen nötig ist, auf einem Internetforum umgesetzt werden: Die Diskutierenden können wie die Diskutanten in der „öffentlichen Diskussion" der
Hundejahre anonym und frei sprechen und ihre Ausdrucksformen wechseln.
Die Anonymität erlaubt es den Internetnutzern, ihre Meinungen auf Grundlage genauerer Überlegungen oder Kenntnissen einzubringen, verschleiert
aber andererseits, inwieweit der Nutzer mit dem diskutierten Thema – etwa
beruflich – vertraut ist.

---

3   Genannt seien hier nur: http://forum.spiegel.de/ (Spiegel online), http://bb.focus.de/
     focus/index.php (Focus online), http://debatte.welt.de/ (Welt online), http://kommen-
     tare.zeit.de/ (DIE ZEIT online), http://forum.tagesschau.de/ (Tagesschau), http://www.
     n-tv.de/community (N-TV).
4   Exemplarisch: http://www.literaturcafe.de/forum/, http://www.literaturforum.de/forum/,
     http://www.literaturnetz.com/component/option,com_mamboboard/Itemid,198/,
     http://litart.twoday.net/, http://buch.germanblogs.de/.

Kennzeichnend für alle Formen von Internetforen ist, dass potenziell jeder Internetnutzer ein neues Gesprächsthema eröffnen kann oder aber auf vorhandene Themen und Diskussionsstränge, die Threads, antworten kann. Ältere Themen können dabei immer wieder gelesen und aufgegriffen werden, so dass sich Meinungsbilder und Argumentationsverläufe nachvollziehen lassen. Grass selbst hat ja im Übrigen im *Krebsgang* einen solchen Kommunikationsstrang bereits als erzählerisches Mittel eingesetzt.[5]

Bei einem Thema von weiter reichendem öffentlichen Interesse könnte ein Thread auf einem Forum als Leserbriefwechsel mit vielen verschiedenen Absendern und Adressaten beschrieben werden. Dies ist insbesondere dann der Fall, wenn der Eröffnungsbeitrag eines Threads von einem gesicherten Autor stammt, der möglicherweise sogar der Institution angehört, welche den virtuellen Diskussionsraum beherbergt und verwaltet.

Das Schreiben von Beiträgen in einem Internetforum stellt zwar eine medial schriftliche Form der Kommunikation dar, ahmt jedoch gelegentlich die mündliche Kommunikation durch verschiedene sprachliche Mittel nach. Produktion und Rezeption der Artikel erfolgen im Gegensatz zur mündlichen Kommunikation zeitversetzt und bleiben fixiert, woraus verschiedene Eigenschaften der Kommunikation resultieren. So ist eine unmittelbare Reaktion auf Geschriebenes kaum möglich, und erfordert die Verwendung von Zitaten, um die Bezüge zu verdeutlichen. Die Fixierung der Kommunikation ermöglicht jedoch eine breitere und stringentere Darlegung der Diskussionsargumente.

---

5   Grass' Skepsis gegenüber dem Internet als unzuverlässiges Medium wird in *Im Krebs-gang* an folgenden Stellen deutlich: „Nur als Flüchtlingsschiff sollte die Gustloff den Internet-Usern bekannt gemacht werden" (S. 103). „Im Internet spielte mein Sohn den Richter" (S. 134). „Über all das, meine Geburt und über Personen, die auf dem einen oder anderen Schiff dabei geholfen haben sollen, wurde im Internet nicht gestritten; auf der Website meines Sohnes kam ein Paul Pokriefke nicht einmal in Abkürzung seines Namens vor. Absolutes Schweigen über alles, was mich betraf. Mein Sohn sparte mich aus. Online existierte ich nicht" (S. 148). Dagegen finden sich jedoch auch Hinweise, dass Grass das Internet als Erzählmedium ansieht, in dem „gegen das Vergessen" geschrieben wird: „Doch dann sah es so aus, als müsse im Internet noch immer oder schon wieder am Dreißigsten, dem Staatsfeiertag, geflaggt werden" (S. 116). „Dem suchenden Konrad Pokriefke habe sich somit eine virtuell aufzufüllende Lücke geboten. Schließlich erlaube die neue Technologie, insbesondere das Internet, solche Flucht aus jugendlicher Einsamkeit" (S. 195). „Nun begann die im Internet mögliche Freizügigkeit der totalen Kommunikation. In- und ausländische Stimmen mischten sich. Sogar aus Alaska kam eine Meldung. So aktuell war der Untergang des lange vergessenen Schiffes geworden. Mit dem wie aus der Gegenwart hallenden Ruf ‚Die Gustloff sinkt!' stieß die Homepage meines Sohnes aller Welt ein Window auf und leitete einen, wie sogar David ins Netz gab, ‚seit langem überfälligen Diskurs' ein." (S. 149).

Zudem können im Internet durch Hyperlinks die Beiträge mit zusätzlichen Informationen auf anderen Internetseiten verknüpft werden.[6]

Die Beiträge eines Internetforums lassen sich in einer Art Meinungs- oder Diskussionsbaum abbilden, dessen Äste und Blätter ein sehr breites und, gegenüber der sonstigen medialen Aufarbeitung, erweitertes Argumentationsbild ergeben. Dieses kann, wie sich im Folgenden zeigen wird, in der Forschung gewinnbringend betrachtet werden und sollte beispielsweise in den Bereichen der Rezeptionsforschung, der Kultur- und Literaturkritik zunehmend Beachtung finden. Der Zusammenhang von Diskussion und Information – „Wir informieren uns, indem wir diskutieren" – wird sich dabei verdeutlichen.

Exemplarisch werden drei Threads von Internetdiskussionen vorgestellt: Im Diskussionsforum der Tagesschau sind dies die Unterthemen mit den Titeln „Eines Nobelpreisträgers unwürdig" und „Medienpropagandaschlacht gegen Günter Grass", die am 14. bzw. 19. August 2006 von zwei Internetusern eröffnet wurden. Bei der umfangreichen Diskussion auf DIE ZEIT online stellt dagegen ein redaktioneller Beitrag, ein Artikel der ZEIT-Redakteurin Evelyn Finger, den Ausgangspunkt des Threads dar, der am 15. August 2006 aufgenommen wird. Bei dieser Analyse können jedoch hier nur diejenigen Beiträge betrachtet werden, die die grundsätzlichen Thesen und Meinungen widerspiegeln und die sich in eindeutiger Weise, nämlich durch Zitieren eines Vorgängerbeitrags, aufeinander beziehen.

Mit der Überschrift „Eines Nobelpreisträgers unwürdig" beginnt am 14. August 2006, zwei Tage nach dem FAZ-Interview und zwei Tage vor der vorgezogenen Veröffentlichung von *Beim Häuten der Zwiebel,* der Internetnutzer Consul den Diskussionsstrang auf der Foren-Seite der tagesschau[7] und teilt seine Ansichten zu drei Aspekten der neuesten Erkenntnisse über Günter Grass mit: Grass sei in der Zeit des Nationalsozialismus ein typischer, überzeugter Mitläufer gewesen, während andere sich nicht hätten mitreißen lassen. Die Offenlegung der SS-Zugehörigkeit bedeute einen moralischen Absturz der einstigen „Übervaterfigur" Grass und daher sei die Rückgabe des Literaturnobelpreises die einzig richtige Konsequenz.

Wenige Stunden nach Consuls Beitrag haben bereits mehrere Internetnutzer auf diesen geantwortet und dabei jeweils unterschiedliche Aspekte angespro-

---

6 Zu Funktionsweisen und Kommunikationsmodellen von Internet-Kommunikation u. a.: Angelika Storrer: Schriftverkehr auf der Datenautobahn. Besonderheiten der schriftlichen Kommunikation im Internet. – In: G. G. Voß, W. Holly und K. Boehnke (Hg.): Neue Medien im Alltag. Begriffsbestimmungen eines interdisziplinären Forschungsfeldes, Opladen: Leske + Budrich 2000, S. 151 ff. Eine kurze Beschreibung mit weiterführenden Literaturangaben ist unter http://www.e-teaching.org/didaktik/kommunikation/forum/ abrufbar.

7 http://forum.tagesschau.de/archive/index.php/t-24261.html.

chen. Thobar entgegnet dem Vorwurf des Mitläufertums, dass sich der größte Teil der deutschen Bevölkerung von der Indoktrination der Nationalsozialisten verständlicherweise habe mitreißen lassen, und kann keinen moralischen Absturz erkennen. Im Gegenteil: Grass' kritisches Engagement habe stets das Ziel gehabt, derartigen Indoktrinationen vorzubeugen. RainerB sieht Grass ebenfalls als Kind seiner Zeit, fügt aber der Diskussion einen weiteren Aspekt hinzu, den Consul außer Acht gelassen hat und der im weiteren Verlauf des Threads erstaunlicherweise nicht wieder aufgenommen wird: Der „einzige Fehler", den Grass gemacht habe, sei möglicherweise sein jahrelanges Schweigen über seine Vergangenheit gewesen.

Der Beitrag von Advocatus auf Consuls Thread-Eröffnung verweist auf Grass' literarisches Werk. Seine Literatur kreise nämlich genau um die Frage der Indoktrination und der Verführbarkeit in der NS-Zeit. Grass' Versuch, gegen das Vergessen zu schreiben, habe ihn zu der moralischen Instanz gemacht, deren Integrität jetzt angezweifelt würde. Interessant hierbei ist, dass Advocatus zwar auf Literatur verweist, die bald darauf erscheinende Autobiographie *Beim Häuten der Zwiebel* nicht einmal erwähnt.

Die aus literatur- und medienwissenschaftlicher Sicht nicht unwesentliche Differenzierung zwischen Werk und Wirken eines Autors oder Künstlers wird in der Antwort von Consul wieder aufgegriffen. Es gehe bei der Aufdeckung von Grass' Vergangenheit um dessen Wirken und nicht um dessen Werk. Wiederum betont Consul, dass nur die Rückgabe des Nobelpreises als echte Courage verstanden werden könne. Dann fügt er der Diskussion jedoch einen weiteren zentralen Aspekt hinzu, nämlich die Aufbereitung des Themas als Medien-Großereignis, zu dem Grass selbst beigetragen habe: Seinen eigenen „moralischen Absturz" habe er durch ein einziges Interview, jenes in der FAZ, hervorgerufen.

Die Werk-Wirken-Differenzierung greift Advocatus wieder auf: „Einerseits wollen sie das literarische Werk von seinem Wirken trennen, dann aber den Nobelpreis Grass nicht zugestehen, obgleich dieser doch vor allem dem Werk Grass' gewidmet wurde." Damit bringt er zwar beim Werk-Wirken-Aspekt nicht unbedingt ein klärendes Argument ein, verweist jedoch indirekt auf ein Problem, dass der gesamten Diskussion um die SS-Zugehörigkeit von Günter Grass anhängt. Die Tatsachen der SS-Zugehörigkeit und des großen politischen Engagements von Günter Grass nach dem Krieg in Werk und Wirken, das unbestreitbar ist, des Literaturnobelpreises sowie des Medien-Ereignisses nach dem FAZ-Interview werden oftmals so unglücklich übereinander gebracht bzw. gegeneinander ausgespielt, dass den Meinungen eine einheitliche Argumentationslinie verloren geht und die Leser, Zuhörer oder die Mitdiskutierenden den Überblick verlieren. Es sei auch noch einmal daran erinnert, dass keiner der Diskutierenden dieses Threads, der am 15. August seinen letzten Beitrag verzeichnet, das Buch *Beim Häuten der Zwiebel* gelesen haben kann.

Um ein differenziertes Bild von der Debatte zu Günter Grass vor der Buchveröffentlichung zu erhalten, ist es nötig, die verschiedenen Aspekte der Diskussion voneinander zu trennen. Unter Einbeziehung auch der hier nicht aufgeführten Antworten lassen sich im Thread „Eines Nobelpreisträgers unwürdig" fünf Bereiche herauskristallisieren, nachdem nun der Diskussions-Baum gewachsen ist.

Der vierte Aspekt, das unbestreitbare Medienereignis, das im August 2006 verschiedenste Formen annimmt, wird in einem weiteren Diskussionsstrang auf der Forenseite der tagesschau behandelt, dem Thread mit dem Titel „Medienpropagandaschlacht gegen Günter Grass".[8] Diesen eröffnet Heinrich Vogel am 19. August 2006, als *Beim Häuten der Zwiebel* erschienen ist und bereits zahlreiche Fernsehdiskussionen, Dokumentationen und Features mit dem Thema „Grass und die Waffen-SS" gesendet worden sind. Beim kritischen Zuhörer, Zuschauer und Leser ist dabei offenbar, wie die Aufnahme dieses Themas zeigt, die über dem eigentlichen Problem stehende Frage nach der medialen Aufbereitung aufgekommen.

Heinrich Vogel kritisiert die übertriebene, an die Boulevardpresse angelehnte Berichterstattung, die Grass aufgrund seiner SS-Zugehörigkeit zu Unrecht anklage und denunziere. Während Wkawollek nicht direkt auf die mediale Berichterstattung eingeht und den Grund für die massive Kritik an Grass in dem Gegensatz zwischen SS-Mann und dem „selbstbewussten Prediger Grass nach 1945" zu finden glaubt, kann Marvin ergänzende Informationen liefern: Selbst Grass-Verleger Gerhard Steidl sei von der Schwerpunktsetzung des FAZ-Interviews und von der Verkürzung der Tatsachen, die dem Stile des Boulevard gleichkomme, überrascht gewesen.

An dieser wie an vielen anderen Stellen des Diskussionsthreads kommt die für das Internet so charakteristische Hyperlink-Technik zum Einsatz, die es erlaubt, durch Einfügen einer Internetadresse direkt auf eine andere Webseite zu verweisen und somit einem Forum externe Informationen hinzuzufügen. So verlinkt Marvin beispielsweise einen im Internet zugänglichen Beitrag des NDR-Magazins Zapp[9] und die Kommentare verschiedener Prominenter in der Wochenzeitung Freitag.[10] Damit wird nicht nur der Informationsgehalt des Threads erweitert, vielmehr fällt auch die fokussierte Frage nach der „Medienpropagandaschlacht" wieder auf die Medien zurück.

---

8 http://forum.tagesschau.de/archive/index.php/t-24445.html.
9 Die im Thread angegebene URL ist inzwischen nicht mehr gültig.
10 http://freitag.de/2006/34/06340302.php.

GeNick präsentiert zum Vorwurf der „Medienpropaganda" dagegen seine
ganz eigene Meinung, indem er die mediale Aufbereitung des Themas schlicht
in den Rahmen der allgemeinen Pressefreiheit einordnet. Heinrich Vogel hält
dagegen, dass trotz des Diktums der Pressefreiheit die Berichterstattung im
Fall Grass nicht neutral sei und dessen Persönlichkeitsrechte verletze. GeNick
findet diesen Vorwurf bei einer öffentlichen Person wie Grass unangemessen,
spricht dagegen von einer „pauschalen und übersteigerten Medienkritik".

In den kurzen Dialog von Heinrich Vogel und GeNick mischt sich daraufhin ein Internetuser mit dem Namen Gustloff ein – ob dies ein absichtlich
oder unabsichtlich glücklicher oder unglücklicher Name an dieser Stelle ist,
sei hier einmal dahin gestellt. Gustloff sieht zwar einerseits die moralische
Glaubwürdigkeit bei Grass als verloren an, stimmt aber der Ausgangsthese
des Threads zu, es handle sich bei der medialen Aufbereitung des Themas um
eine organisierte Berichterstattung. Den Grund für letztere sieht er in einer
typisch deutschen Doppelmoral und in einer „Hitlerneurose" der Deutschen
begründet, was der Diskussion einen neuen Aspekt, einen neuen Ast im Diskussionsbaum hinzufügt.

GeNick lässt sich offenbar von Gustloff überzeugen, denn auch er meint
nun keine echte Aufklärung in der Berichterstattung zu erkennen, sondern
„Scheingefechte" und „offene Rechnungen", die man mit Grass austrage.
Gegen einen Pauschalvorwurf gegenüber den Medien hat er aber trotzdem
Einwände. Den Grund für die von Gustloff angemahnte „Hitlerneurose" der
Deutschen sieht GeNick in einem „Mangel an ‚Aufarbeitung'" der Vergangen-
heit. Die Vermutung einer „Hitlerneurose" spaltet jedoch im Folgenden die
Geister. Jens-Thorsten Bohlke wendet sich beispielsweise entschieden dage-
gen und spricht von einer Art gesunden Abscheu gegenüber der NS-Zeit und
ihren Verbrechen und Verbrechern. Grass' Auftreten als „Moralapostel" und
„Held" wertet er vor dem Hintergrund der SS-Zugehörigkeit als Heuchelei.

Heinrich Vogel meint zwar, die öffentliche Person Günter Grass habe Risse
bekommen, Heuchelei kann er jedoch nicht erkennen. Im Gegenteil: Scham
und Angst seien verständliche Gründe für das lange Schweigen des Günter
Grass. Auch Gustloff schaltet sich wieder ein und stimmt Jens-Thorsten
Bohlkes Kritik am Gegensatz zwischen „Moralapostel" und SS-Vergangenheit zu. Als größte Perversion der neuen Erkenntnisse zu Günter Grass und
der Berichterstattung darüber empfindet er jedoch die Geschäftstüchtigkeit
von Verlagen und Medien, die nun aus der Nazi-Vergangenheit der Deutschen
bzw. eines Deutschen Kapital schlügen. Die Diskussion kehrt mit einer weiteren Antwort Heinrich Vogels an ihren Ausgangspunkt zurück: Die Kritik
an Grass' langjährigem Schweigen sei berechtigt, die Berichterstattung jedoch

ein Medienspektakel, aus der jeder Kapital schlagen wolle und die gegenüber Günter Grass wie Rache wirke.

Wiederum lassen sich spezifische Betrachtungs- oder Argumentationspunkte in dem Thread „Medienpropagandaschlacht gegen Günter Grass" erkennen, die teilweise schon im Verlauf der ersten Diskussion auftauchten, nun aber, nach Erscheinen des Buchs *Beim Häuten der Zwiebel,* um einige Aspekte bereichert sind.

Ein etwas anderer Diskussionsverlauf lässt sich auf DIE ZEIT online beobachten. Hier ist der Ausgangspunkt, die Wurzel des Baumes, nicht ein Beitrag eines anonymen Internetusers, sondern ein Artikel der ZEIT-Redakteurin Evelyn Finger vom 16. August 2006, der den Titel „Das Geständnis-Event" trägt und dessen vorangestellte Hauptthese auf der Diskussionsseite der ZEIT wiederholt wird:[11] „Nicht die SS-Mitgliedschaft von Günter Grass ist der Skandal, auch nicht, dass er so lange geschwiegen hat, sondern sein Interview in der FAZ: eine Beichte, die keine ist".

Grass' Autobiographie *Beim Häuten der Zwiebel,* die am selben Tag erscheint, wird von der Redakteurin bewusst ausgeklammert. Die entscheidende Frage, so Evelyn Finger in ihrem Artikel, sei nicht, warum Grass überhaupt sein Schweigen breche, sondern, warum er es erst jetzt tue. Der eigentliche Skandal des ganzen „Geständnis-Events" bestünde in der „übertriebenen Mea-Culpa-Geste, mit der Grass jede wirkliche Auseinandersetzung verweigert". Statt der von Grass sonst propagierten Kollektivschuldthese präsentiere dieser hiermit die „altbekannte Lüge von der Kollektivunschuld".

Auffällig bei dieser Form des Diskussionsthreads, der von einem gesicherten Autor mit fachkundigem Hintergrundwissen seinen Ausgang nimmt, ist die Zahl der direkten Antworten auf diesen ersten Beitrag. Rund dreißig der insgesamt 114 Beiträge nehmen Bezug auf den Artikel Evelyn Fingers. Es treten unter anderem einige Kuriositäten zutage, die vermutlich direkte Reaktionen von besser informierten Internetnutzern gefordert hätten. So zum Beispiel der Beitrag von Jazzinek, der sich als Robert Santholzer, aus Prag stammend und jetzt in den USA lebend, ent-anonymisiert. Grass, so Santholzer, sei Ehrenmitglied einer Linken-Salon-Elite und habe seinerzeit die Sowjet-Invasion im Prager Frühling unterstützt. Weniger falsch und gefährlich, aber nicht minder kurios sind des Weiteren kommentierende Gedichtbeiträge, beispielsweise der von Lehrer Lempel 2006 im Stile Wilhelm Buschs, das keinen Bezug zum Ausgangsartikel oder Nachfolgebeitrag besitzt, aufgrund seiner Pointiertheit aber einigen Zuspruch findet.

---

11 http://kommentare.zeit.de/commentsection/url/online/2006/33/Grass-Kommentar.

Obwohl bei den Threads der tagesschau sowie im Verlaufe der Diskussion bei DIE ZEIT online eine ganze Reihe von Gesichtspunkten angesprochen werden, die jeweils Informationszuwachs bedeuten, und obwohl auch im ZEIT-Thread die Perspektiven sehr variieren, bestimmt der Ausgangspunkt, der Artikel von Evelyn Finger, vor allem durch seine Fragen nach einer „wirklichen Auseinandersetzung" und nach der Kollektivschuld- bzw. -unschuldthese die Richtung der Diskussion. Durch diese Fragen wird das „Geständnis"-Event in einen engeren geschichtlichen und gesellschaftspolitischen Kontext gestellt. Die Mitdiskutierenden gehen auf diese Richtung größtenteils ein, verfassen auch deutlich längere Beiträge als die Internetuser auf tagesschau.de. Die Vermutung liegt nahe, dass sich hier die meinungsbildende Funktion des ZEIT-Artikels mit dem meinungsabbildenden Charakter eines Internetforums verbindet. Die Verlässlichkeit der Information wird dadurch aber nicht unbedingt erhöht, wie die Fehler bzw. Kuriositäten aus der ZEIT-Diskussion zeigen. Für die Forschung stellt sich möglicherweise die Aufgabe, hier im Sinne einer Moderation oder nicht-anonymen Teilnahme an der Onlinediskussion aufklärerisch tätig zu werden.

Man würde dem Gegenstand nicht gerecht werden, wenn man über die öffentliche Onlinediskussion zur SS-Zugehörigkeit von Günter Grass schlicht – und mit Grass selbst gesprochen – behaupten würde: „Bei dieser gegensätzlichen Bewertung ist es bis in die digital vernetzte Gegenwart geblieben."[12] Denn alle drei Threads veranschaulichen, dass bei der Diskussion zwischen interessierten Laien bis Grass-Experten, die in der Medienlandschaft einzigartig sein dürfte, die Meinungen und Aspekte des Themas „Grass in der Waffen-SS" in voller Breite abgedeckt werden können. Die Online-Diskussion wird demnach nicht nur vor allem als schneller Einstieg in ein Thema von öffentlichem Interesse gelten können, sondern auch eine Meta-Medien-Diskussion wie die zur „Medienpropagandaschlacht gegen Günter Grass" einschließen. Sie ist durch die aktive, engagierte Beteiligung vom interessierten Bürger bis zum Forscher, im Gegensatz zur Meinungsumfrage auf der Straße, auch ein Stück aktive Demokratie.

Nicht zuletzt ist die Internet-Rezeption, aus der hier ein kleiner Ausschnitt vorgestellt wurde, eine Gegebenheit, der zunehmende Beachtung geschenkt werden sollte, und die in Falle Grass verdeutlicht, dass dieser auch mit – in wenigen Tagen – 80 Jahren noch in allen Medien präsent und hochaktuell ist und diskutiert wird.

---

12 Günter Grass: Im Krebsgang, Göttingen: Steidl 2002, S. 28.

„Also laßt uns zusammenfassen: Alle erheben sich. Wir wurden vom Diskussionsgegenstand gefragt, warum wir diskutieren. Unsere Antwort lautet: Wir diskutieren, um die Existenz des Diskussionsgegenstandes zu beweisen; schwiegen wir, es gäbe keinen Diskussionsgegenstand Walter Matern mehr!"[13]

---

13 Günter Grass: Hundejahre, in: Werkausgabe, hg. von Volker Neuhaus und Daniela Hermes, Bd. 5, Göttingen: Steidl 1997, S. 648.

Vitae der Autorinnen und Autoren

Dr. Rebecca Braun, 2005 D.Phil in German an der University of Oxford, Großbritannien. Verschiedene Veröffentlichungen zu Günter Grass, darunter die Monographie *Constructing Authorship in the Work of Günter Grass* (Oxford, 2008) und der Sammelband (mit Frank Brunssen) *Changing the Nation: Günter Grass in International Perspective* (Würzburg, 2008). Verschiedene Lehrstellen seit 2002 an der University of Oxford, University of Manchester und University of Liverpool. Seit 2007 Leverhulme Early Career Fellow an der University of Liverpool. Gegenwärtiges Forschungsthema: deutsche Autoren und die Medien von 1960 bis heute.

Dr. Joachim Fischer studierte Germanistik, Anglistik, Publizistik und Vergleichende Sprachwissenschaft an den Universitäten Mainz, Glasgow, Bonn und am Trinity College Dublin. Senior Lecturer in German an der Universität Limerick, Irland. Promotion in Dublin über das irische Deutschlandbild. Zahlreiche Publikationen über die deutsch-irischen literarischen und kulturellen Beziehungen, u.a. in Buchform *The Correspondence of Myles Dillon: 1922–1925: Irish-German Relations and Celtic Studies* (mit John Dillon, 1998) und *Das Deutschlandbild der Iren 1890–1939: Geschichte, Form, Funktion* (2000). Weitere Forschungsschwerpunkte: Ernst Toller, Reiseliteratur, Filmrezeption und Utopieforschung. Leiter des Zentrums für deutsch-irische Studien und Mitherausgeber der Reihe Irish-German Studies; stellvertr. Leiter des Ralahine Centre for Utopian Studies, beide an der Universität Limerick.

Dr. h. c. Hanjo Kesting, geboren 1943. 1973–2006 Leiter der Hauptredaktion *Kulturelles Wort* beim Norddeutschen Rundfunk. Seit Mai 2006 Redakteur der Zeitschrift *Neue Gesellschaft/Frankfurter Hefte.*

Zahlreiche Publikationen zu Literatur und Musik. Zuletzt: *Abschiedsmusik. Nachrufe aus 30 Jahren,* Hannover 2005. – *Ein bunter Flecken am Kaftan. Essays zur deutsch-jüdischen Literatur,* Göttingen 2005. – *Der Musick gehorsame Tochter. Mozart und seine Librettisten,* Göttingen 2005. – *Geheimnis und Melancholie. Literarische Zerstreuungen,* Hannover 2006. – *Begegnungen mit Hans Mayer,* Göttingen 2007. – *Ein Blatt vom Machandelbaum. Zur deutschen Literatur vor und nach 1945,* Göttingen 2008.

Hanjo Kesting hat mehrere Bücher über Richard Wagner verfasst und herausgegeben, darunter den Briefwechsel mit Franz Liszt; er ist Mitherausgeber der Werkausgabe von Jean Améry und hat unlängst das Rundfunkwerk von Siegfried Lenz ediert. Er war langjähriger Herausgeber der Hörbücher der Deutschen Grammophon und hat zuletzt eine *Hör-Edition der Weltliteratur* in 50 Bänden ediert. 1982 Kritikerpreis der Salzburger Festspiele, 2005 Kurt-Morawietz-Literaturpreis der Stadt Hannover, 2007 Ehrenpromotion der Universität Hamburg. Mitglied der Freien Akademie der Künste in Hamburg.

Prof. Dr. Manuel Maldonado Alemán studierte Germanistik, Philosophie und Geschichte an der Universität zu Köln. Ab 1989 wissenschaftlicher Mitarbeiter an der Universität Sevilla, Spanien. 1994 Promotion über Rezeptionstheorie und Pragmatik der Literatur. Ab 1996 Professor für Neuere deutsche Literaturgeschichte an der Universität Sevilla. Buchpublikationen und zahlreiche Aufsätze zur deutschen Literaturgeschichte des 19. bis 20. Jahrhunderts sowie zu literatursystematischen Fragestellungen. Forschungsschwerpunkte: Rezeptions- und Systemtheorie, Literaturgeschichte und Pragmatik der Literatur, Expressionismus und Dadaismus, Paul Celan, Günter Grass, Gegenwartsliteratur (insbesondere Literatur zur deutschen Einheit), Gedächtnis und Literatur.

Priv.-Doz. Dr. Gunther Nickel, geboren 1961, studierte Germanistik und Musik in Oldenburg. Von 1994 bis 2002 war er Wissenschaftlicher Mitarbeiter in der Handschriftenabteilung des Deutschen Literaturarchivs Marbach. Seitdem arbeitet er als Lektor für den Deutschen Literaturfonds in Darmstadt und lehrt seit 2003 daneben als Privatdozent Neuere Deutsche Literaturgeschichte an der Johannes Gutenberg-Universität Mainz. Als Autor und Herausgeber veröffentlichte er zahlreiche Bücher und Aufsätze zur deutschen Literatur vom 18. Jahrhundert bis zur Gegenwart.

Prof. Dr. Julian Preece, geboren 1962, studierte Germanistik und Romanistik an der Oxford University, wo er 1991 mit einer Arbeit über Günter Grass promovierte. Danach war er Lecturer in German an der University of Huddersfield (1992–96) und unterrichtete Germanistik und vergleichende Literaturwissenschaft an der University of Kent (1996–2007). Seit 2007 ist er Professor für German Studies an der Swansea University, Wales. Er ist der Autor zweier Monographien: *The Life and Work of Günter Grass: Literature, History, Politics* (2001/2004), die gegenwärtig ins Chinesische übertragen wird, und *The Rediscovered Writings of Veza Canetti: Out of the Shadows of a Husband* (2007). Zahlreiche Herausgeberschaften, wie *The Cambridge Companion to Kafka* (2002), und Mitherausgeber der Leeds-Swansea Reihe in Contemporary German Literature.

Dr. Maggy Rashid, geboren 1973, studierte Germanistik und Philosophie an der Universität Kairo. 2005 promovierte sie über Günter Grass. Seit 1998 arbeitet sie als Lehrerin für das Fach Deutsch an der Deutschen Schule der Borromäerinnen in Kairo und leitet ein Austauschprogramm mit einem nordrheinwestfälischen Jugendaustauschwerk.

Florian Reinartz, geboren 1980, Studium der Deutschen Philologie, Informationsverarbeitung und Klassischen Literaturwissenschaft an der Universität zu Köln. Magisterexamen 2006, seitdem Doktorand bei Professor Dr. Volker Neuhaus und Stipendiat des Medienarchivs Günter Grass Stiftung Bremen an der Jacobs University Bremen.

Prof. Dr. Richard E. Schade, 1976 D.Phil in German Studies an der Yale University. Schwerpunkt seiner Publikationen ist die deutsche literarische Kultur von Luther bis Lessing. Über Günter Grass veröffentlichte er Artikel zu *Das Treffen in Telgte*, *Mein Jahrhundert*, *Die Blechtrommel* und *Beim Häuten der Zwiebel*. Seit 1976 ist er verantwortlicher Redakteur von *The Lessing Yearbook* und Mitglied des redaktionellen Gremiums von *The German Quarterly*. Gegenwärtig beschäftigt er sich im Rahmen eines Research Fellowship mit Günter Grass' Kunst. Seit 1996 ist er Honorarkonsul der Bundesrepublik Deutschland.

Prof. Dr. Wolfgang Schlott, 1941 in Suhl/ Thüringen geboren. Studium der Südslavistik, Bohemistik, Soziologie, Filmästhetik, Kunstgeschichte und Latinistik in Bremen, Münster (Westfalen) und Konstanz. 1979 Dissertation mit einer Arbeit über die Lyrik Ossip Mandelstams. 1979 bis 1983 Forschungsprojekte in Siegen und Bochum, seit 1984 an der Forschungsstelle Osteuropa. 1992 Habilitation über polnische Prosa nach 1945. Seit 2002 Professor für Neuere slavische Kultur- und Literaturgeschichte an der Universität Bremen. Hauptforschungsgebiete: Polonistik, Russistik, Kulturgeschichte Osteuropas, Jugendsoziologie und Filmästhetik.

Dr. Irmy Schweiger, Jahrgang 1964, studierte Moderne/Klassische Sinologie und Germanistik in Freiburg, Taibei, Heidelberg, Leiden. Wissenschaftliche Assistentin am Sinologischen Seminar der Universität Heidelberg. Promotion über chinesische Gegenwartsliteratur, Titel *Chinesische Stadt-Landschaften. Die kulturelle Produktion von ‚Stadt' in der chinesischen Literaturkritik und Literatur des ausgehenden 20. Jahrhunderts*. Zahlreiche Übersetzungen aus dem Chinesischen, darunter Xu Xing *Und alles, was bleibt, ist für dich* (zs. mit Rupprecht Mayer). Lehr- und Forschungsaufenthalte in Tianjin, Beijing und

Nanjing (VR China). Seit 2006 wissenschaftliche Mitarbeiterin am Seminar für Deutsche Philologie der Universität Göttingen (Abteilung Interkulturelle Germanistik), Geschäftsführerin des Deutsch-chinesischen Instituts für Interkulturelle Germanistik und Kulturvergleich. Arbeitsschwerpunkte Deutsch-chinesischer Kulturtransfer, Imagologie, Medien und Kultur, Literatur und Trauma. Initiatorin und Verantwortliche des deutsch-chinesischen Projektes „Kulturen im Kontakt – Artist in Residence: Nanjing-Göttingen".

Dr. Dieter Stolz, Jahrgang 1960, studierte Germanistik, Geschichte und Philosophie in Münster (Westfalen) und Berlin. Von 1993 bis 1999 Wissenschaftlicher Assistent am Institut für Deutsche Philologie, Allgemeine und Vergleichende Literaturwissenschaft der Technischen Universität Berlin. Promovierte mit einer Arbeit über Konstanten und Entwicklungen im literarischen Werk von Günter Grass, welcher ihn anschließend als „verdeckten Ermittler" für seinen Roman *Ein weites Feld* engagierte. Stolz ist Mitherausgeber der Günter-Grass-Werkausgabe und war zehn Jahre lang Redakteur der Zeitschrift *Sprache im technischen Zeitalter*. Von 2000 bis Ende 2005 Programmleiter für den Bereich Neue deutschsprachige Literatur beim Literarischen Colloquium Berlin. Publizierte zahlreiche Bücher und Essays zur Gegenwartsliteratur, erhielt Gastdozenturen und Lehraufträge an verschiedenen Universitäten im In- und Ausland und arbeitet seit Januar 2006 als freier Lektor.

Univ. Doz. Dr. Gennady Vassiliev studierte an der Pädagogischen Universität Moskau und an der Universität Wien. 1999 Promotion über *Tradition und das Neuertum in Romanen von Jakob Wassermann 1897–1914*. 1995 bis 2000 Assistent am Lehrstuhl für Stilistik der russischen Sprache an der Nishegoroder Staatlichen Linguistischen Universität, Nishnij Novgorod. Von 2000 bis 2002 Franz-Werfel-Stipendium für das Projekt *Die künstlerische Welt von Richard Beer-Hofmann im Kontext der österreichischen Literatur der Jahrhundertwende*. 2002 bis 2005 Assistent, Lehrstuhl für Stilistik der russischen Sprache an der Nishegoroder Staatlichen Linguistischen Universität, Nishnij Novgorod. Seit 2005 Universitätsdozent des Lehrstuhls für Fremdsprachen, Staatliche Universität – Wirtschaftshochschule, Nishnij Novgorod.

Dr. Anselm Weyer, geboren 1976, Studium der Deutschen Philologie, Philosophie und Theater-, Film- und Fernsehwissenschaft an der Universität zu Köln. 2005 Promotion zum Thema *Günter Grass und die Musik*. Wissenschaftlicher Mitarbeiter im Medienarchiv Günter Grass Stiftung Bremen an der Jacobs University Bremen. Forschungsschwerpunkte: Günter Grass, Intermedialität und Komische Literatur.

Medienarchiv Günter Grass Stiftung Bremen

Die Stiftung sammelt, dokumentiert und erschließt das audiovisuelle Werk von Günter Grass – Lesungen, Reden, Interviews und andere Beiträge aus Hörfunk und Fernsehen sowie weiteren Ton- und Bildträgern. Diese Dokumente werden somit der Forschung und der interessierten Öffentlichkeit erhalten und zugänglich gemacht.

Darüber hinaus setzt sich die Stiftung mit dem Leben des Schriftstellers und Bürgers Günter Grass, seinem literarischen und bildkünstlerischen Werk auseinander. Sie erforscht dessen nationale wie internationale Wirkungsgeschichte im Kontext der Entwicklung der Bundesrepublik Deutschland (Literatur, Kultur und Politik) und im Rahmen der zeitgenössischen Weltliteratur, soweit sie in audiovisuellen und in Printmedien dokumentiert ist.

Von Stiftungsgründung an befindet sich das Archiv in der Jacobs University und ist dort dem Bereich Humanities, Social Sciences, Arts and Literature verbunden.

Die internationale Grass-Forschung findet in Bremen ein Zentrum, das ihre Arbeit mit audio-visuellen Dokumenten unterstützt. Im Medienzeitalter wäre ein Ausklammern dieses Wirkungsbereiches nicht mehr zu vertreten, nicht bei Günter Grass, dessen Wirken eng mit den Medien verknüpft ist. Auf Kongressen, aber auch durch Forschungsaufenthalte und individuellen Austausch, werden auf internationaler Ebene Forschungsergebnisse zusammengetragen.

Das breiteste Interesse an Grass ist jedoch bei seinen Lesern zu finden. Deshalb sollen die Forschungsergebnisse nicht nur Fachwissenschaftlern vorbehalten bleiben.

Im Herzen der Stadt, im Kulturhaus Stadtwaage, einem historischen Gebäude der Sparkasse Bremen, bietet die Stiftung in einer ständigen Ausstellung und in Sonderausstellungen einem breiten Publikum – Schülern und Studenten, Grass-Lesern jeden Alters, Bremern und Touristen – eine lebendige Begegnung mit Leben und Werk von Günter Grass. Lesungen, Vorträge, Diskussionen und Konzerte bereichern das Angebot.

Die Stiftung fühlt sich auch und insbesondere der Leseförderung verpflichtet. Sie ermuntert Jugendliche durch besondere Angebote, u.a. einen Schulpreis, zum kreativen Umgang mit dem Werk von Günter Grass. Die Datenbank sowie die Ausstellungen stehen auch für den Unterricht zur Verfügung, der in den Räumen der Stadtwaage stattfinden kann. Dieses gilt selbstverständlich auch für Weiterbildungsträger und Universitäten. Lehrerfortbildungen werden ebenfalls angeboten.

Innerhalb der partnerschaftlichen Beziehungen zwischen den Städten Bremen und Danzig nimmt das Medienarchiv Günter Grass Stiftung Bremen einen zentralen Dreh- und Angelpunkt in der kulturellen Begegnung ein und initiiert oder unterstützt bilaterale Projekte mit Danziger Autoren und Künstlern.

Auf Grund seiner weltweiten Bedeutung ist Günter Grass der in die meisten Sprachen übersetzte deutsche Autor. Dieses nimmt die Stiftung zum Anlass, zu Ehren der fremdsprachigen Literatur und der sie Übersetzenden, den internationalen Literaturpreis „ALBATROS" auszuloben. Der Preis wird seit 2006 vergeben. Die ersten Preisträgerinnen waren die portugiesische Autorin Lídia Jorge und ihre Übersetzerin Karin von Schweder-Schreiner. 2008 erhielten Bora Ćosić und Katharina Wolf-Grießhaber den Preis.

Gegründet wurde die Stiftung 2001 von der Freien Hansestadt Bremen, Radio Bremen, der Sparkasse Bremen und zwei Bremer Kaufleuten. Vorsitzender des Vorstands ist seitdem Dieter H. Berghöfer, der erste Vorsitzende des Kuratoriums war Henning Scherf, ihm folgte 2006 Hanjo Kesting nach.

Weitere Informationen: www.grass-medienarchiv.de

Dietmar Hertel, Felix Mayer (Hg.)
DIESSEITS VON BABEL –
VOM METIER DES
ÜBERSETZENS
Köln: SH-Verlag 2008, ca. 200 S.,
geb., EUR 19,90

ISBN 978-3-89498-182-2
Erscheint im Juli 2008

Im biblischen Babel erbauen die Menschen einen Turm von himmelstürmenden Ausmaßen. Gott zerstört dieses Symbol menschlicher Hybris und mit ihm die Einheit der Sprachen und die Einheit des Menschengeschlechts. In diesem Babel der Sprachverwirrung leben wir bis heute. Doch entstand aus der Not auch eine Tugend: Das Metier des Übersetzens und Dolmetschens ist (fast) so alt wie die Menschheit selbst. Die knapp 20 Beiträge dieses Bandes zeichnen ein gerade auch für den Laien interessantes und unterhaltsames Bild der langen Geschichte und der heutigen fassettenreichen Vielfalt dieses Metiers. Die Autoren entstammen selbst der Zunft: Es sind Übersetzer, Dolmetscher, Sprachwissenschaftler und Literaten – unter ihnen Carl Amery, Andrej Bitow, Frank Günther, Burkhart Kroeber, Paul Schmidt, Harald Weinrich und Roger Willemsen.

Sprache im technischen Zeitalter, Heft 186, Juni 2008
begr. v. Walter Höllerer, hg. v. Norbert Miller und Joachim Sartorius
Köln: SH-Verlag 2008, 120 S., br., EUR 12,00

Stadteinsichten
Essays zu „Akzeptanz und Agression in der urbanen Gesellschaft"
von *Marcel Beyer, Mircea Cartarescu, Rafael Chirbes, Slavenka Drakulic, Sherko Fatah, Lázló Végel* und *Michal Witkowski*
Auf Tritt Die Poesie – *Volker Sielaff und Edoardo Sanguineti*
Intensität und Sinn – *Helmut Böttiger* über *Ulrich Peltzer*
„Adam und Evelyn" – Auszug aus dem neuen Roman von *Ingo Schulze*

SH-VERLAG Osterather Str. 42, 50739 Köln
Tel. 0221/956 17 40 / www.sh-verlag.de